普通高等学校物流管理专业本科系列教材

主　编　张潜

# 物流系统工程

# Wuliu Xitong Gongcheng

重庆大学出版社

## 内容提要

本书从现代物流管理与物流工程应用研究领域出发，系统地阐述了现代物流系统工程的基础理论知识与供应链管理实践应用中涉及物流管理问题的数学建模与求解方法。本书以基础性、实用性为原则，具体内容涵盖了物流系统工程的基本概念、物流系统分析方法、物流系统建模方法、物流系统优化问题方法、物流系统选址方法、物流系统仿真、常用物流系统分析软件应用、物流系统的经济效益分析与评价、国际物流系统的运作实务等。本书侧重系统论与方法论的应用，结合相应的实证分析与案例分析，帮助读者学习采用系统工程的思想和方法解决供应链管理的实践问题。

本书观点明确、结构严谨、通俗易懂，适用于物流管理、物流工程、交通运输等专业的本科生和研究生，也适用于该领域的教学科研人员以及物流相关行业从业者和对该领域感兴趣的社会读者。

**图书在版编目(CIP)数据**

物流系统工程/张潜主编.—重庆:重庆大学出版社，2008.11

(普通高等学校物流管理专业本科系列教材)

ISBN 978-7-5624-4621-7

Ⅰ.物… Ⅱ.张… Ⅲ.物流—系统工程—高等学校—教材 Ⅳ.F252

中国版本图书馆 CIP 数据核字(2008)第 128901 号

**物流系统工程**

主 编 张 潜

责任编辑:梁 涛 尚东亮 版式设计:梁 涛

责任校对:文 鹏 责任印制:赵 晟

*

重庆大学出版社出版发行

出版人:张鸽盛

社址:重庆市沙坪坝正街 174 号重庆大学(A 区)内

邮编:400030

电话:(023) 65102378 65105781

传真:(023) 65103686 65105565

网址:http://www.cqup.com.cn

邮箱:fxk@cqup.com.cn (营销中心)

全国新华书店经销

重庆川渝彩色印刷有限公司印刷

*

开本:787×960 1/16 印张:17.25 字数:356 千

2008 年 11 月第 1 版 2008 年 11 月第 1 次印刷

印数:1—3 000

ISBN 978-7-5624-4621-7 定价:29.00 元

bian wei hui

# 编 委 会

qian yan

# 前言

现代物流作为一种现代流通方式在世界范围内受到了广泛重视，并在生产、流通、服务等领域得到了广泛应用而获得快速发展，成为改变经济运行方式和企业发展模式的重要手段，特别是供应链物流管理技术的出现和发展，更是提升了物流的发展水平和集约化程度。随着我国现代物流管理研究的不断发展和深入，在实现物流管理和运作集成化的过程中，应解决诸多技术性的问题，大量物流系统工程理论与方法应用到物流管理的实践中，本书侧重系统论与运筹学的结合，解决供应链管理中的物流系统分析、物流系统建模、物流系统优化、物流系统选址、物流系统仿真、常用物流系统分析软件应用、物流系统的经济效益分析与评价、国际物流系统的运作实务等问题，提出相关的建模与求解方法。

本书将供应链管理理论知识和系统工程方法相结合，全书注重理论联系实际，重点解决物流管理的建模与求解方法，并通过实证和案例分析进行具体说明。全书通俗易懂、结构严谨。读者不但能理解物流系统工程的基础知识、掌握基本技能，而且能够学会如何运用系统工程的理论和技术解决实际问题。

本书由华侨大学商学院张潜主编，参加编写的同志有：张潜编写第1,2,3,4,5章及全书章节的整体设计，西华大学张学尽编写第6章，厦门荆艺软件有限公司金振华、曾庆斌编写第7章。福建商业高等专科学校章原，华侨大学商学院物流管理专业朱晓曦、冉泽松、黄俊奔、林开发、廖俊、杨小群、宋阳等参与了本书资料的收集、整理及部分章节的编写工作，对他们的帮助表示感谢。在本书的编写过程中，参考了大量的国内外文献，谨向有关专家学者表示诚挚的感谢。书中的部分内容为厦门市科学计划资助项目的部分研究成果。在此对多年来培养和关怀作者学术成长的老师和朋友们表示衷心的感谢。

由于作者研究水平有限，疏漏与不妥之处在所难免，恳请有关专家和读者批评指正。

张　潜

2008年6月

content

# 目 录

# 第1章

# 物流系统工程概述

**学习目标：**

- 了解系统与系统工程的含义
- 了解物流系统工程的含义、程序、方法、技术
- 了解物流系统工程的应用
- 了解国内外物流系统工程的发展状况

# 1.1 系统与系统工程的含义与特征

## 1.1.1 系统的含义

在自然界和人类社会中,可以说任何事物都是以系统的形式存在的。太阳系是一个系统,地球上的生物圈是一个系统,人类社会是一个系统等。我们可以把每个要研究的问题或对象看成是一个系统,人们在认识客观事物或改造客观事物的过程中,用综合分析的思维方式看待事物,根据事物内在的、本质的、必然的联系,从整体的角度进行分析和研究,这类事物被看做一个系统。"系统"这个词来源于古希腊语中的"System",有"共同"和"给予位置"的含义。到目前为止,系统的确切定义依照学科不同、使用方法不同和解决的问题不同而有所区别,国内外关于系统的定义有40种以上。1937年,奥地利生物理论学家冯·贝塔朗菲(Von Bertalanffy)提出:"系统是相互作用的诸多要素的综合体",第一次将系统作为一个科学的概念进行研究。我国系统科学界对系统的定义:系统由相互作用和相互依赖的若干组成部分结合而成(钱学森)。换句话说,系统是同类或相同事物按一定的内在联系组成的整体。相对于环境而言,系统具有一定目的和功能,并相对独立。

虽然人们对"系统"的理解基本上没有什么异议,但定义起来却百花齐放,各有千秋。简单地说,系统是由两个或以上相互区别或相互作用的要素有机地结合起来,完成某一功能的综合体。每一要素可以称为一个子系统。系统与系统的关系是相对的,一个系统可以是另一更大系统的组成部分,而一个子系统也可以继续分成更小的系统。在现实中一个机组、一个工厂、一个部门、一项计划、一个研究项目都可以看成一个系统。由定义可知,系统的形成应具备下列条件:

①由两个或两个以上要素组成;

②各要素相互联系,使系统保持相对稳定;

③系统具有一定的结构,保持系统的有序性,从而使系统具有特定的功能。

在日常生活中,人们对系统这个词并不陌生,自然界和人类社会中的很多事物都可以看作系统,如一个工厂可以看作是由各个车间、科室、后勤部门等组成的系统;一部交响曲也可以看作是由多个乐章构成的系统。系统是有层次的,大系统中包含小系统,在自然界中,宇宙是一个系统,银河系是一个从属于宇宙的系统,是宇宙的子系统,而太阳系是银河系的一个子系统，再往下，地球又是太阳系的一个子系统等。大系统有大系统的特定规律，小系统不仅要从属于大系统，服从大系统的规律，而且本身又有自己的特定规律，这是自然科学、系统科学普遍存在的具有规律性的现象。组成一个系统，本身就存在系统内部的关系以及系统与系统之间的关系，它们之间的关系如图 1.1 所示。

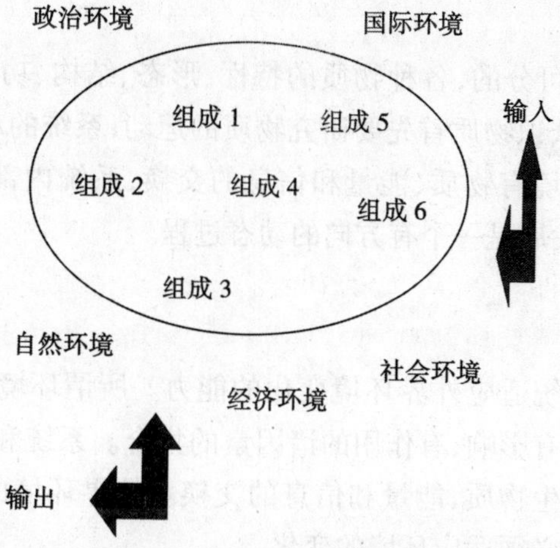


图 1.1　系统内部以及系统之间的关系图

## 1.1.2　系统的特征

根据系统的定义，可以归纳出系统具有如下 5 个特征。

1）整体性

系统由两个或两个以上有一定区别又有一定联系的要素组成，系统的整体性主要表现为系统的整体功能。系统的整体功能不是各组成要素简单的叠加，而是呈现出各组成要素所没有的新功能，概括地表现为“整体大于部分之和”。

2）目的性

系统具有能使各个要素集合在一起的共同目的，而且人造系统通常具有多重目的。例如企业的经营管理系统，在限定的资源和现有职能机构的配合下，它的目的就是为了完成或超额完成生产经营计划，实现规定的质量、品种、成本、利润等指标。

3）相关性

各要素组成了系统，是因为它们之间相互联系、相互作用、相互影响的关系。这个关系不是简单的加和，即 $1+1\neq 2$，而是有可能相互增强，也有可能是相互减弱。有效的系统，各要素之间互补增强，使系统保持稳定，具有生命力。而要做到这一点，系统必须是一个有序的结构。

4）动态性

物质和运动是密不可分的，各种物质的特性、形态、结构、功能及其规律性，都是通过运动表现出来的，要认识物质首先要研究物质的运动，系统的动态性使其具有生命周期。开放系统和外界环境有物质、能量和信息的交换，系统内部结构也可以随时间变化。一般来说，系统的发展是一个有方向的动态过程。

5）环境适应性

环境适应性是指系统适应外界环境变化的能力。所谓环境是指系统的外部条件，也就是系统外部对系统有影响、有作用的诸因素的集合。系统和环境是密切联系的，系统必然要与外部环境产生物质、能量和信息的交换。外界环境的变化必然会引起系统内部要素的变化。系统必须适应环境的变化。

6）边界性

系统和要素都有明确的边界，应该能够区分。由于要素包含于系统之中，所以要素的边界小于系统的边界。同时，系统内不同的要素可能会产生边界交叉，但是不能完全重合，都有各自的不同边界。

## 1.1.3 系统工程的定义

系统工程这个词来源于英文“System Engineering”。它属于工程技术类，是一门新兴横向交叉学科，目前仍在发展和完善。它不仅为人们提供了一套现代化的管理方法，同时也能促进工程活动本身获得最佳效果。系统工程在各个领域都得到了有效的应用，有效地节约了管理成本。

最早使用系统工程这个名词的是美国电话电报公司属下的贝尔研究所。20 世纪 40 年代，贝尔研究所在发展美国微波通信网络时，管理人员认识到，如果仅仅有第一流的科学家以及孤立的新设备，研究新技术的效果并不一定好。必须把资源、需要、经济、技术、社会等因素结合在一起统筹考虑，模拟出多种可行的解决方法，然后选出合理、经济的方案，作出正确的规划决策，才能达到最好的经济效果。当时，人们把这样一套科研管理方法称为系统工程。以后，贝尔公司和丹麦哥本哈根电话公司在电话自动交换机的工程设计中也运用了系统方法。

由于观点不同，国内外系统工程学家对系统工程有着不同的解释。系统工程在不同的学科有多种不同的定义，代表性的定义有：①美国著名学者切斯纳（H. Chestnut）认为：系统工程应该按照各个目标进行权衡，全面求得最优解，使各组成部分能够最大限度地相互适应；②日本工业标准“运筹学术语”中指出：系统工程是为了更好地达到系统目标，而对系统的构成要素、组织结构、信息流动和控制机制等进行分析和设计的技术；③前苏联学者认为：系统工程是一门复杂系统的设计、建立、试验和运行的科学技术。总之，系统工程就是用科学的方法组织管理系统的规划、研究、设计、制造、试验和使用，规划和组织人力、物力、财力，通过最优途径的选择，使我们的工作在一定的期限内收到最合理、最经济、最有效的成果。该定义有3层含义：组织和管理技术；解决工程过程全过程的技术；这种技术具有普遍性。所谓科学的方法就是从整体观念出发，统筹规划，合理安排整体中的每一个局部，以求得整体的最优规划、最优管理和最优控制，使每个局部都服从一个整体目标，做到人尽其才，物尽其用，以便发挥整体的优势，力求避免资源的损失和浪费。

### 1.1.4 系统工程的特征

系统工程与一般的工程学（如机械工程、管理工程、机电工程等）有所不同，其特征主要表现在以下几点。

1）普遍性

一般工程学有自己特定的研究对象，而系统工程则不限于某一特定的研究对象，各种自然的、社会的系统都可以作为它的研究对象。比如生态系统、社会系统、微生物系统等都可以为系统工程所研究，系统工程研究的对象具有普遍性，是一种有效的研究方法。

2）全局最优性

系统工程着眼于整个状态和过程，而不拘泥于局部的、个别的部分，它表现出系统获得最优状态的途径并不需要所有子系统都是最佳的特征。从整体最优大于局部最优方面考虑，可以使一些局部没有得到最佳的状态，但能使各个子系统协调发展，使总体达到最优，以达到目的。

3）相关性

系统工程离不开具体的环境和条件，离不开事物本来的性质和特征，即与系统本身所在学科密切相关。系统工程研究的对象与我们的生活息息相关,它并不能超越实际而去研究一些不着边际的事物,更具有实践性。

## 1.2 物流系统工程

### 1.2.1 物流系统工程的定义

物流系统工程是指在物流管理中,从物流系统的整体利益出发,把物流与信息流融为一体,运用系统工程的理论和方法,为物流系统的规划、管理和控制选择最优方案。即经过系统工程技术的处理,使物流系统达到以下的目标:

①技术上的先进;

②经济上的合算;

③时间上的节省;

④能协调运行。

物流系统工程可解决物流系统最优控制、最优设计和最优管理问题,同样可解决物流系统的规划、计划、预测、分析和评价问题,它是系统观点、数字方法、计算机技术和其他科学技术相互渗透和交叉综合而成的综合性学科。

### 1.2.2 物流系统工程的程序

物流系统工程的构成因素繁杂,在具体实施系统方法进行管理分析时,需要针对不同的系统对象,根据它们的系统目的、系统组成和系统外部环境的不同,采取不同的方法。但是作为一种实施系统管理活动的步骤,还是有相同的方面。比照霍尔三维结构,可初步设计出物流系统工程三维结构,供实施物流系统工程时参考,如图 1.2 所示。

图 1.2 把每个物流系统工程活动按时间划分为规划、分析、运行、更新 4 个阶段;逻辑维表示每个时间阶段按工作分为:P,D,C,A 4 个步骤,即在每个时间阶段中,把所有的活动都分为计划(P)、实行(D)、检查(C)、处理(A)4 个环节,并顺次不断循环;知识维顺次反映作为物流系统工程师所必须的各种科学知识。由于目前各物流管理系统首先是一个经济系统,它的直接工作对象是各种物资,因此经济科学知识和材料科学知识有着很重要的地位。

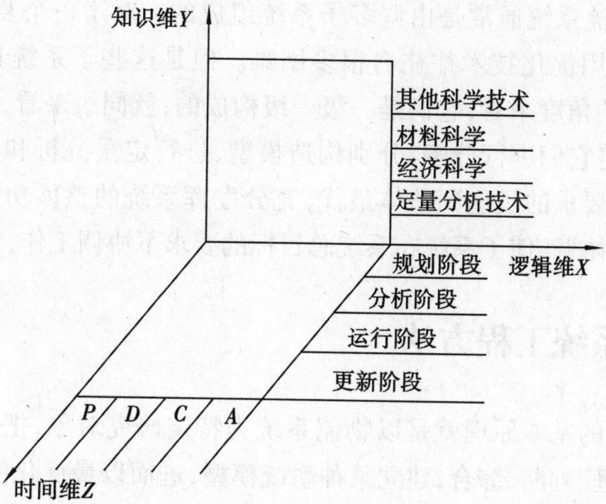


图 1.2　物流系统工程三维结构

需要说明的是,由于一般的物流系统其功能往往不是单一的,而常常是多目标、多方案的,因此在规划阶段可运用“统一规划法”来描述所要解决的对象和有关因素间的关系。

统一规划法一般常用目标树来表示,即用树形的图解方式来描述系统中各个目标之间的相互关系,如图 1.3 所示。从图中可以看出,要达到目标 1,必须完成目标 2,要达到目标 2,必须完成目标 3 和目标 4,以此类推。这样就可以比较清楚地看出在一个物流系统中各子系统所包含的目标之间的相互影响和相互制约关系。尤其在对较大的物流系统工程活动进行规划时,通过目标树的展示和分析,使各子系统层次鲜明,关系明确,有利于达到整体的综合平衡。

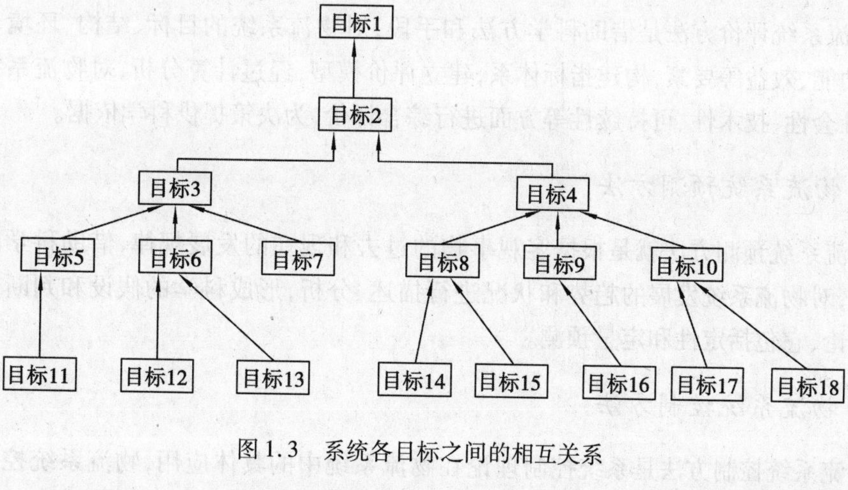


图 1.3　系统各目标之间的相互关系

一个实际的物流系统通常是由许多子系统组成的。对于一个复杂的系统,从整体直接构成模型和运用优化技术往往有很多困难。但是这些子系统具有分级分步的特点,即从整个系统的角度来看,它们是一级一级构成的;就同级来看,各子系统又是平行分步的,因此可以将它们进行分解,分别构造模型,进行定量分析和优化处理。但是系统工程整体性原理要求的是达到整体最优,充分发挥系统的整体功能,为此,还必须在分解的基础上进行协调,使子系统在系统总目标的要求下协调工作,实现总体最优化。

### 1.2.3 物流系统工程方法

物流系统工程的基本原理就是以物流系统为特定研究对象,把要组织管理的物流对象经过分析、推理、判断、综合,建立某种系统模型,进而以最优化的方法,实现系统最满意的结果,即经过系统工程技术处理,使物流系统工程达到技术上的先进、经济上的合算、时间上的节省、能协调运行的最优结果。物流系统方法包括物流系统分析方法、物流系统评价方法、物流系统预测方法、物流系统最优化方法、物流系统控制方法、物流系统网络分析方法、物流系统模拟方法、物流系统政策方法、物流系统排队等。

1)物流系统分析方法

物流系统分析方法就是从物流系统的概念出发,选择一个能使整个物流系统达到一定目标的行动方案,它所采取的方法就是通过对各种可行方案进行分析比较,从中选取所需方案,从而为决策者提供可靠的、科学的决策依据。

2)物流系统评价方法

物流系统评价方法是借助科学方法和手段,对物流系统的目标、结构、环境、输入、输出、功能、效益等要素,构建指标体系,建立评价模型,经过计算分析,对物流系统的经济性、社会性、技术性、可持续性等方面进行综合评价,为决策提供科学依据。

3)物流系统预测方法

物流系统预测方法就是根据客观事物的过去和现在的发展规律,借助科学的方法和手段,对物流系统发展的趋势和状况进行描述、分析,形成科学的假设和判断的一种科学理论,它包括定性和定量预测。

4)物流系统控制方法

物流系统控制方法是系统控制理论在物流系统中的具体应用,物流系统控制除了物流控制的一般特征外，还有自身特点。

5）物流系统最优化方法

最优化贯穿于物流系统工程的始终，也是物流系统工程的指导思想和目标。物流系统优化方法很多，如线性规划法、整体规划法、动态规划法等。

6）物流系统网络分析方法

物流系统网络分析方法主要用于大型工程和项目的组织管理，以求达到用最少的时间和资源来完成整个工程或项目的目的。

7）物流系统模拟方法

物流系统模拟方法是对物流系统的某些功能进行模拟或仿真，即建立一个系统模型来模仿物流系统的某些功能，以寻找某些问题的解决方法。

8）物流系统决策方法

在生产规模扩大，经济信息多变，竞争日趋激烈的现代社会，为满足需要，研究以现代数量分析和信息技术为工具的科学决策已迫在眉睫，物流系统决策方法就是应用系统论的思想和决策技术，为实现特定物流系统的目标，从中选择最满意的方案或策略的科学方法。

9）物流系统排队分析

物流系统排队分析是物流系统服务设计的一个重要方面，即使在宏观（指服务能力大于需求水平）的物流系统中，排队等候也形成了趋势。顾客到达时间的随机性与服务时间的可变性共同造成暂时超载。一旦发生超载，排队等候就出现了。同样，其他一些时候服务者却是空闲的。

10）运输路线选择问题

合理确定运输路线可以减少运输费用，减轻交通污染。常见的方法有最短路线方法、分送式配送运输方法、配送式运输方法等。

11）物流中心选址决策

物流中心选址是对物流网络系统中的一些关键节点，如仓储、配送、销售等集散网点设施的数量、位置、大小进行优化，以实现整个物流网络系统的效率最优化。

## 1.2.4 物流系统工程的常用技术

### 1)仿真技术

物流系统活动范围广泛,涉及面宽,经营业务复杂,品种规格繁多,且各子系统功能部分相互交叉,互为因果。因此,它的系统设计是一项十分复杂的任务,需要进行严密的分析。由于它的复杂性,一般很难做试验,即使可以,往往要耗费大量的人力、物力和时间。因此,要对其进行有效的研究,在系统设计的控制过程中得出最有说服力的结论,最重要的是要抓住作为系统对象的系统数量特性,建立系统模型。所谓系统模型就是由实际系统经过变换而得到的一个映像,是对系统的描述、模仿或抽象。模型化就是用说明系统结构和行为的适当的数学方程、图像以至物理的形式来表达系统实体的一种科学方法。模型能够表现实际的各个组成因素及其相互间的因果关系,反映实际系统的特征,但它高于实际系统,而且具有同类系统的共性,有助于解决被抽象的实际系统问题。

物流系统仿真的目标在于建立一个既能满足用户要求的服务质量,又能使物理费用降至最小的物流网络系统。其最重要的目标是如何能使"物流费用最小"。在进行仿真时,首先分析影响物流费用的各项因素,诸如与销售点、流通中心及工厂的数量、规模和布局有关的运输费用、发送费用等。由于大型管理系统中包含有人的因素,用数学模型来表现他们的判断和行为是困难的。人们正在积极研究和探索包含人的因素在内的反映宏观模糊性的数学模型。目前,社会上大量开展数量经济研究,预计在社会经济研究中,数学模型和计算机将会得到愈来愈广泛的应用。这是对传统的凭主观经验进行管理的有力挑战。仿真技术在物流系统工程中应用较广,已初见成效,但由于物流系统的复杂性,其应用受到多方面的限制,特别是数据收集、检验、分析工作的难度较大,从而影响仿真质量,所完成的模型的精度与实际的接近程度也还存在一定问题,有待于进一步研究,但这并不影响仿真方法在物流系统工程的应用和推广。

### 2)系统最优化技术

最优化技术是20世纪40年代发展起来的一门较新的数学分支,近几年发展迅速,应用范围愈来愈广,其方法也愈来愈成熟,所能解决的实际问题也愈来愈多。

系统优化问题是系统设计的重要内容之一。所谓最优化,就是在一定的约束条件下,如何求出使目标函数最大(或最小)的解。一般来讲,最优化技术所研究的问题是对众多方案进行研究,并从中选出一个最优的方案。一个系统往往包含许多参数,受外部环境影响较大，有些因素属于不可控因素。因此，优化问题是在不可控参数发生变化的情况下，根据系统的目标，经常地、有效地确定可控参数的数值，使系统经常处于最优状态。系统最优化离不开系统模型化，先有模型化而后才有系统最优化。

物流系统所包含的参数绝大多数属于不可控因素，且它们相互制约，互为条件。在外界环境约束条件下，要正确处理好众多因素之间的关系，除非采用系统优化技术，否则难以得到满意结果，物流系统工程的基本思想是整体优化的思想，即对所研究的对象采用定性、定量的模型化技术，经过多次测算、比较，求好选优，统筹安排，使系统整体目标最优。

系统最优化的方法很多，它是系统工程学中最具实用性的部分。到目前为止，它们大部分是以数学模型来处理一般问题的。如物资调运的最短路径、最大流量、最小输送费用以及物流网点合理选择、库存优化策略等模型。

系统优化的手段和方法，应根据系统的特性、目标函数及约束条件等进行合理选择。常用的物流系统优化方法有：

①数学规划法。包括静态优化规划法和动态优化规划法。主要运用线性规划解决物资调运、分配和人员分派的优化问题；运用整数规划法选择适当的厂址和流通中心位置，采用扫描法对配送线路进行扫描求优。

②动态规划法。

③探索法。

④分割法。

另外，运筹学中的博弈论和统计决策也是较好的优化方法。

物流系统的目标函数是在一定条件下，达到物流总费用最省、顾客服务水平最好、社会经济效益最高的综合目标。由于物流系统包含多个约束条件和受多重变量的影响，难以求优。解决的方法是根据 Dentzin Wlofe 分解原理和分解方法，巧妙地把大问题分解成多个小问题，对各小问题使用现有的优化方法和计算机求解。也可以通过拉格朗日方法求得大系统的动态优化解。所以说，系统最优化方法是物流系统工程方法论中的重要组成部分。

3）网络技术

在现代社会中，生产过程错综复杂，工种繁多，品种多样；流通分配过程涉及面广，影响因素随机、多变，参加的单位和人员成千上万。如何使生产中各个环节之间密切配合，协调一致，如何使生产—流通—消费之间衔接平衡，使任务完成得既好又快且省，这不是单凭经验或稍加定性分析就能解决的，而需要运用网络技术的方法来进行统筹安排、合理规划。而且，越是复杂的、多头绪的、时间紧迫的任务，运用网络技术就越能取得较大的经济效益。对于关系复杂的、多目标决策的物流系统研究,网络技术分析是不可忽视的基本方法。

长期以来,在管理系统中一直沿用"横道图"(又称甘特条形图)的计划方法。这种图标的方法简单,直观性强,易于掌握。但是,它不能反映出各个项目之间错综复杂的相互制约关系,也不能清楚地反映出哪些项目是主要的、处于关键性的地位,不利于从全局出发,最合理地组织与指导整个系统活动。而网络技术它以工作所需的时间为基础,用表达工作之间相互联系的"网络图"来反映整个系统的全貌,并能指出影响全局的关键所在,从而对整个系统做出比较切实可行的全面规划和安排。

利用网络模型来"模拟"物流系统的全过程以实现时间效用和空间效用是最理想的。通过网络分析可以明了物流系统各子系统之间以及与周围环境的关联,便于加强横向经济联系。利用网络技术设计网络系统,可使物资由始发点通过许多渠道送往顾客的运输网络优化,以及确定物资搬运的最短路径。

#### 4)分解协调技术

在物流系统中,由于组成系统的项目繁多,相互之间关系复杂,涉及面广,这给系统分析和最优研究带来了一定的困难。在此可以采用"分解—协调"方法对系统的各方面进行协调与平衡,处理系统内外的各种矛盾和关系,使系统能在矛盾中不断调节,处于相对稳定的平衡状态,充分发挥系统的功能。

所谓分解,就是先将复杂的大系统,比如物流系统分解为若干相对简单的子系统,以便运用通常的方法进行分析和综合。其基本思路就是先实现各子系统的局部优化,再根据总系统的总任务、总目标,使各子系统相互"协调"配合,实现总系统的全局优化。物流总系统可分解为运输子系统、储存子系统、包装子系统、装卸搬运子系统、流通加工子系统以及物流信息子系统等。因此,物流系统优化可以采取分别对各子系统的局部优化,并从系统的整体利益出发,不断协调各子系统的相互关系的方法,以达到物流系统整体费用省、服务好、效益高的总目标。此外,还要考虑如何处理好物流系统与外部环境的协调、适应。所谓协调就是根据大系统的总任务、总目标的要求,使各子系统相互协调配合,在各子系统局部优化的基础上,通过协调控制,实现大系统的全局最优化。

研究分解协调技术还要考虑两个方面的问题:

(1)协调的原则

这是设计协调机构或协调器的出发点,包括用什么观点来处理各子系统的相互关系,选取什么量作为协调变量,以及采取什么协调方法构成协调控制系统等问题。

(2)协调的计算方法

求得协调变量,加速协调过程,保证协调的收敛性,简化协调器的技术复杂性,都需要探求一定的方法,这是设计协调机构的依据。

除了上述方法外,预测法、决策论法和排队论法等技术方法也较广泛地应用于物流系统的研究中,有效地协调物流系统,达到经济利益最大化。

综上所述,系统工程的诞生和发展为社会经济和科学技术的研究和发展提供了强有力的工具,但在理论和具体数量方法方面还很薄弱。特别是像物流系统这种大型的、复杂的、包含人的因素在内的系统的分析、设计和控制,必然出现与过去的一般工程方法完全不同的新方法。这种新方法的研究,可以认为是模拟思考作用下的一种人工智能的研究。

因此,系统工程学无论在原理和方法方面,还是在分析对象方面,都亟须深入研究人的思想和行为对系统效果的影响。不仅要研究统计分析技术,而且必须把"心理思维"作为研究对象。如果体制合理,未来的物流系统能有效地发挥人的主观能动性,加上物流硬、软技术的发展,其适应能力必将大大增强。

## 1.3 物流系统工程的应用

### 1.3.1 常用物流系统工程分析方法

1)物流系统工程分析的定义

到目前为止,系统分析仍然没有完整的理论依据,对它下一个严谨的、科学的定义是困难的。从广义上解释,可把系统分析作为系统工程的同义语;从狭义上理解,系统分析是为工程实现优化提供的一个逻辑的途径,它贯穿于系统工程的全过程。

美国学者夸德(E. S. Quade)对系统分析作了这样的说明:所谓系统分析,是通过一系列的步骤,帮助决策者选择决策方案的一种系统方法。这些步骤包括研究决策者提出的整个问题,确定目标,建立方案,并且根据各个方案的可能结果采用适当的方法(尽可能用解析的方法)去比较各个方案,以便能够依靠专家的判断能力和经验去处理问题。

另有其他学者认为:物流系统工程分析是指从物流的整体出发,根据系统的目标要求,动用科学的分析工具和计算方法,对系统目标、功能、环境、费用和效益等,进行充分的调研,并收集、比较、分析、处理有关数据和资料,建立若干拟定方案,比较和评价结果。

### 2)物流系统分析的原则

一个物流系统由多个要素组成,要素之间相互作用,物流系统与环境相互影响,这些问题涉及面广而又错综复杂,因此进行物流系统分析是必要的,在进行系统分析时,应注意以下基本原则。

(1)物流系统内部与物流系统环境相结合原则

一个企业的经营管理物流系统,不仅受到企业内部各种因素的影响,如企业产品技术特征、职工文化技术水平、生产规模、管理制度和管理组织等的作用,而且受到社会经济动向及市场状况等环境因素的影响。

(2)局部效益与整体效益相结合原则

在分析物流系统时,我们常常会发现,分析物流系统的效益与物流系统整体的效益并不总是一致的。有时从分析物流形态的局部效益来看是经济的,但物流系统的整体效益并不理想,这种方案是不可取的;反之,如果从物流系统的局部效益看是不经济的,但物流系统的整体效益是好的,这种方案是可取的。

(3)定量分析与定性分析相结合原则

系统分析不仅要进行定量分析,而且要进行定性分析。物流系统分析总是经过“定性分析→定量分析→定性分析”这一循环往复的过程。不了解物流系统各个方面的性质,就不可能建立起探讨物流系统定量关系的数学模型。定性分析和定量分析二者结合起来综合分析,才能达到优化的目的。

(4)当前利益与长远利益相结合原则

在进行方案的优选时,既要考虑当前利益,又要考虑长远利益。如果所采用的方案,对当前利益和长远利益都有利,这样当然最为理想。但如果方案对当前利益不利,而对长远利益有利,此时要通过全面分析后再做结论。一般来说,只有兼顾当前利益和长远利益的物流系统才是好的物流系统。

### 3)物流系统分析的步骤

(1)确定问题

阐述需求,包括时空特性及系统的边界,穿过边界的外在输入与输出变量及系统内部的变量。

(2)问题分析的目标

亦即简单地指出分析的目的何在。例如最大效益、最低成本、最可靠或最小风险、最大效率或环境保护,一般均具有科技整合的特性。

(3)定量表示系统的分析目标

例如以货币数量衡量经济性，以生化需氧量或溶氧量衡量环保程度，或对目标（供水）的偏差量。此类量度中往往包含具有取舍性质的多目标特性在内。

(4)定义可行的替代实施方案

例如水库的每日放水量有多种选择，一般均须透过描述系统内部作用特性之模式（Model）进行分析，措施上包括政治性与非政治性的。既有模式可协助判定系统有关的数据以利搜集与分析。分析程序上包括模式的鉴定及验证，必要时须进行模式参数的敏感性分析（Sensitivity Analysis）以掌握最重要的参数。

(5)找出最佳的替代方案

方法有试误法、优选法、取舍分析法（Trade-off Analysis）、多目标分析法。特性上有局部最佳及整体最佳，风险及可靠度等。

(6)回顾、回馈及修正

系统是动态的，最佳方案为在拟定达成某项目标的前提下分析而得，系统目标改变则最佳方案亦随之而变。故往往需回溯到前面不同的分析步骤，检核最佳方案是否仍合理。明确指出最佳方案的限制，假设及分析过程中可能的近似简化。

在分析过程中可利用不同的模型，在不同的假定下对各种可行方案进行比较，获得结论，提出建议。但是否实行，则是决策者的责任。

通过图1.4我们能够更加明确地了解物流系统分析的步骤。对比物流系统各可行性方案，详细考虑成本、效益等因素，权衡各方案的利弊得失，由此选出最优方案。

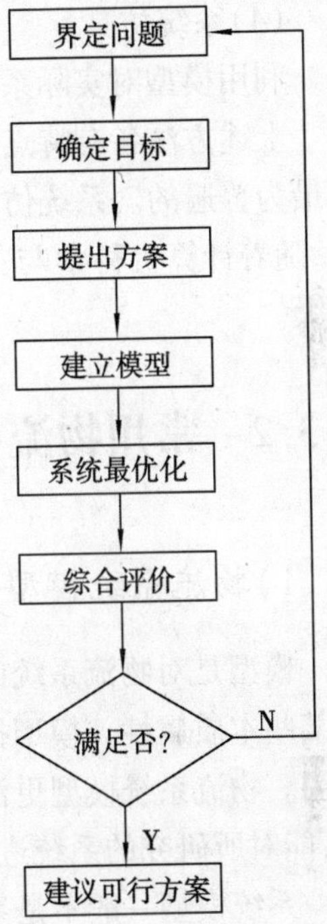


图1.4　系统分析步骤图

### 4）物流系统分析方法

对物流系统进行规划、管理、控制，选择最优的物流方案，寻求降低物流费用、提高物流效益的途径等，是物流系统分析的目的。物流系统的分析，必须运用各种现代科学的理论和方法。常用的理论及方法有：

(1)数学规划法（运筹学）

它是一种对系统进行统筹规划，寻求最优方案的数学方法。其具体理论与方法包括线性规划、动态规划、排队论和库存论等。线性规划、动态规划和库存论等是解决物流系统中物料储存的时间与数量的问题。

（2）统筹法（网络分析法）

运用网络来统筹安排，合理规划系统的各个环节。它用网络图来描述活动流程的线路，把事件作为节点。在保证关键线路的前提下，安排其他活动，调整相互关系，以保证按期完成整个计划。

（3）系统优化法

在一定约束条件下，求出使目标函数最优的解。物流系统包括许多参数，这些参数相互制约，互为条件，同时受外界环境的影响。系统优化研究，在不可控参数变化时，根据系统的目标如何，来确定可控参数的值，使系统达到最优状态。

（4）系统仿真

利用模型对实际系统进行实验研究。

上述方法各有特点，在实际中都得到了广泛的应用，其中系统仿真技术是近年来应用最为普遍的。系统仿真技术的发展及应用依赖于计算机软硬件技术的飞速发展。今天，随着计算机科学与技术的巨大发展，系统仿真技术的研究也不断完善，应用不断扩大。

## 1.3.2 常用物流系统工程建模方法

1）物流系统模型的定义

模型是对物流系统的特征要求、有关信息和变化规律的一种抽象表述，它反映了系统某些本质属性。模型描述了物流系统各要素间的相互关系、系统与环境之间的相互作用。物流系统模型更深刻、更普遍地反映所研究物流系统的特征。在物流系统工程中，能对所研究的系统进行抽象模型化，反映了人们对物流系统认识的飞跃。

系统模型一般不是系统对象本身，而是对现实系统的描述、模仿或抽象。系统是复杂的，系统的属性也是多方面的。所以，系统模型只是对系统某一方面或某几方面的本质属性的描述，本质属性的选取完全取决于工程研究的目的。

在物流系统工程中，能对所研究的系统进行抽象模型化，反映了人们对物流系统认识的飞跃。作为一个恰当的、适用的系统模型应具备以下3点特征：

①是系统的抽象或模仿；

②由反映系统本质或特征的主要要素构成；

③集中体现了这些主要要素之间的关系。

使用模型的意义在于：客观实体系统很难做实验，因此，可以利用系统模型代替，对象问题虽然可以做实验，但是利用模型更便于理解；模型易于操作，利用模型的参数变化来了解现实问题的本质和规律更经济方便。因此，在物流系统分析中模型也被广泛地应用。

### 2)物流系统工程建模原则

(1)清晰原则

物流系统是由许多密切联系的子系统组成的，对应的系统模型也应该是由许多子模型（或模块）组成的。在子模型与子模型之间，除了保留研究目的所必需的信息联系外，子模型之间的其他偶合关系要尽可能减少，以保证模型结构尽可能清晰。

(2)相互结合的原则

将诸多物流系统相互结合，善于将看似无关的问题联系起来考虑，找出它们之间的内在规律。

(3)尽量适用标准模型

物流系统中的有些问题已有标准模型，因此，在建立实际的物流系统模型时，应该首先查阅标准模型库，如果其中某些模型可以借鉴，就应该先试用。如果能满足要求，就应该使用标准模型。这样既可以节省时间和精力，又可以节约建模费用。

(4)系统分解、协调和综合的原则

做好系统的结构、功能、指标等的分解，做好系统的内部与外部协调以及各方面的综合工作。

(5)系统创造思维原则

对新的事物给予旧的和新的解释及解决，从而创造出新理论、新技术。

### 3)建立物流系统模型的步骤

(1)弄清问题，掌握真实情况

要清晰准确地了解系统的规模、目的和范围以及判定准则，确定输出输入变量及其表达形式。

(2)搜集资料

搜集真实可靠的资料，对资料进行分类，概括出本质内涵，对已研究过或成熟的经验知识和实例进行挑选，作为基本资料，供新模型选择和借鉴。

(3)确定因素之间的关系

确定本质因素之间的相互关系，列出必要的表格，绘制图形和曲线等。

(4)构造模型

构造一个能代表所研究系统的数量变换数学模型。这个模型可能是初步的、简单的，如初等函数模型。

(5)求解模型

用解析法或数值法求解模型最优解。对于较复杂的模型,有时需编出框图和计算机程序来求解。

(6)检验模型的正确性

检验模型是否在一定精确度的范围内正确地反映了所研究的问题,同时进行必要修正和反复订正后投入使用。

### 4)常见的物流系统工程建模方法

建立一个合适的系统模型既需要综合运用各种科学知识,还需要充分发挥人的创造力,针对不同系统对象,采用的模型也不尽相同,而同一对象也可用不同模型进行优化。通过模型对系统进行研究、分析和说明,揭示出实体系统已表现及尚未表现的状态变量之间的复杂关系,为决策提供一个综合分析的结构,寻找最佳方案。这里提供几种常见的物流系统模型建立的方法。

(1)直接分析法

系统较简单时,问题明确、直观,可按问题的性质直接建立模型。

(2)推理分析法

对于问题明确、内部结构和特征十分清楚的系统,可以利用已知的定律和定理,经过一定的分析和推理,建立系统模型。如,流通加工中的下料问题,就可以根据裁剪后的余料最少建立数学模型。

(3)统计分析法

对于那些内部结果和特性不很清楚,且又不能直接进行实验观察的系统(大多数的物流系统及其他非工程系统就属于此类),可以采用数据收集和统计分析的方法,建立系统模型。

(4)实验分析法

对于某些问题,现有的数据分析尚不能确定个别变量对整个系统工作指标的影响,又不可能做大量实验时,也可以在系统上做局部试验,确定关键的本质变量,弄清楚其本质特性及其对所关心指标的影响。逐步分析发现矛盾,建立实验模型,直到取得满意的效果。

(5)主观想象法

当系统结构性质不明确,又无足够的数据,系统上又无法做试验,此时看来无法建立模型,但实际上也是可以利用"主观想象"来实现建立一个模型。就是先主观地(但是是科学的)设想一些情况,然后构造一个简单的模型,据此推出一些结果,再发动有关专家进行分析研究,反过来修正模型,然后再据此模型推出一些结果,如此重复几次,模型就逐渐逼近真实的系统。

(6)神经网络法

神经网络模型作为非线性动力学系统,其特色在于信息的分布式存储和并行系统处理,在系统收敛的前提下,通过不断的自我训练,自主调节神经网络内部的权重,最后达到输入一个参量,在输出端得到一个多重因素扰动下的合理输出。神经网络法根据生物原型的研究,建立神经元、神经网络的理论模型。其中包括概念模型、知识模型、物理化学模型、数学模型等。

## 1.4 国内外物流的形成与发展

### 1.4.1 国外物流概念的发展

物流概念的发展经过了一个漫长而曲折的过程。回顾物流的发展历程和历史上经典的物流概念,不仅有利于我们了解物流的发展规律,更有利于我们全面深入地了解物流的内涵。

1)欧美对"物流"定义的发展史

以詹姆士·约翰逊(James C. Johnson)和唐纳德·伍德(Donald F. Wood)为代表的学者认为"物流一词首先用于军事"。他们说,1905 年,美国少校琼斯·贝克(Chauncey Baker)认为"那个与军备的移动与供应相关的战争的艺术的分支就叫物流"。

克兰菲尔德与运输中心(CCLT:Cfanfield Center for Logistics and Transportation)主任、资深物流与市场营销专家马丁·克里斯达夫(Martin Christopher)教授认为阿奇·萧(Arch W. Shaw)是最早提出物流概念并进行实际探讨的学者。阿奇·萧在 1915 年哈佛大学出版社出版的《市场流通中的若干问题》一书中指出:"创造需求与实物供给的各种活动之间的关系说明存在平衡性和依赖性两个原则","物流是与创造需求不同的一个问题……流通活动中的重大失误都是因为创造需求与物流之间缺乏协调造成的"。

1916 年,L. H. H. Weld 在《农场产品的市场营销》中指出市场营销的效用中包括时间效用、场所效用、所有权效用的概念和营销渠道的概念,从而肯定了物流在创造产品的市场价值中的时间价值及场所性价值的重要作用。

1922 年,克拉克(F. E. Clark)在《市场营销原理》中将市场营销定义为:影响商品所有权转移的活动和包括物流的活动。

1935年,美国营销协会对物流的定义为:"物流是包含于销售之中的物质资料和服务从生产地点到消费地点的流动过程中,伴随的种种经济活动。"

美国韦伯斯特大辞典,在1963年把后勤定义为"军事装备物资、设施与人员的获取、供给和运输"。

1970年,美国空军在一份技术报告中对后勤学下的定义是:后勤学即"计划和从事部队的输送、补给和维修的科学"。日本将引进的后勤学译为"兵站学",并将其含义表述为"除了军需资料的订购、生产计划、采买、库存管理、配给、输送、通用外,还包括规格化、品质管理等军事作战行动所必须的资财管理"。

后勤管理的方法后被引入到工业部门和商业部门,被人们称之为"工业后勤"和"商业后勤"。

美国学者鲍尔索克斯(Donald J. Bowersos)在1974年出版的《后勤管理》一书中,将后勤管理定义为"以卖主为起点将原材料、零部件与制成品在各个企业间有策略地加以流转,最后达到用户其间所需要的一切活动的管理过程"。这时后勤一词已经不仅仅是军事上的含义了。

1981年在美国出版的《后勤工程与管理》是用于大学生和研究生课堂教学的教科书,书中引用了美国工程师学会(SOLE:The Society of Logistis Engineers)对后勤学的定义,即"对于保障的目标、计划及其设计和实施的各项要求,以及资源的供应和保持等有关的管理、工程与技术业务的艺术与科学"。

美国国家物流管理委员会于1976年在定义物流管理时指出:"物流活动包括,但不局限于:为用户服务、需求预测、销售情报、库存控制、物料搬运、订货销售、零配件供应、工厂及仓库的选址、物资采购、包装、退换货、废物利用及处置、运输及仓储等"。

美国物流研究家察尔斯·塔夫将物流定义为:"是对到达以及离开生产线的原料,在制品和产成品的运动、存储和保护活动的管理。它包括运输、物料搬运、包装、仓储、库存控制、订货销售、选址分析和有效管理所必须的通讯网络等。"

1985年美国物流管理协会(CLM:Council of Logistics Management)重新定义物流为:"物流是对货物、服务及相关信息从起源地到消费地的有效率、有效益的流动和储存进行计划、执行和控制,以满足顾客要求的过程。该过程包括进向、去向和内部与外部的移动以及以环境保护为目的的物料回收。"

1994年欧洲物流协会(ELA:European Logistics Association)认为:"物流是在一个系统内对人员及商品的运输、安排及与此相关的支持活动的计划、执行与控制,以达到特定的目的。"

2) 日本对“物流”定义的发展史

20 世纪 50 年代中叶,日本在经济恢复中,十分重视学习西方科学技术。1956 年,日本生产性本部向美国派出了“流通技术考察团”,对美国的工厂运输情况,如搬运设备、搬运方法、库存物资的堆垛方式、与厂内运输有关的工厂总体布置以及搬运技术的概况等,在国内进行了详细的报道。此举动对日本未来物流的发展起到了积极的推动作用。日本于 20 世纪 60 年代正式引进了“物流”这一概念,并将其解释为“物的流通”、“市物流通”的简称。

日本通产省物流调查会的定义:“物流是制品从生产地到最终消费者的物理性转移活动。具体是由包装、装卸、运输、保管以及信息等活动组成。”日本通产省运输综合研究所认为:物流是“商品从卖方到买方的场所转移过程”。

日本早稻田大学教授西泽修在定义物流时说:物流是指“包装、输送、保管、装卸工作,主要以有形物资为中心,所以称之为物资流通。在物资流通中加进情报流通,于是称之为物流”。

日本另一位物流专家汤浅和夫泽认为,物流是一个包含“整体观点”的概念,是指产品从工厂生产出来到送达顾客手中这一过程的“结构”。

### 1.4.2 系统工程的产生与发展

1) 国外系统工程定义的发展

最早使用系统工程这个名词的是美国电话电报公司属下的贝尔研究所。20 世纪 40 年代,贝尔研究所在发展美国微波通信网络时,管理人员认识到,如果仅仅有第一流的科学家,而且只是孤立地抓新设备,研究新技术,效果并不一定好。必须把资源、需要、经济、技术、社会等因素结合在一起通盘考虑,模拟出多种可行的解决办法,然后选出合理的、经济的方案,做出正确的规划决策,才能达到好的经济效果。当时,人们把这样一套科学管理的方法称为系统工程。以后,贝尔公司和丹麦哥本哈根电话公司自动交换机的工程设计中也运用了系统工程方法。

第二次世界大战后,美国一些大企业把贝尔研究所初步研究的系统工程方法结合运筹学应用在经营管理工作中,得到了极大的成功。系统工程的研究和实践迅速开展起来。直到 1957 年,美国人谷德(H. Goode)和麦克尔(R. Machol)合著出版了第 1 本以系统工程命名的专著,这标志着这门新兴学科的产生。值得提出是美国阿波罗登月计划的实施和成功,对系统工程的发展起到了巨大的推动作用。该计划从 1961 年开始到

1972 年,历时 11 年,参加的工程技术人员大约 42 万人,有 2 万多家公司和工厂、120 所大学和研究机构参加此项计划,使用电子计算机 600 多台,耗资 300 多亿美元。为了完成这个计划,除了考虑每一部分之间的配合和协调工作外,还要在制订计划时估算各种未知因素可能带来的种种影响。这些千头万绪的工作,千变万化的情况,靠一个"总工程师"或"总设计师"的智慧和实际经验是无法解决的。也就是说这样复杂的总体协调任务不可能靠一个人来完成。因为他不可能精通整个系统所涉及的全部专业知识,他也不可能有足够的时间来完成数量惊人的技术协调工作,这就要求一个总体规划部门运用一种科学的组织管理方法,综合考虑统筹安排来解决这些问题。而阿波罗登月计划,在实施该项目的整体计划、设计和组织管理中采用了系统工程的思想和方法,取得了巨大的成功。由于该计划是采用系统工程来处理和完成的,所以,系统工程引起了人们的广泛关注,并被世界各国加以引进和推广。

系统工程理论由于在实际运用中取得了显著效果,发挥了很大作用,才引起世界各国的普遍重视。此后不断发展,从而奠定了现代系统工程的基础。20 世纪 70 年代,系统工程得到了迅速的普及和发展。目前在发达国家,许多高校均设有系统工程课程。以系统工程为主体的各种咨询公司遍布世界各地。总部设在维也纳的国际应用系统分析研究所(IIASA)完成了几百项重大的国际性和地区性的系统工程科研成果,其权威性和知名度堪称一流。

### 2)我国系统工程定义的发展

我国系统工程的普及与发展也取得了令人瞩目的成就。早在 1956 年,中国科学院力学研究所就建立了我国第一个运筹学研究组,1960 年成立了运筹学研究室。我国已故著名科学家华罗庚教授从 20 世纪 60 年代初期就在我国推广"统筹学"、"优选法",并取得了显著的成就。与此同时,在著名科学家钱学森教授的积极倡导下,在军事系统中成立了总体设计部,把技术与管理、设计与使用结合起来,并在导弹研制、人造地球卫星、航天武器等大而复杂的工程项目系统中进行了尝试,也取得了巨大的成就。钱学森等在 1979 年 9 月于《文汇报》上发表《组织管理技术——系统工程》一文,对系统工程作了全面的描绘。文章指出:系统工程是一门组织管理的技术,也就是把传统的组织管理工作总结成科学技术,并使之定量化,以便运用数学方法;系统工程是一大类工程技术的总称,而不是一个单一的学科,正如我们传统理解的工程是土木、机械、电机等工程的总称一样。于是便将"人各一词,莫衷一是"的情况澄清为"分门别类,共居一体"。这就给了系统工程一个确切的描绘,并从整个系统科学体系上论述了系统工程所处的地位。

20 世纪 80 年代,系统工程在我国的发展更加迅速,并取得了一系列的成果。第一,

1980 年 11 月成立了中国系统工程学会；第二，随着系统工程学术活动的蓬勃发展，在我国许多高校、研究设计机构，相继成立了系统工程研究所或专业，招收本科生和研究生；第三，系统工程在我国军事、社会、经济、能源、农业、矿业、水利、环保、生态、人口、交通、城市规划、大型工程项目、企业管理、教育、卫生、体育等领域都有广泛的应用，并取得了显著效果；第四，创办了《系统工程理论与实践》等学术刊物，出版了较多的系统工程教材和专著。

在中国国务院经济社会技术发展研究中心的组织领导下，从 1983 年起组织了上百个单位、400 多位专家，采用系统工程的思想方法完成了《2000 年的中国》的研究。该项研究提出了一系列重要的战略思想和政策性建议，为政府做重大决策提供了科学依据。

总之，系统工程就是用科学的方法组织管理系统的规划、研究、设计、制造、试验和使用，规划和组织人力、物力、财力，通过最优途径的选择，使我们的工作在一定期限内获得最合理、最经济、最有效的成果。所谓科学的方法就是从整体观念出发，通盘筹划，合理安排整体中的每一个局部，以求得整体的最优规划、最优管理和最优控制，使每个局部都服从于一个整体目标，做到人尽其才，物尽其用，以便发挥整体的优势，力求避免资源的损失和浪费。

### 1.4.3 物流系统工程的发展前景

随着社会的高速发展，物流的地位与之相应地得到了各界学者和企业的认可和重视，近几年，物流已成为一个耳熟能详的专业词汇。然而，物流的重要程度越是受到重视就越突出物流成本过高的现实。

物流被誉为“第三利润源泉”，这足以证明物流在降低成本费用方面具有独特的地方，如何利用物流的先进技术来降低企业和社会成本就成了一个亟待解决的具体问题。为此，人们在研究物流的同时引入了系统工程的方法，解决了许多有关的最优问题，并得到了显著的成效。物流系统工程就是在物流管理方面运用系统工程的方法去解决具体的问题，使问题的解决能达到最优的状态。

近年来出现了物流一体化或综合物流趋势，它是应用物流系统工程方法进行系统管理的典型范例。对于一个物流企业来说，各主要职能部门之间必须相互配合，协调工作，共同保证企业总目标的实现。物流经理必须从系统角度出发，平衡和协调本部门各业务环节的工作，防止各部门只考虑自身的利益而不顾全大局，使整体利益受到损害。

随着现代科学技术的突飞猛进，特别是自美国阿波罗登月计划实施以来，系统工程在复杂环境下综合考虑最优决策的思想方法就一直受到高度的重视。伴随着系统工程的发展，物流产业的基础工程的研究也进入了一个新的历史阶段，仓储管理系统、运输体系、管理信息系统、配送体系、国际物流等领域都取得了巨大的成就。然而物流系统的发展正是建立在上述领域发展的基础之上。

物流是一个综合的系统、开放的系统，物流方案的决策所涵盖的范围几乎囊括了商业领域的各行各业。如何选择最优的决策，关系到整个物流方案实施后的成败，而作出最优决策是一个复杂的过程，需要多方面专业人才的共同努力。然而如何管理协调和保证各方面专业人员的工作绩效，这就需要利用系统工程的方法来管理。

物流系统工程结合了系统工程的思想方法和物流管理的先进理念，能对物流活动中复杂的决策提供科学管理的技术方法。物流包括了生产、运输、搬运、装卸、包装、配送、拣选、流通加工等环节，是商品流通全过程的关键环节。

在信息高度集中的现代化商品流通中，物流是实现实物实体位移的具体方法，是其顺利进行的基础保证。而物流系统工程正是解决物流中遇到的问题的工具，是物流发展的又一个前进目标，是综合物流的研究方向，是挖掘"第三利润源泉"的有力工具。

物流系统工程代表了现阶段物流产业的发展方向，是研究物流系统最先进的方法，是解决物流问题最优决策的有力工具。总之，物流系统工程将会是21世纪最具发展前景的系统工程之一。

## 本章小结

在研究物流系统工程之前，准确地了解物流系统工程相关概念具有重要的意义。本章从系统的基本概念出发，简要介绍了系统工程、物流系统等的概念，有利于读者循序渐进地对物流系统工程这一概念的深入理解。

物流系统是指在一定的时间和空间里，由所需位移的物资、物流设备、作业人员和通信网络等若干相互制约的动态要素所构成的具有特定功能的有机整体。物流系统具有一般系统所共有的特点，具有输入、输出、处理、限制、反馈等功能，系统各要素间存在着相互依存和相互制约的关系。

系统分析是对研究对象进行有目的、有步骤的探索和研究过程，它运用科学的方法和工具确定一个系统所应具备的功能和相应的环境条件，以确定实现系统目标的最佳方案。物流系统分析作为一种决策的工具，其主要目的在于为决策者提供直接判断和决定最优方案的信息和资料。通过物流系统分析，使得待开发物流系统在一定的条件下充分挖掘潜力，做到人尽其才，物尽其用。

## 案例　二汽物流系统改造

第二汽车制造厂（以下简称二汽）始建于1969年，是依靠我国自己的力量，采取“聚宝”方式设计、建设和装备起来的现代化汽车生产企业，也是国家明确重点支持的三大汽车集团之一。

二汽的创建，曾经经历了一个依靠自己的力量、土法上马、艰苦创业的过程。初建时期，从各个部件厂到总装厂的物料搬运系统比较粗糙。在东西长约30千米、南北宽约8千米的一条山沟里，分布着二汽的27个部件厂。总装系统试运行时，由于搬运系统的原因，曾经出现总装厂前面的广场上车辆堵塞、人满为患、急需装配的部件进不来、暂时不需要装配的部件挤满了车间、影响总装配线顺利运行的混乱局面。

为了改变这种局面，需要改造二汽的物料搬运系统，于是他们就组织中外专家进行了一次重大的物流系统工程工作。这个工作的全过程一共分成了7个步骤，如图1.5所示。

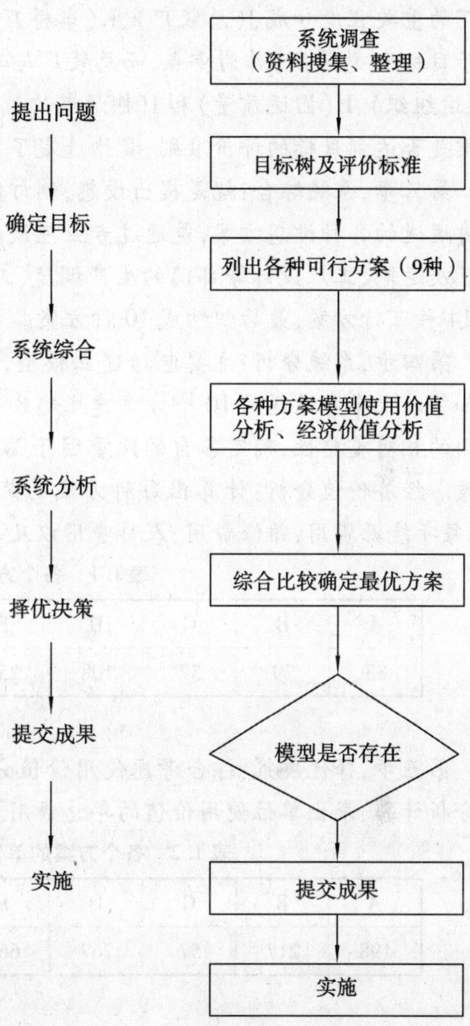


图1.5　二汽物流系统工程流程图

第一步，提出问题：包括系统调查，汇集资料，整理资料。就是进行系统调查、弄清问题。二汽从原材料到加工成毛坯、半成品、零件，再到装配成整车，生产过程复杂、工序很多，需要进行物料搬运的范围很广。为此先从主要问题着手。为弄清主要问题，专家组开了两次调查会，弄清楚了如何减少车次等5个需要解决的问题。在调查的基础上，汇集了资料，例如产品设计图纸、工厂平面图、工厂组成及产品分工图、汽车生产路线示意图、里程表以及物料搬运方面的资料等，并且进行了资料整理。

第二步,确定目标:包括建立目标树,选定子目标,建立评价准则。首先建立目标树。把物料搬运系统以优化运输的目标分成3个子目标:对外运输(N)、专业厂之间的运输(O)和专业厂内部的运输(P)。决定选定子目标O。而子目标O又可以按各个专业厂的重要程度分成J(总装厂)、K(车桥厂)、L(发动机厂)、M(变速箱厂)等,又选定以子目标J(总装厂)作为重点,而总装厂与其他厂之间的物料搬运问题J又可以分为G(搬运组织)、H(搬运质量)和I(搬运频次)。这样选定了子目标以后,还要建立起评价方案是否达到目标的评价准则,具体选定了8个评价准则。

第三步,系统综合:就是提出设想,制订能够达到目标的各种可行方案。例如,对于车身运送的各种设想方案,是通过专业座谈会的形式提出的。参加会议的有总装厂、车身厂及运输、工厂设计等部门的生产调度、工艺、运输及设计等有关专业人员,一共提出了14种可行方案,最后归纳成10种方案。

第四步,系统分析:主要包括建立模型、使用价值分析、经济价值分析。建立模型:例如将以上车身运送的10个方案建立起8个模型。使用价值分析:首先评定8个评价准则的相对重要性,确定各自的比重因子WF,即权值。用这8个准则去评价各个可行方案。经济价值分析:计算出每种方案的装卸时间、在路行驶时间、车数、每年折旧费用、每年能源费用、维修费用、人员费用以及每年的总费用见表1.1。

**表1.1 各个方案的年总费用**

| A | B | C | D | E | F | G | H | J |
|---|---|---|---|---|---|---|---|---|
| 83 | 79 | 57 | 108 | 255 | 528 | 611 | 113 | 52 |

第五步,择优决策:综合考虑使用价值分析和经济价值分析的结果,进行综合价值的分析计算,求出单位使用价值的年总费用。计算过程略,计算结果见表1.2。

**表1.2 各个方案的单位使用价值的年总费用**

| A | B | C | D | E | F | G | H | J |
|---|---|---|---|---|---|---|---|---|
| 198 | 217 | 57 | 267 | 668 | 1 427 | 1 679 | 247 | 166 |

按单位使用价值的年总费用由小到大的顺序将上述方案排列如下:

C,J,A,B,H,D,E,F,G

所以,C方案最好。

第六步,提交成果:提交方案报告和试运行效果。对车身选用半挂车运送。

第七步,实施。

## ≫复习思考题

1. 名词解释:系统、物流系统、物流系统工程

2. 系统应具有哪些条件?系统的特点有哪些?

3. 简述系统工程的主要特点。

4. 请说明系统工程的一般工作程序都包含哪些内容?

5. 简述物流系统的构成要素。

6. 物流系统工程的理论基础是什么?

7. 说明物流系统分析的主要内容与过程。

8. 物流系统工程建模有哪些基本方法?请分别给予说明?

讨论题:如何认识物流系统?从系统工程理论角度分析物流系统具有什么重要意义?

# 第2章

## 物流系统分析方法

**学习目标：**

- 简单了解常用的运筹学方法在物流系统中的应用
- 了解系统建模与仿真方法
- 了解系统决策与评价方法
- 了解常见的物流系统分析的问题类型

## 2.1 常用的运筹学方法概述

物流是与商品流通的发展相伴而生的,商品流通是物流产生的客观基础,然而,远在商品流通出现之前,物流活动就已经存在了,物流活动在人类社会的生产活动和交易行为中始终存在。物流各个基本功能的实施以及多个基本功能的综合运用都需要运筹谋划,近几十年来,随着现代科学技术的发展,运筹学已被大量地应用在物流活动中。以下是常见的几种运筹学方法。

### 2.1.1 线性规划法

线性规划是运筹学的一个重要分支。研究线性规划问题最早的是前苏联数学家康托洛维奇,他提出了“解乘数法”的问题,但由于他没能提出一个统一的求解的方法,所以他提出的问题在当时未能引起人们的特别重视。直到 1947 年,美国数学家丹捷格提出了求解线性规划问题的一般解法——单纯形法,并于 1953 年提出修正单纯形法,线性规划在理论上才趋于成熟,在实用中日益广泛与深入。

线性规划是研究在线性不等式以及等式的约束条件下,使得某一线性目标函数取得最大(最小)的极值问题。

1)线性规划问题的标准形式

线性规划问题有各种不同的形式。目标函数有的要求“max”,有的要求“min”;约束条件可以是“≤”,也可以是“≥”,还可以是“=”。决策变量$(x_1, x_2, \cdots, x_n)$一般是非负约束,但也允许在$(-\infty, \infty)$范围内取值,即无约束。将这些多种形式的数学模型统一变换为如下标准形式:

目标函数:$\max z = \sum_{j=1}^{n} c_j x_j$ (2.1)

约束条件(s.t.):
$$\begin{cases} \sum_{j=1}^{n} a_{ij} x_j = b_i & i = 1,2,\cdots,m \quad (2.2) \\ x_j \geq 0 & j = 1,2,\cdots,n \quad (2.3) \end{cases}$$

以下讨论如何变换为标准形的问题:

①若要求目标函数实现最小化,即 $\min z = c_1 x_1 + c_2 x_2 + \cdots + c_n x_n$。

这时,只需将目标函数最小化变换为求目标函数最大化,即令 $z' = -z$,于是得到 $\max z' = -c_1x_1 - c_2x_2 - \cdots - c_nx_n$。于是就同标准形的目标函数的形式一致了。

②约束方程为不等式。

这里有两种情况:一种是约束方程为"≤"不等式,则可在"≤"不等式的左端加入非负松弛变量,把原"≤"不等式变为等式;另一种是约束方程为"≥"不等式,则可在"≥"不等式的左端减去一个非负剩余变量(也可称松弛变量),把不等式约束条件变为等式约束条件。

2)线性规划问题的解的概念

(1)可行解

满足全部约束条件(包括非负条件)的向量 $X = (x_1, x_2, \cdots, x_n)^T$ 称为可行解,其中使目标函数达到最大值的可行解称为最优解。

(2)基

设 $A$ 是约束方程组的 $m \times n$ 维系数矩阵,其秩为 $m$。$B$ 是矩阵 $A$ 中 $m \times m$ 阶非奇异子矩阵($|B| \neq 0$),则称 $B$ 是线性规划问题的一个基。也就是说,矩阵 $B$ 是由 $m$ 个线性独立的列向量组成。为不失一般性,可设:

$$B = \begin{pmatrix} a_{11} & a_{12} & \cdots & a_{1m} \\ \vdots & \vdots & & \vdots \\ a_{m1} & a_{m2} & \cdots & a_{mm} \end{pmatrix} = (P_1, P_2, \cdots, P_m)$$

称 $P_j(j=1,2,\cdots,m)$ 为基向量,与基向量 $P_j$ 响应的变量 $x_j(j=1,2,\cdots,m)$,否则称为非基变量,为了进一步讨论线性规划问题的解,下面研究约束方程组(2.2)的求解问题。假设该方程组系数矩阵 $A$ 的秩为 $m$,因 $m<n$,故它有无穷多解。假设前 $m$ 个变量的系数列向量是线性独立的。这时(2.2)式可写成:

$$\begin{pmatrix} a_{11} \\ a_{21} \\ \vdots \\ a_{m1} \end{pmatrix} x_1 + \begin{pmatrix} a_{12} \\ a_{22} \\ \vdots \\ a_{m2} \end{pmatrix} x_2 + \cdots + \begin{pmatrix} a_{1m} \\ a_{2m} \\ \vdots \\ a_{mm} \end{pmatrix} x_m = \begin{pmatrix} b_1 \\ b_2 \\ \vdots \\ b_m \end{pmatrix} - \begin{pmatrix} a_{1,m+1} \\ a_{2,m+1} \\ \vdots \\ a_{m,m+1} \end{pmatrix} x_{m+1} - \cdots - \begin{pmatrix} a_{1m} \\ a_{2m} \\ \vdots \\ a_{mm} \end{pmatrix} x_m$$

或

$$\sum_{j=1}^{m} P_j x_j = b - \sum_{j=m+1}^{n} P_j x_j \tag{2.4}$$

方程组(2.4)的一个基是:

$$B = \begin{pmatrix} a_{11} & a_{12} & \cdots & a_{1m} \\ \vdots & \vdots & & \vdots \\ a_{m1} & a_{m2} & \cdots & a_{mm} \end{pmatrix} = (P_1, P_2, \cdots, P_m)$$

设 $X_B$ 是对应于这个基的基变量：$X_B=(x_1,x_2,\cdots,x_m)^{\mathrm T}$

现若令(2.4)式的非基变量 $x_{m+1}=x_{m+2}=\cdots=0$，这时变量的个数等于线性方程的个数，此时，求出一个解为 $X=(x_1,x_2,\cdots,x_m,0,\cdots,0)^{\mathrm T}$

该解的非零分量的数目不大于方程个数 $m$，称 $X$ 为基本解。由此可见，有一个基，就可以求出一个基本解。

(3)基本可行解

满足非负条件 $X_j\geqslant 0(j=1,2,\cdots,n)$ 的基本解，称为基本可行解，基本可行解的非零分量的数目也不大于 $m$，并且都是非负的。

(4)可行基

对应于基本可行解的基，称为可行基。约束方程组(2.2)具有基本解的数目最多是 $C_n^m$ 个。一般基可行解的数目要小于基解的数目。另外还要说明一点，基解中的非零分量的个数小于 $m$ 个时，该基解是退化解。

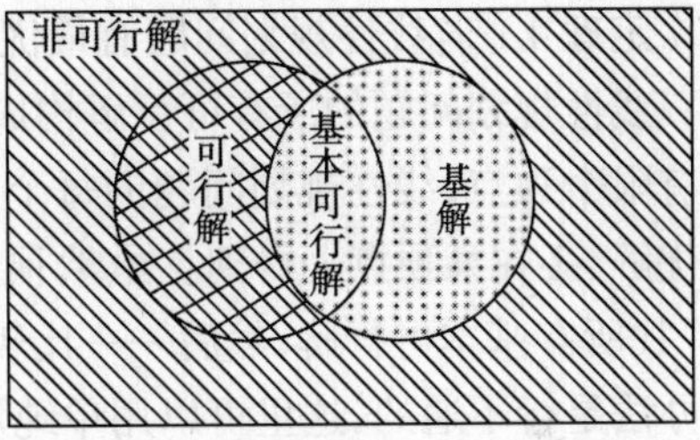

图 2.1　各种解之间关系示意图

图 2.1 是以上提到的几种解之间的关系示意图。

3)线性规划问题的几何意义

(1)凸性的几个基本概念

**定义 1**　凸集：设 $S$ 是 $n$ 维空间中的一个点集($S\in E^n$)，若对任意 $x^{(1)},x^{(2)}\in S$，存在 $\alpha\in[0,1]$，恒有 $x=\alpha x^{(1)}+(1-\alpha)x^{(2)}\in S$，则称集合 $S$ 为凸集。也称 $X$ 是 $x^{(1)},x^{(2)}$ 的凸组合。

**定义 2**　顶点：设 $S$ 是 $n$ 维向量组成的凸集，若任意 $x^{(1)},x^{(2)}\in S$ 且 $x^{(1)}\neq x^{(2)}$，存在 $\alpha\in(0,1)$，对于 $x^*\in S$，$x^*$ 不能使下式 $x^*=\alpha x^{(1)}+(1-\alpha)x^{(2)}$ 成立，则称 $x^*$ 为凸集的顶点(极点)。

凸集的几何特征是：连接凸集中任意两点的线段(包括端点)仍位于该凸集中。

从直观上讲，凸集没有凹入部分，其内部没有孔洞。

图 2.2 中，(a)、(b)为凸集，(c)、(d)不是凸集。

(2)线性规划问题解的基本定理

**定理 1**　线性规划可行解集，$R=\{X|AX=b,X\geqslant 0\}$ 是一个凸集。

**定理 2**　设 $x^{(0)}\in R$，则 $x^{(0)}$ 是线性规划基本可行解的充分必要条件是 $X^{(0)}$ 是 $R$ 的顶点。

**定理 3**　若线性规划问题有可行解，则一定有基本可行解。

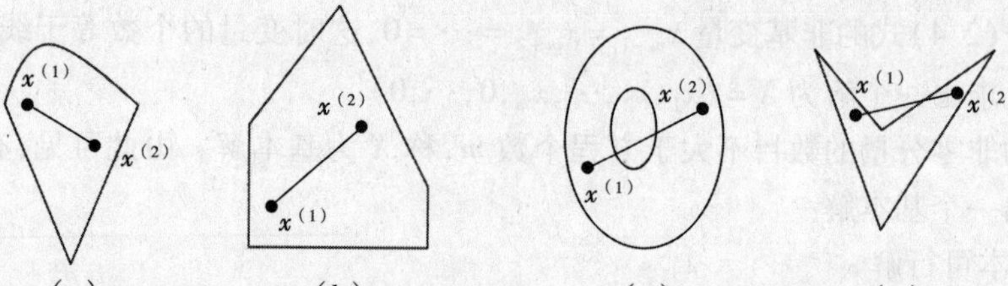


(a)　　(b)　　(c)　　(d)

图 2.2

**定理 4**　若线性规划问题有最优解,则一定有基本最优解($x=\alpha x^{(1)}+(1-\alpha)x^{(2)}$)

线性规划问题的所有可行解构成的集合构成的集合是凸集,也可能为无界域,它们有有限个顶点,线性规划问题的每个基本可行解对应可行域的一个顶点;若线性问题有最优解,必在某顶点上得到。虽然顶点数目是有限的(它不大于 $C_n^m$ 个),若采用"枚举法"找所有基本可行解,然后一一比较,最终可能找到最优解。但当 $m,n$ 的数较大时,这种办法是行不通的,这里可以用单纯形法来有效地找到最优解。

求解线性规划问题的单纯形法是 1947 年由美国数学家丹捷格提出来的,这是一种有效的实用算法。单纯形法的基本思路是:将线性规划问题化为标准形式,从可行解集中一个初始基本可行解开始迭代,使之转移到另一个基本可行解(也就是从一个顶点转移到另一个顶点)。每进行一次迭代,目标函数值绝不会变小,如果非退化,则目标函数值就严格增大。若有最优解,经有限次迭代,当目标函数值达到最优解时,问题就得到了最优解。

## 2.1.2　动态规划方法

动态规划是运筹学的一个分支,它是解决多阶段决策过程最优化的一种数学方法,它产生于 20 世纪 50 年代。1951 年美国数学家贝尔曼(R. Bellman)等人,根据一类多阶段决策问题的特点,把多阶段决策问题变换为一系列互相联系的单阶段问题,然后逐个加以解决。与此同时,他提出了解决这类问题的"最优性原理",研究了许多实际问题,从而创建了解决最优化问题的一种新的方法——动态规划。

在企业管理方面,动态规划可以用来解决最优路径问题、资源分配问题、生产调度问题、库存问题、装载问题、排序问题、设备更新问题以及生产过程最优控制问题等,是现代企业管理中的一种重要的决策方法。

1）动态规划的基本概念

（1）阶段

阶段是指一个问题需要作出决策的步数。描述阶段的变量称为阶段变量，常用$k(k=1,2,\cdots,n)$表示阶段的划分。阶段的划分，一般是根据时间和空间的自然特征来划分，但要便于把问题的过程能转化为多阶段决策的过程。

（2）状态

状态表示每个阶段开始时所处的自然状况或客观条件，它描述了研究问题的状况，又称为不可控因素。可以说，状态既是该阶段某支路的起点，又是前一阶段某支路的终点。描述过程状态的变量称为状态变量，把第$k$阶段的状态变量记为$u_k(k=1,2,\cdots,n)$。通常一个阶段有若干个状态，称由这些状态组成的集合为可达状态集合，记作$S_k$。

这里所说的状态应有下面性质：如果某阶段的状态变量给定后，则在这阶段以后过程的发展不受这阶段以前各阶段状态的影响。也就是说，过去的历史只能通过当前的状态去影响它未来的发展，当前的状态是以往历史的一个总结。这个性质称为无后效性（即马尔可夫性）。

如果状态仅仅描述过程的一个具体特征，则并不是任何实际过程都能满足无后效性的要求。所以，在构造决策过程的动态规划模型时，不能仅由描述过程的具体特征这点去规定状态变量，而要充分注意是否满足无后效性的要求。如果状态的某种规定方式可能导致不满足无后效性，则应适当地改变状态的规定方法，达到能使它满足无后效性的要求。

（3）决策

决策是指某阶段状态给定之后，以该状态过渡到下一阶段某状态的选择。决策变量是描述决策的变量，通常用$x_k(u_k)(k=1,2,\cdots,n)$表示，从数学角度来看，就是决策变量$x_k$是状态变量$u_k$的函数。

在实际问题中，决策变量往往被限制在某一范围中，而并不是取孤立值，这一取值范围称为允许决策集合，用$D_k(u_k)(k=1,2,\cdots,n)$表示。显然，$x_k(u_k)\in D_k(u_k)$

（4）策略

在一个多阶段决策过程中，如果各个阶段的决策变量$x_k(u_k)(k=1,2,\cdots,n)$均已确定，则整个过程也就完全确定。称决策变量序列$\{x_1(u_1),x_2(u_2),\cdots,x_n(u_n)\}$为该过程的一个策略，记作$P_{1,n}(u_1)$。同样，若第$k$阶段状态已确定为$u_k$，则称决策变量序列$\{x_k(u_k),x_k(u_{k+1}),\cdots,x_n(u_n)\}$为从$u_k$出发的一个子策略，记作$P_{k,n}(u_k)$。

在实际问题中，可供选择的策略有一定的范围，此范围称为允许策略集合，用$P$表示，从允许策略集合中找出达到最优效果的策略称为最优策略。

(5)状态转移方程

状态转移方程是指确定一个状态到另一个状态的演变过程。若给定第 $k$ 阶段的状态变量 $u_k$ 的值,则该阶段的决策变量 $u_k$ 一经确定,第 $k+1$ 阶段的状态变量 $u_{k+1}$ 的值也就完全确定。这种确定的对应关系可记为 $u_{k+1}=T_k(u_k,x_k(u_k))$。该式描述了由 $k$ 阶段到 $k+1$ 阶段的转台转移规律,称为状态转移方程。

(6)指标函数

指标函数是用来度量策略或子策略优劣的一种数量指标,常表示为:$v_k\{u_k,x_k,x_{k+1},\cdots,x_n\}$ 或 $u_{k,n}$ 表示,其中 $n$ 为阶段数。从 $k$ 阶段状态 $u_k$ 出发,对所有的子策略,最优的过程指标函数称为最优指标函数,记作 $f_k(u_k)$,通常取 $v_k$ 的最大值或最小值。

指标函数通常采用以下两种形式:

① 连和形式,即 $u_{k,n}=\sum_{j=k}^{n}v_j(u_j,x_j)=v_k(u_k,x_k)+\sum_{j=k+1}^{n}v_j(u_j,x_j)$

② 连乘形式,即 $u_{k,n}=\prod_{j=k}^{n}v_j(u_j,x_j)=v_k(u_k,x_k)\prod_{j=k+1}^{n}v_j(u_j,x_j)$

由于实际问题千差万别,指标函数的具体含义和表现形式也因实际问题而异,一般可取为距离、时间、成本、利润、资源等。

## 2)动态规划数学模型的建立

(1)最优化原理

最优化原理是由美国数学家贝尔曼(R. Bellman)首先提出的,具体叙述为:“作为整个过程的最优策略具有这样的性质:即无论过去的状态和决策如何,对前面的决策所形成的状态而言,余下的诸策略必须构成最优策略。”从直观上,这个原理并不难理解,例如:在日常生活中,人们都有这样的经验,从生活区出发,经过菜市场和饮食摊点到教学大楼的这条路距离最短的话,则由菜市场和饮食摊点到教学大楼的这条路的距离也一定是最短的。

利用这个原理,可以把多阶段决策问题的求解过程看成是一个连续的递推过程,由后向前逐步推算。在求解时,在各阶段以前的状态和决策,对其后面的子问题来说,只不过是相当于其初始条件而已,并不影响后面过程的最优策略。因此,可把一个问题按阶段分成许多相互关联的子问题,其中每一个子问题均是一个比原问题简单得多的优化问题,且每一个子问题的求解仅利用它的下一阶段子问题的优化结果。依次求解,最后即求得原问题的最优解。

根据上述结论给出的动态规划递推关系式,归纳出动态规划的基本方程如下:

对于任意的 $k(1\leqslant k\leqslant n)$,当 $u_{k,n}=\sum_{j=k}^{n}v_j(u_j,x_j)$ 时,则有:

$$f_k(u_k) = \underset{u_k \in S_k; x_k(u_k) \in D_k(u_k)}{opt} \{v_k(u_k, x_k) + f_{k+1}(u_{k+1})\} \tag{2.5}$$

又当 $u_{k,n} = \prod_{j=k}^{n} v_j(u_j, x_j)$ 时，则有：

$$f_k(u_k) = \underset{u_k \in S_k; x_k(u_k) \in D_k(u_k)}{opt} \{v_k(u_k, x_k) f_{k+1}(u_{k+1})\} \tag{2.6}$$

(2)动态规划模型的建模步骤

一般来说，利用动态规划对实际问题进行求解的步骤如下：

①把一个优化问题按"时段"分成若干阶段。

②准确地选择状态变量 $u_k$ 及状态集合 $S_k$，这是形成动态规划模型的关键。状态变量是动态规划模型中最重要的参数。通常状态变量具有以下 3 个特性：

a. 规律性：它能够用来描述问题的变化过程。

b. 无后效性：无后效性是指如果某段状态给定，则在这段以后过程的发展不受前后各段状态的影响，即过程的过去历史只能通过当前的状态影响它的未来发展，当前状态就是未来过程的初始状态。因此，如果所选的变量不具备无后效性，就不能用来作为状态变量构造动态规划模型。

c. 可知性：即规定的各段状态变量的值由直接或间接都是可以知道的。

③确定决策变量 $x_k$ 及各阶段的允许决策集合 $D_k(u_k)$。

④确定状态转移方程。根据阶段间的变化规律，给出状态转移方程 $u_{k+1} = T_k(u_k, x_k(u_k))$。

⑤确定指标函数。确定一个与阶段有关的状态变量的最优指标函数 $f_k(u_k)$ 以及阶段指标函数 $v_k(u_k, x_k(u_k))$

⑥由"最优化原理"确定相邻的两个阶段之间的最优指标函数的递推关系式(动态规划基本方程)，并按建立的递推关系式依次计算，直至算出最终指标函数的最优值，并由此确定出动态规划问题的最优解。

### 3)动态规划模型的适用范围

根据动态规划模型的特性，它解决实际问题是有一定的范围的，通常有以下几类：

(1)路线选择问题

旅行者希望走一条从出发地至目的地的距离最短路线；运输部门希望选择一条运费最低的路线；工程希望以最短的工期和最小费用安排各工序等，很多实际问题都可以归结为这样的路线选择问题。

(2)生产——库存问题

该问题的基本内容是：大量生产可以降低生产成本，但当超过市场需求时，就造成积压、增加库存费用。单纯按市场需求安排生产也会由于开工不足或加班加点造成生产成本的增加。因此,合理利用库存调节产量,满足需求是十分有意义的。所谓生产——库存问题就是一个生产部门如何在已知生产成本、库存费用和各阶段市场需求的条件下,决定各阶段产量,使计划期内的费用总和为最小的问题。商业部门也会遇到同样的问题,在那里生产量相当于采购量。

(3)资源分配问题

该问题的特征是:将供应量有限的一种或若干种资源(如原材料、资金、劳动力、时间、空间、运载能力等)分配给若干使用者,而使某一目标函数达到最优。

(4)设备更新问题

一台新设备通常故障少,维护费用低,带来的收益高,而旧设备则相反。新设备随着使用年限的增加逐渐变旧,到适当的时候,就需要将旧设备报废。而报废的旧设备可得到一笔折价金额。设备更新问题的特征就是综合考虑买进新设备、旧设备折旧、设备运转带来的收益以及设备维护费等各项费用而确定一个所有设备的合理更新时间。

(5)排序问题

在加工工件所经过的工序,各种工件在各道工序加工需要的时间为给定的条件下,如何确定加工工件的顺序,使得总的加工时间最短,这就是排序问题。

(6)静态最优化问题

所谓静态最优化问题就是忽略时间对决策过程的影响,从所有可行方案中寻求最优方案,实现最优决策。但是,任何多阶段决策过程的最优化问题,都可以化成一个线性或非线性规划问题。比如,就阶段数为 $n$ 的多阶段决策过程而言,当给定了初始状态 $u_1 \in D_1$ 和策略 $P=\{x_1(u_1),x_2(u_2),\cdots,x_n(u_n)\}$ 时,就确定了过程的指标函数 $v$ 的值,故指标函数 $v$ 可以看成是 $x_1,u_1,x_2,u_2,\cdots,x_n,u_n$ 的函数,而集合 $D_1$ 和 $D_k(u_k)$ 与状态转移方程 $u_{k+1}=T_k(u_k,x_k(u_k))(k=1,2,\cdots,n)$ 就构成了这些变量必须满足的约束条件。这样,对阶段决策过程最优化问题,就归结为如下的静态最优化问题:

$$f_k(u_k)=\underset{u_k \in S_k;x_k(u_k)\in D_k(u_k)}{opt}\{v_k(u_k,x_k)+f_{k+1}(u_{k+1})\} \tag{2.7}$$

$$\text{s.t.}\begin{cases}u_1 \in D_1 & (2.8)\\ x_k(u_k)\in D_k(u_k) & (2.9)\\ u_{k+1}=T_k(u_k,x_k(u_k)) \quad (k=1,2,\cdots,n) & (2.10)\end{cases}$$

因此原则上,它可以用线性规划或非线性规划方法求解。反之一个线性规划或非线性规划问题,在一定的条件下,也可以转化为多阶段决策过程最优化问题,用动态规划的方法求解。

### 2.1.3 整数规划方法

在前面讲的线性规划问题中,最优解可能是分数或小数,但对于某些具体问题,常有要求解答必须是整数的情形(整数解),例如:工人的人数、机器的台数等,这些非整数解是不合乎常理的。通常对于这类问题,人们想到的是将所得到的非整数解“四舍五入”,但是,这样得到的整数解不一定是可行解,即使是可行解,也不一定是最优解,因此,需要对此类问题进行进一步的研究,找出求整数最优解的方法,整数规划就这样应运而生了,它是最近几十年发展起来的规划论中的一个分支。

整数规划问题一般分为以下几类:

①纯整数规划(全整数规划):所有变量都取整数的规划。

②混合整数规划:部分变量取整数的规划。

③0-1 规划:所有变量取值仅限于 0 或 1 的规划。

#### 1)分枝定界法

分枝界定法是由 Land Doig 和 Dakin 等人在 20 世纪 60 年代初提出来的一种部分枚举方法,这种方法是目前为止求解整数规划问题最有效的方法之一。它的基本思路是:

①先求解相应的线性规划(即先不考虑整数条件的约束)。对于最大化问题,它的最优值就是整数规划问题的最优值的上界。也就是说,整数规划问题的最优解不会更优于相应的线性规划问题的最优解。

②如果相应的线性规划问题的最优解已满足整数条件,则该整数解就是原整数规划问题的最优解。

③如果相应的线性规划问题无最优解,则原整数规划问题一定也无最优解。

④如果相应的线性规划问题的最优解不符合整数条件,则在可行域中除去一块包含这个最优解但不包含任何整数解的区域,线性规划的可行域被划分成不相交的两部分,分别以这两部分区域作为可行域,用原来的目标函数,构造两个子问题。由于这两个子问题的可行域都是原线性规划问题可行域的子集,这两个子问题的最优解的目标函数值都不会比原线性规划问题的最优解的目标函数值更优。如果这两个问题的最优解仍不是整数解,则继续选择一个非整数的变量,继续将这个子问题分解为两个更为下一级的子问题,这个过程称为分枝。在分枝过程中,每一次分枝得到的子问题最优解的目标函数值,都小于或等于分枝前问题的最优解的目标函数值。

⑤如果某一个子问题的最优解是整数解,就获得了一个整数可行解,这个子问题的目标函数值要记录下来,作为整数规划最优目标函数值的下界。如果某一个子问题的解还不是整数解,但这个非整数解的目标函数值已经小于这个下界,那么这个子问题就不必再进行分枝,因为继续分枝即使得到整数解,这个整数解的目标函数值必定要小于(或等于)分枝以前问题的目标函数值,因而也小于(或等于)已经获得的整数规划的目标函数值,就不可能是最优的整数解。如果在分枝过程中得到新的整数解且该整数解

的目标函数值大于已记录的下界，则用较大的整数解的目标函数值代替原来的下界。下界的值越大，就可以避免更多不必要的分枝。这个确定整数解目标函数值下界，并不断更新下界，并且不断“剪除”目标函数值小于下界的分枝的过程，称为定界。

⑥当最低一层子问题无可行解，或者获得整数解，或者目标函数值小于下界时，分枝定界算法终止。

### 2)割平面法

割平面法是1958年由美国学者 R. E. Gomory 提出来的另一种求解纯整数规划的方法，又称为 Gomory 割平面法。它的基本思想和分枝界定法大致相同，即首先不考虑变量 $x_i$ 是整数这一条件，但增加线性约束条件使得由原可行域中切割掉一部分，这部分只包含非整数解，但没有切割掉任何整数可行解。这个方法就是指出怎样找到适当的割平面，使切割后最终得到一个具有整数坐标的极点的可行域，该极点恰好就是问题的最优解。该方法的关键在于，如何构造切割不等式，使增加该约束后能达到真正的切割而且没有切割掉任何整数的可行解。其具体步骤如下：

①先不考虑变量的取整约束，用单纯形法求解相应的线性规划问题，如果该问题没有可行解或最优解已是整数则停止，否则转下步。在求解相应的线性规划时，首先要将原问题的数学模型标准化，也就是说，将所有的不等式约束全部转化成等式约束，并将整数规划中所有非整数系数全部转化成整数。

②求一个“切割不等式”及添加到整数规划的约束条件中去，即对上述线性规划问题的可行域进行“切割”，然后返回步骤①。

割平面法被提出后，即引起人们广泛的注意，但至今完全用它解题的仍是少数，原因就是经常遇到收敛很慢的情形。但若和其他方法（如分枝定界法）配合使用，也是有效的。

### 3)0-1 型整数规划

0-1 型整数规划是整数规划中的特殊情形，它的变量 $x_i$ 取0或1，这时 $x_i$ 称为0－1变量，或称二进制变量（如果变量 $x_i$ 不是取0或1，而是取其他范围的非负整数，则可利用二进制的记数法将它用若干个0-1变量来代替）。$x_i$ 仅取值0或1这个条件可由下述约束条件所替代：

$$\begin{cases} x_i \leqslant 1 \\ x_i \geqslant 0 \\ x_i \ \text{取整数} \end{cases}$$

它和一般整数规划的约束条件形式是一致的。在实际问题中，如果引入0-1变量，就可以把有各种情况需要分别讨论的线性规划问题统一在一个问题中讨论了。

解 0-1 型整数规划的一般方法是穷举法,即检查变量取值为 0 或 1 的每一种组合,比较目标函数值以求得最优解,这就需要检查变量取值的 $2^n$ 个组合。对于变量个数 $n$ 较大的情况,这几乎是不可能的,因此就设计出了一种方法,只检查变量取值的组合的一部分,就能求得问题的最优解,这样的方法称为隐枚举法,分枝定界法就是一种隐枚举法。

# 2.2 系统建模与仿真方法

人类为了满足自身的基本需要,一直在同外部环境发生着联系,并进行大量的研究来更好地了解真实世界。随着科学和工程技术的发展,人们认识自然和改造自然的能力逐渐增强,特别是计算机出现以后,人们能对复杂事物和复杂系统建立模型并利用计算机进行求解,这些手段和方法逐渐形成了计算机仿真技术。系统建模与仿真已成为当今现代科学技术研究的主要内容,并渗透到了各个领域。

## 2.2.1 系统建模的方法

物流系统研究的目的是对物流系统进行规划、管理、控制;选择最优的物流方案;寻求降低物流成本,改进服务,提高物流效益的途径等,因此必须运用各种现代科学的理论和方法。这里提供几种常用的建模方法。

1)系统优化方法

系统优化方法是物流系统设计的重要内容之一,它运用线性规划、整数规划、非线性规划等数学规划技术来描述物流系统的数量关系,以便求得最优决策。由于物流系统庞大而复杂,建立整个系统的优化模型一般比较困难,而且用计算机求解大型优化问题的时间和费用太大,因此优化模型常用于物流系统的局部优化,并结合其他方法求得物流系统的次优解。

2)系统仿真方法

系统仿真方法是利用数学公式、逻辑表达式、图表、坐标等抽象概念来表示实际物流系统的内部状态和输入输出关系,以便通过计算机对模型进行试验,通过实验取得改善物流系统或设计新的物流系统所需要的信息。所以,系统仿真就是对实际观测所获得的数据建立起来的一种动态模型,既反映了系统的物理特征和逻辑特征,也表达了系统的静态和动态性质,有利于对系统进行分析。由于物流系统受很多不确定、随机因素的影响,用仿真的方法更能体现出此类复杂的离散事件系统的性能。此外,实际系统的实施成本太高,且一旦系统建好,在一个较长的时期内是难于改变的。因此,在建立系统之前,可先用仿真法对不合理的设计和投资进行修正,避免资金、人力和时间的浪费,且可在模型或程序中作一些不同的设置来反映物流系统在不同参数之下的反应,决策者可根据仿真的结果,选择一个更实际、更现实可行、物流总成本低的方案来实现物流系统。仿真法较为广泛地应用于物流系统的规划设计中,如可在仿真模型中反映出可供利用的运输方式、交通费用、供货厂商地点、仓库场所、顾客服务要求、工厂地址等因素。

3)启发式方法

启发式方法是针对优化方法的不足,运用一些经验法则来降低优化模型的数学精确程度,并通过模仿人的跟踪校正过程求取物流系统的满意解。启发式方法能同时满足详细描绘问题和求解的需要,比优化方法更为实用,其缺点是难以知道什么时候好的启发式解已经被求得。因此,只有当优化方法和模拟方法不必要或不实用时,才使用启发式方法。

4)统计分析法

这是一种目前广泛应用的预测方法。预测对物流系统的规划与设计、管理与经营等而言,是十分重要的,在物流系统的规划与设计时,要预测需求的发展与变化规律,以决定设施、设备等供应的提供模式;在管理与经营时,要预测市场的变化规律,以指定正确的管理经营方案。一般而言,统计分析法分为定性预测方法和定量预测方法两类,常见的定性预测方法有市场调查预测法、德尔菲法、交叉概率法、领先指标分析法和类推法等;常见的定量预测方法有简单算术平均法、平滑预测法、回归分析法和数学规划法等。

5)量化值加权函数法

该方法是一种常用的综合评价方法,采用量化值加权函数法需要考虑两个问题:一是要科学确定出各个指标在整个指标体系中的权重,二是要科学地进行指标的无量纲处理,计算各个指标实际数值的“量化值”。

6)模糊数学方法

该方法的基本原理是从评价主体根据具体情况所给定的、可能是模糊的评价尺度出发,进行首尾一致的、无矛盾的价值测定,以获得对多数人来说可以接受的评价结果,为正确决策提供所需的信息。

建立一个合适的系统模型既需要综合运用各种科学知识,也需要充分发挥人的创造性,针对不同系统对象,或创造新模型、或巧妙利用已有的模型、或改造已有的模型。一个完善的系统模型能减少实际研究中的困难,因此,在建模时需要注意以下问题。

(1)保持足够的精度

模型应该反映物流系统中本质的因素,去掉那些非本质的因素,但又不能影响模型反映现实的真实程度。

(2)简单实用

模型既要精确,又要力求简单。若模型过于复杂,一则难以推广,二则求解费用高。

(3)尽量借鉴标准形式

在模拟某些实际对象时,如有可能应尽量借鉴一些标准形式的模型,这样可以利用现有的数学方法或其他方法,有利于问题的解决。

### 2.2.2 系统仿真方法

仿真方法即模型研究方法,是人类最古老的工程方法之一。这种基于相似原理的模型研究方法,经历了从直观的物理模型到抽象的形式化模型(数学模型)的发展,20世纪计算机的出现以及人类对于“系统”的认识,则赋予仿真即模型研究以新的内容与方法,出现了现代仿真技术,即系统仿真技术的产生。系统仿真的一个不甚严格但被广泛认同的定义是:在计算机上建立系统模型,运转和实验这个模型以研究一个现存的或虚拟的系统。该技术的第一个特点是视研究对象为一个系统,另一个特点是以计算机作为系统模型的载体。因此系统仿真的方法论是与系统学和计算机科学紧密相联的。目前,系统仿真方法主要包括以下几种。

1)参数优化方法

这是一种基于系统辨识和参数估计理论的目标函数最优化方法。

2)定性仿真方法

这是一种基于建立模型框架,对于参数采取定性处理(从一个定性的约束集和一个初始状态出发)，预测系统未来行为的方法。

3) 模糊仿真方法

基于模糊数学，在建立模型框架的基础上，对于观测数据的不确定性，采用模糊数学的方法进行处理。

4) 归纳推理方法

基于黑箱概念，假设对系统结构一无所知，只从系统的行为一级进行建模与仿真，根据系统观测数据，生成系统定性行为模型，用于预测系统行为。

5) 系统动力学方法

基于信息反馈及系统稳定性的概念，认为物理系统中的动力学性质及反馈控制过程在复杂系统中同样存在。通过专家对复杂系统机理的研究，可建立复杂系统的动力学模型，并通过运转这个模型去观察系统在外力作用下的变化。系统动力学仿真的目的主要是研究系统的变化趋势，而不注重数据的精确性。

### 2.2.3 系统建模与仿真的一般步骤

系统仿真的过程就是建立系统模型并通过模型在计算机上的运行来对模型进行检验和修正，使模型不断趋于完善的过程。对一个系统进行建模仿真，一般包括以下几个步骤。

1) 系统定义

在求解问题以前，要详细地定义系统。定义一个系统时，首先必须提出明确的准则来描述系统目标及其衡量标准，其次必须描述系统的约束条件，然后确定研究的范围，即确定哪些实体属于要研究的系统，哪些属于系统的环境。

2) 建立系统数学模型

模拟仿真是一项基于模型的活动，是用模型模拟来代替真实系统进行实验和研究。因此，就要对仿真的问题进行定量描述，这就是建立系统的数学模型。模型必须和研究目的紧密相连，要有明确的目标和要求，并与真实系统尽量接近。同时模型要尽可能简单明了，容易控制和操作，易于被用户所理解，并便于修正和改进。但要避免模型过于简化，也不能过分具体，以免降低模型的效率和难以处理。

3)数据准备

数据准备包括收集数据和决定模型中数据的使用。收集数据是系统研究的一个重要组成部分,这就要求通过对真实系统的测试获得数据,这些数据中包含着能反映真实系统本质的信息,然后通过数据处理的方法,从中得出对真实系统规律性的描述。

4)模型的转换

模型的转换是指用计算机高级语言或专用仿真语言来描述数学模型,以便用计算机模型来仿真被研究的系统。模型是用程序设计语言编成的程序,为此必须在高级语言和专用仿真语言之间作出选择。

5)模型运行

模型运行的目的是为了得到有关被研究的系统的信息,了解和预测实际系统的运行情况,因此,须对所建立的仿真模型进行数值实验和求解,不同的模型有不同的求解方法。例如:对于连续系统,通常用常微分方程、传递函数,甚至偏微分方程对其进行描述。由于要得到这些方程的解析解几乎是不可能的,所以总是采用数值解法,如对常微分方程主要采用各种数值积分法,对偏微分方程则采用有限差分法、特征法、蒙特卡罗法或有限元方法等。又例如:对于离散事件系统,通常采用概率模型,其仿真过程实际上是一个数值实验的过程,而这些参数又必须符合一定的概率分布规律。对于不同类型的离散事件系统(如随机服务系统、随机库存系统、随机网络计划等)有不同的仿真方法。

6)仿真结果的分析

想通过模拟仿真得出正确、有效的结论,必须对仿真结果进行科学地分析。早期的仿真软件都是以大量数据的形式输出仿真的结果,因此有必要对仿真结果数据进行整理,进行各种统计分析,以得到科学的结论。现代仿真软件广泛采用了可视化技术,通过图形、图表,甚至动画生动逼真地显示出被仿真对象的各种状态,使模拟仿真的输出信息更加丰富、更加详尽、更加有利于对仿真结果的科学分析。对仿真结果进行分析有两个基本目标:一是确定仿真实验中获得的信息是否充分,二是把仿真数据精简,归纳并提供给管理部门以辅助决策。

## 2.2.4 系统仿真的发展趋势

现代仿真技术的发展是与控制工程、系统工程和计算机技术的发展紧密联系在一起的。计算机技术的发展使仿真技术越来越成为系统研究中不可或缺的一个组成部分,仿真过程中的人机交互越来越方便、直观,系统仿真技术正朝着一体化建模与仿真环境的方向稳步发展。

1)摒弃单专业的仿真

单一专业仿真将退出系统设计的领域,专注于单一专业技术的深入发展。作为总体优化的系统级设计分析工具,必要条件之一是跨专业多学科协同仿真。

2)跟随计算技术的发展

随着计算技术在软硬件方面的发展,大型工程软件系统开始有减少模型解藕的趋势,力争从模型和算法上保证仿真的准确性。更强更优化的算法,配合专业的数据库,将提供大型工程对象的系统整体仿真的可能性。在高性能计算方面,将支持包括并行处理、网格计算技术和高速计算系统等技术。同时,将产生分布交互仿真、虚拟现实仿真、人工智能与计算机仿真和 Internet 网上仿真等先进仿真技术。

3)平台化

要求仿真工具能够提供建模、运算、数据处理(包括二次开发后的集成和封装)、数据传递等全部仿真工作流程要求的功能,并且通过数据流集成在更大的 PDM/PLM 平台上。同时,在时间尺度上支持全开发流程的仿真要求,在空间尺度上支持不同开发团队甚至是交叉型组织架构间的协同工作以及数据的管理。

4)整合和细分市场

整合化将出现主流的标准工具。其特征是功能涵盖了现代工业领域的主要系统仿真需求,并与其他主流软件工具通过接口或后台关系数据库级别的数据交互,有协同工作的能力,软件自身的技术进展迅速,具有强大的发展后劲。

## 2.3 系统决策与评价方法

系统决策与评价是系统分析中复杂而又重要的一个环节,它是利用模型和各种数据,从系统的整体观点出发,对系统现状进行评价。

## 2.3.1 物流系统决策的过程和步骤

在企业物流系统中,存在众多子系统,各个子系统的最优化并不代表整个系统的最优化,物流各功能活动、各子系统之间存在着二律背反、成本交替损益的现象。因此在对物流系统进行决策时需要以全局、系统的观点看问题。物流系统决策包括战略决策和战术决策。物流系统的战略决策是战术决策的基础,物流战术决策是物流战略决策的保证,二者相辅相成,缺一不可。在市场竞争日益激烈的今天,物流战略决策和战术决策是企业降低成本、挖掘利润的源泉,也是企业扩大销售量的重要手段。

物流系统的战略决策包括物资运输配送战略决策和使用第三方物流的战略决策。制订这些战略的评价标准同样是物流系统的总成本的大小。物流系统战术决策是物流系统战略的具体实施,物流系统战术决策着重于物流系统的运作。例如,根据某制造企业的物流战略决策,准备在某地区拓展市场,而且根据具体情况决定在该地区采取租赁仓库的策略,此时的战术决策包括在该租赁仓库的进货批量决策、客户服务水平决策、配送方案决策等。一般地,决策过程包括以下 5 个步骤。

1)确定目标

系统决策者在调查研究的基础上,根据实际需要和可能性制订目标。决策者的目的总是设法使其所控制的系统能按所要求的方式进行活动,并达到预期的目的。目标不同,相应的决策方案也不同。

2)判定自然状态及其概率

这就要求决策者在作出决策前,分析可能出现的情况以及其出现的可能性大小。根据调查和经验,决策者对各种状况出现的可能性判断量化,也就是对各种状况出现的可能性进行主观估计,得出一定的概率。

3)拟定备选方案

根据上述的情况,拟订多个可行的备选方案,供比较分析,在这一过程中,关键是要对各备选方案进行可行性分析。

4)评价方案

对各备选方案进行评价,分析计算出各备选方案在各种条件下的损益值。

5)选择最佳方案

根据前面步骤和一定的决策准则,决策者选出最佳方案。

## 2.3.2 物流系统决策方法

每一个物流活动环节对应于一个物流子系统,每一个子系统都能找出一套使本系统物流成本最小的决策方案,关键是要找出使物流系统总成本最小的决策方案。一般现代决策方法有以下几种。

1)专家会议决策法

也称集团头脑风暴法,是指依靠一定数量的专家的创造性思维对决策、对未来的发展趋势及其状况作出集体判断的决策方法。随着社会的发展以及领导决策的复杂性,任何一个领导者如果仅凭自身的知识、经验、能力和智慧已经无法适应决策发展需要的。专家会议决策法通过集体研讨、相互启发进行决策,因而决策效果要比单人决策或几个人的单独决策的效果要好。专家会议决策法分为直接头脑风暴法和质疑头脑风暴法两种,直接头脑风暴法也称为畅谈会议法或智力激励法,是一种人们可以自由发表意见的会议形式。与会者可以无拘无束、自由奔放地思考问题,随心所欲地发表自己的意见或看法,而无需有任何顾虑,最后把与会者的意见和看法综合后进行决策。质疑头脑风暴法也是集体产生设想的方法,是指经直接头脑风暴法的会议形式,形成系统化的预备决策后,再召开第二次会议,要求与会者对这个已经系统化的设想进行质疑,然后将两次会议情况综合后进行决策。但是,在运用专家会议决策法时,要克服群体思维的不良倾向,群体思维是指高凝聚力的群体进行决策时,常常容易出现为了保持意见一致,使群体的不同意见和评论受到放置的现象。

2)德尔菲法

这是一种通过有序的、可控制的方式收集和反馈专家意见,最后根据形成的一致意见进行决策的方法。这种方法一般经过如下程序:首先把需要决策的问题让每个专家独立提出意见,然后对这些分散意见进行归纳整理,得出较集中的几个意见后再匿名反馈给专家,让他们再提出意见,最后根据形成的一致意见进行决策。

3)层次分析法(AHP)

层次分析法(AHP)是将与决策总是有关的元素分解成目标、准则、方案等层次,在此基础之上进行定性和定量分析的决策方法。这种方法的特点是在对复杂的决策问题的本质、影响因素及其内在关系等进行深入分析的基础上，利用较少的定量信息使决策的思维过程数学化，从而为多目标、多准则或无结构特性的复杂决策问题提供简便的决策方法。尤其适合于对决策结果难以直接准确计量的场合。

4）模拟决策法

这是一种建立与所需研究和领导的实际系统结构、功能相类似的模型，通过模拟运行，对各种不同条件下的模拟运行结果进行评价分析和选优，从而为领导者决策提供依据的方法。模拟决策法往往用于大型、复杂系统的决策。

5）方案前提分析法

通过注重对方案的前提假设进行分析，来确定方案前提假设是否成立的决策方法。如果前提假设不成立，方案也不存在可行性。

6）决策树法

决策树是决策过程的一种有序的概率的图解表示，它把几项可选方案及有关随机因素有序表示出来而形成一个树形。决策者根据树形图解中各种方案的可行性概率进行决策的方法，便是决策树法。决策树法的决策过程是决策者对各种可行方案进行概率统计，得出决策状态，再经过决策分析最终作出决策。

7）运筹决策法

运筹学是研究在已给定的物质条件下，用数学或其他方法如何进行合理安排与筹划的学科，在军事活动、科研活动、经济活动中得到广泛运用，成为人们科学决策、组织管理、制定策略、经济规划、科学使用人力物力的得力工具。一般用规划论、排队论和对策论来对系统进行决策。所谓规划论是指在满足既定条件的前提下，按某种衡量指标来寻求最佳方案的问题，在规划论中，通常称必须满足的条件为“约束条件”，称衡量指标为“目标函数”；排队论主要研究具有随机性的拥挤现象，它起源于有关自动电话叫通排队的研究，后来，所有这类问题都形象地描述为排队问题。所谓对策论，是研究具有利害冲突的双方在竞争性的活动中，是否存在制胜对方的最佳策略，以及如何找出这些策略的问题。对策论在经济问题、政治问题以及人与自然界的斗争中，有广泛的方法论意义。

### 2.3.3 物流系统评价原则与步骤

对系统评价需要有一定的量化指标,这样才能衡量系统实际的运行状况。一般把衡量物流系统状态的技术经济指标称为特征值,它是物流系统规划与控制的信息基础。对物流系统的特征值进行研究,建立一套完整的特征值体系,有助于对系统进行合理的规划和有效的控制,有助于准确反映系统的合理化状况和评价改善的潜力与效果。

物流系统特征值主要有两个,第一个是物流生产率,即以一定的劳动消耗和劳动投入完成某种预测的产出的过程。物流系统的投入包括人力资源、物质资源、能源和技术,各项投入在价值形态上统一表现为物流成本;物流系统的产出,就是为生产系统和销售系统提供的服务。衡量物流系统投入产出转换效率的指标称作物流生产率,它是物流系统特征值体系的重要组成部分,物流生产率通常包括实际生产率、利用率、行为水平、成本和库存五个方面的指标。第二个是物流质量,它是对物流系统产出质量的衡量,是物流系统特征值的重要组成部分,根据物流系统的产出,可将物流质量划分为物料流转质量和物流业务质量两方面。

物流系统评价的主要原则有:

1)客观性原则

评价的目的是为了决策,因此评价的质量影响着决策的正确性。也就是说,必须保证评价的客观性,必须弄清评价资料是否全面、可靠、正确,防止评价人员的倾向性,并注意人员的组成应具有代表性。

2)可比性原则

替代方案在保证实现系统的基本功能上要有可比性和一致性。个别方案功能突出、内容有新意,也只能说明其相关方面,不能代替其他方面。

3)系统性原则

评价指标要包括系统目标所涉及的一切方面,而且对定性问题要有恰当的评价指标,以保证评价不出现片面性。评价指标必须与国家的方针、政策、法令的要求一致。

因此,为了搞好系统评价,必须根据明确的目标来测定对象系统的属性,并将这种属性变为客观定量的计算值,或者主观效用的行为过程。这一过程包括以下 4 个关键步骤:

1）明确评价目的

对一个系统进行评价，是为了从总体上把握物流系统现状，寻找物流系统的薄弱环节，明确物流系统的改善方向。为此，必须反复调查、了解建立这个系统的目标和为完成系统目标所考虑的具体事项，熟悉系统方案，才能将物流系统各项评价指标的实际值与设定的基准值相比较，显示出现实系统与基准系统的差别。

2）建立评价指标体系

从系统的观点来看，系统的评价指标体系是由若干个单项评价指标组成的有机整体。它应反映出评价目的的要求，并尽量做到全面、合理、科学、实用。为此，在建立物流系统综合评价的指标体系时，应选择有代表性的物流系统特征值指标，以便从总体上反映物流系统的现状，发现存在的主要问题，明确改善方向。指标体系可以在大量的资料、调查、分析的基础上得到。

3）制订评价结构和评价准则

如果对系统只做定性的评价，而没有定量的表述，就难以作出科学的评价，因此，要对所确定的指标进行定量化处理。这就要求要进行分析研究，制订和选择评价的定量依据，因此往往需要借助于模糊理论的概念和方法。

由于各指标的评价尺度不同，对于不同的指标，很难在一起比较，因此，必须将指标体系中的指标规范化，制订出评价准则，根据指标所反映要素的状况，确定各指标的结构和权重。

4）选择评价方法并建立评价模型

评价方法根据对象的具体要求而有所不同，总的来说，要按系统目标与系统分析结构、费用、效果的测定方法，成功可能性的讨论方法以及评价准则等确定。

### 2.3.4 常见的系统评价方法

在物流系统评价中，常见的模型与方法主要有以下几种。

1）可行性分析

可行性分析是对项目的事先研究、事先评价的方法，它要决定的是“做还是不做”。它要求在进行研究的时候，设想所研究的项目建成后会处于怎样一种环境之中、将来如何运行、将可获得什么样的经济效果、将会产生什么社会影响等。这种设想愈符合将来的实际,就愈能为作出正确的评价提供可靠的依据,就愈能为作出正确的决策奠定坚实的基础。在进行可行性分析时,一般须考虑经济、技术、社会环境和人这4个要素。

(1)经济要素

这是4个因素中最重要的一个因素,它包括成本效益分析和短期长远利益分析。

①成本效益分析。系统各方案都需要付出代价之后才能获得效益。成本效益分析就是把不同技术方案的成本和效益进行比较分析的方法。对于物流系统方案的优劣不能单看其中的一个指标,而要综合考虑成本和效益两个方面。通过比较成本与效益的大小来取得最优方案。我们一般可以建立成本模型、效益模型和综合模型3种。

a. 成本模型。成本模型表明方案的特性参数与其成本之间的关系。一般的成本模型可以表示为

$$C = F(X) \tag{2.11}$$

式中,$C$ 为方案的成本,$X$ 为特性参数,$F$ 为函数形式。

另外,也可以用直接成本和间接成本来对方案进行分析。

b. 效益模型。它表明方案的特性参数与该方案所产生的效益之间的关系。一般的效益模型可以表示为:

$$E = G(X) \tag{2.12}$$

式中,$E$ 为方案所产生的效益,$X$ 为特性参数,$G$ 为函数形式。

c. 综合模型。该模型主要研究成本与效益的关系,即在一定的成本下,哪个方案的效益最高;或者在一定的效益下,哪个方案的成本最低;或者取效益成本的比率($E/C$),取比率最大者。

②短期长远利益分析。短期利益容易把握,风险较低。长远利益难以把握,风险较大。当决策者认为一个项目将来能获得较大收益的时候,即使短期内无法获得利益,甚至亏损,该项目还是值得投入的。常见的分析指标为净现值、内部收益率、外部收益率和投资回收期等。

a. 净现值。净现值是对系统进行动态评价的重要指标之一。该指标要求考察系统寿命期内每年发生的现金流量,并按一定的折现率将各年净现金流量折现到期初的现值,并累加起来就得到了净现值。

b. 内部收益率。内部收益率就是净现值为零时的折现率。它表示:在项目的整个寿命期内按内部收益率计算,始终存在未能收回的投资,而在寿命结束时,投资恰好被完全收回。也就是说,在项目寿命期内,项目始终处于“偿付”未被收回的投资的状况。也可以说,内部收益率是项目寿命期内没有回收的投资的盈利率。

c. 外部收益率。对内部收益率的假定,隐含着一个基本假定,即项目寿命期内所获

得的净收益全部可用于再投资,再投资的收益率等于项目的内部收益率。外部收益率实际上是对内部收益率的一种修正,计算外部收益率时也假定项目寿命期内所获得的净收益全部可用于再投资,所不同的是假定再投资的收益率等于基准折现率。

d. 投资回收期。它包括静态投资回收期和动态投资回收期。静态投资回收期就是指从项目投建之日,用项目各年的净收入将全部投资收回所需的期限;动态投资回收期就是指从项目投建之日,用项目各年的净收入的现值将全部投资收回所需的期限,它是考虑资金时间价值的一种计算方法,也是较常用的一种方法。

(2)技术要素

技术可行性分析至少要考虑以下两方面因素:

①在给定的时间内能否实现预期的功能。如果在系统项目开发过程中遇到难以克服的技术问题,麻烦就大了,轻则拖延进度,重则断送项目。

②企业是否具备建立电子商务、信息化等先进技术的能力。

(3)社会环境因素

它包含两个因素:市场与政策。

市场又分为未成熟的市场、成熟的市场和将要消亡的市场。涉足未成熟的市场要冒很大的风险,要尽可能准确地估计潜在的市场有多大,自己能占多少份额,多长时间能实现;挤进成熟的市场,虽然风险不高,但利润也不多;政策对物流项目的建设起着很大的作用。如果一项物流项目得到当地政府的扶持,特别是给予建设资金、土地方面的支持,建成后给予税收优惠并为其做宣传等,将会降低企业成本,提高收益率。

(4)人的因素

首先,要考虑当地劳动力的可得性,包括工资水平、就业意愿等;其次,一个物流项目建成后,需要有较好的具备物流知识的人对其进行管理和运作,因此,需要考虑这方面人才的易得性及其流动性。

### 2)价值分析法

当物流系统具有多种性能或功效时,可用物流系统的价值来衡量物流系统的综合功能。即对每一个性能的价值予以量化,然后再对每一性能对物流系统综合功能的贡献大小予以量化,作为权数乘以各个量化了的性能价值,最后把所有加权了的性能价值求和,就得到某一物流系统方案的综合评价。

设某物流系统共有 $n$ 个方案,第 $i$ 个方案的价值记为 $V_i(1 \leqslant i \leqslant n)$,则:

$$V_i = \sum W_j S_{ij} \qquad 1 \leqslant i \leqslant n \qquad (2.13)$$

其中,$n$ 为物流系统性能或评价因素个数,$W_j$ 为第 $j$ 个评价因素的重要性权数,$S_{ij}$ 为第 $i$ 个方案对第 $j$ 个评价因素的满足程度。

在比较 $n$ 个方案时，最大的 $V_i$ 对应的第 $i$ 个方案是最优方案。

$W_j$ 和 $S_{ij}$ 是由专家评分得到的，该结果依赖于评分的个人，不同的人会给出不同的结果，因此，主观性较大。所以，在使用该方法时，要求评分的专家在有关领域有足够的经验和知识。

### 3）层次分析法

层次分析法是美国著名运筹学家萨蒂（T. L. Saaty）作为一种定性和定量相结合的决策工具提出来的，简称 AHP，基本原理如上所述。它的基本步骤如下：

（1）建立系统层次结构

要求把一个系统问题所涉及的因素分解成若干个层次，再把每个层次细分成各个要素，一般有 3 个层次，第一层是目标层，它一般是问题分析的目标；第二层是中间层，又称因素层，这一层次包括了为实现目标所涉及的各种因素，它又可以包括若干层（子因素层）；第三层是最低层，又称方案层，它包括实现目标可供选择的各种决策方案等。

（2）构造两两比较判断矩阵

这是层次分析法的最关键步骤，它要求人们对要素间的重要性有定量的判断。通常采用萨蒂提出的 1-9 标度法，具体如表 2.1 所示。

**表 2.1　1-9 标度法**

| 标 度 | 定义（比较要素 $i$ 和 $j$） |
|---|---|
| 1 | 要素 $i$ 与 $j$ 一样重要 |
| 3 | 要素 $i$ 比 $j$ 稍微重要 |
| 5 | 要素 $i$ 比 $j$ 较强重要 |
| 7 | 要素 $i$ 比 $j$ 强烈重要 |
| 9 | 要素 $i$ 比 $j$ 绝对重要 |
| 2,4,6,8 | 两相邻判断要素的中间值 |
| 倒数 | 当比较因素 $j$ 和 $i$ 时 |

在已有层次结构的基础上构造两两比较的判断矩阵，对要素 $i$ 与 $j$ 按 1-9 标度对重要程度赋值，并构成一个判断矩阵 $\boldsymbol{C}=(c_{ij})_{n\times n}$。其中，$c_{ij}$ 就是要素 $i$ 与 $j$ 相对于准则的重要度比值，且 $c_{ij}>0, c_{ij}=1/c_{ji}, c_{ii}=1, i,j=1,2,\cdots,n$。

（3）单一准则下元素相对权重计算

设有要素 $C_1, C_2, \cdots, C_n$ 和目标 $D$，记：

$$c_{ij}=C_i\text{ 对目标 }D\text{ 的影响}/C_j\text{ 对目标 }D\text{ 的影响}$$

则得判断矩阵 $c_{ij}$，并求出其最大特征值 $\lambda_{\max}$。

(4)单一准则下的一致性检验

对任意的 $1\leqslant k\leqslant n$，都有 $c_{ij}=c_{ik}/c_{jk}$，则称判断矩阵满足一致性。当矩阵不满足一致性时：$\lambda_1=\lambda_{\max}>n$，$\lambda_{\max}-n=-\sum_{i=2}^{n}\lambda_i$，因此引入参数 $CI=(\lambda_{\max}-n)/(n-1)$，该参数为判断矩阵最大特征值外的其余特征值的负平均值，以此作为判断矩阵是否偏离一致性的度量指标。

当判断矩阵有完全一致性时，$CI=0$。$CI$ 值越大，判断矩阵的一致性的偏离度就越厉害。一般而言，$CI<0.1$ 时，则认为判断矩阵具有基本一致性。但是，判断矩阵维数越大，一致性越差，于是，引入一致性比率 $CR=CI/RI$，其中，$RI$ 边式相应的平均随机一致性指标，当 $CR<0.1$ 时，认为层次总排序结果是满意的。表 2.2 是同阶平均随机一致性指标 $RI$。

表 2.2　同阶平均随机一致性指标 $RI$

| 矩阵阶数 | 1 | 2 | 3 | 4 | 5 | 6 | 7 | 8 |
|---|---|---|---|---|---|---|---|---|
| $RI$ | 0 | 0 | 0.58 | 0.90 | 1.12 | 1.24 | 1.32 | 1.41 |
| 矩阵阶数 | 9 | 10 | 11 | 12 | 13 | 14 | 15 | |
| $RI$ | 1.45 | 1.49 | 1.52 | 1.54 | 1.56 | 1.58 | 1.59 | |

(5)层次总排序的一致性检验

这一步骤需从高到低，逐层进行。如果上一层的所有要素 $A_1,A_2,\cdots,A_m$ 的总排序已完成，得到的相对于总目标的权重为 $a_1,a_2,\cdots,a_m$，且 $\sum a_i=1$，则层次总排序的一致性比率为 $CR=\sum_{j=1}^{m}a_jCI_j/\sum_{j=1}^{m}a_jRI_j$，若 $CR<0.1$，则认为层次总排序结果是满意的。

## 4)模糊综合评价法

在日常生活中，在生产管理、科学研究以及领导决策当中，经常遇到对事物或生产、科研项目进行评价的情况。这时需评出优劣好坏，以便作出相应的处理。在评价中，由于事物可能会受到多种因素的影响，因此必须兼顾各个方面，同时还要考虑各因素的影响大小与轻重，而有些因素是具有模糊性的，无法用统计数学的方法来界定，因此评价结果就具有模糊性，由此产生了模糊综合评价法。

模糊综合评价法是运用模糊数学原理进行综合评价的一种方法。其基本原理是：从评价主体根据具体情况所给定的、可能是模糊的评价尺度出发，进行首尾一致的、无矛盾的价值测定，以获得对多数人来说可以接受的评价结果，为正确决策提供所需的信息。其建立模型的具体步骤如下：

①建立模糊集合：分别建立因素集 $U=\{u_1,u_2,\cdots,u_m\}$ 和评判集 $V=\{v_1,v_2,\cdots,v_n\}$。

②采用层次分析法和专家打分法确定各因素权重 $W=(w_1,w_2,\cdots,w_n)$，$W_i\in(0,1)$，且 $\sum W_i=1$。

③用各因素的模糊集构造单因素矩阵 $R$。

④对第 $i$ 类中因素进行模糊综合评价：$B_i=w_i\cdot R_i$，根据隶属度最大原则得到评判结果。

5) MDHGF 集成法

通过对前人提出的评价方法优缺点的分析和创新探索，形成了 MDHGF 算法的思路。这样，在物流绩效评价工作的不同步骤运用不同的理论和方法，扬长避短，形成了系统评价的新算法。其步骤如下：

(1) 确定评价指标集

用改进的德尔菲法通过信息搜集、分析和专家咨询确定物流系统综合评价的指标体系。即评价对象的因素集合 $O=\{O_1,O_2,\cdots,O_n\}$。

(2) 指标优化处理

评价指标按其取值类型可分为成本指标、效益指标和区间指标 3 类。根据上述指标分类情况可以将指标集 $O$ 进一步划分为 3 个子集；即令：

$$O=\sum_{i=1}^{3}Q_i \text{ 且 } Q_i\cap Q_j=\varnothing(i,j=1,2,3) \tag{2.14}$$

式中，$Q_i$ 分别代表成本型、效益型和区间型指标集，$i=1,2,3$；$\varnothing$表示空集。

由于各种指标的量纲不一致，因而无法直接进行比较分析。为此，对于不同类型的指标，应采取不同的无量纲化方法。

①对于成本指标，无量纲化变换公式为：

$$b_{ij}=(d_j^{\max}-d_{ij})/(d_j^{\max}-d_j^{\min})\quad i=1,2,\cdots,m;j=1,2,\cdots,n;\text{且 } Q_j\in Q_1 \tag{2.15}$$

其中，$d_j^{\max}$ 和 $d_j^{\min}$ 分别是对指标 $O_j$ 各个评价值中的最大值和最小值。

②对于效益指标，变换公式为：

$$b_{ij}=(d_{ij}-d_j^{\min})/(d_j^{\max}-d_j^{\min})\quad i=1,2,\cdots,m;j=1,2,\cdots,n;\text{且 } Q_j\in Q_2 \tag{2.16}$$

③对于区间指标，则有：

$$b_{ij}=\begin{cases}1-(S_1-d_{ij})/\max\{S_1-d_j^{\min},d_j^{\max}-S_2\} & d_{ij}<S_1\\ 1 & d_{ij}\in[S_1,S_2]\\ 1-(d_{ij}-S_2)/\max\{S_1-d_j^{\min},d_j^{\max}-S_2\} & d_{ij}>S_2\end{cases} \tag{2.17}$$

$(i=1,2,\cdots,m;j=1,2,\cdots,n;\text{且 } Q_j\in Q_2)$ (3) 确定加权子集

综合专家对各项评价准则和评价因素相对重要性的判断，对指标体系采用层次分析法，构造比较判断权重矩阵。即 $O$ 上的模糊加权子集：

$$W = \{W_1, W_2, \cdots, W_n\} \tag{2.18}$$

其中，$W_i$ 为集合 $O$ 的第 $i$ 个因素 $O_j$ 所对应的权重。且 $\sum_{i=1}^{n} W_i = 1, 0 < W_i < 1$。

(4)确定评价量样本矩阵

设有 $r$ 位专家参加评价：$E = \{E_1, E_2, \cdots, E_r\}$，则全部专家对所评价的物流系统的评价数据构成样本矩阵为：

$$\begin{pmatrix} d_{11} & d_{12} & \cdots & d_{1n} \\ d_{21} & d_{22} & \cdots & d_{2n} \\ \vdots & \vdots & & \vdots \\ d_{r1} & d_{r2} & \cdots & d_{rn} \end{pmatrix}$$

式中，$d_{ij}(i=1,2,\cdots,r;j=1,2,\cdots,n)$ 为专家对第 $i$ 个指标 $O_j$ 的评价量样本。

(5)确定评价等级

根据测度理论，参照国家有关要求，确定物流系统综合评价标准集合：

$$V = \{V_1, V_2, \cdots, V_m\} \tag{2.19}$$

(6)确定评估灰类

确定评估灰类也就是要确定评价灰类的等级数、灰类的灰数以及灰数据的白化权函数。灰类要根据评价等级，通过定性分析确定。常用的白化权函数有上端级、中间级和下端级 3 种。白化权为函数转折点的值称为阈值。阈值可通过两种方式得到：一是按照准则或经验用类比的方法取得客观阈值；二是从样本矩阵中寻找最大、最小和中等值，作为上限、下限和中等值，这种方法取得的阈值称为相对阈值。

(7)计算灰色统计数

用灰色统计法由确定灰数的白化函数，求出 $d_{ij}$ 属于第 $j$ 类评价标准的权 $f_j(d_{ij})$，据此求出评判矩阵的灰色统计数（记为 $n_{ij}$）和总灰色统计数（记为 $n_i$）：

$$n_{ij} = \sum_{i=1}^{p} f_j(d_{ij}) \tag{2.20}$$

$$n_i = \sum_{j=1}^{m} n_{ij} \tag{2.21}$$

(8)计算灰色评估权值及模糊权矩阵

综合 $r$ 位专家对第 $i$ 个评价因素主张第 $j$ 种评价标准的灰色权值：

$$r_{ij} = n_{ij}/n_i \tag{2.22}$$

由 $r_{ij}$ 构成单因素模糊权矩阵：

$$\begin{pmatrix} r_{11} & r_{12} & \cdots & r_{1m} \\ r_{21} & r_{22} & \cdots & r_{2m} \\ \vdots & \vdots & & \vdots \\ r_{n1} & r_{n2} & \cdots & r_{nm} \end{pmatrix}$$

(9)算出模糊综合评判矩阵

由模糊加权矩阵和单因素模糊评判矩阵合成运算得模糊综合评判矩阵：

$$B = (b_1, b_2, \cdots, b_m) = A \cdot R = (a_1, a_2, \cdots, a_n) \cdot \begin{pmatrix} r_{11} & r_{12} & \cdots & r_{1m} \\ r_{21} & r_{22} & \cdots & r_{2m} \\ \vdots & \vdots & & \vdots \\ r_{n1} & r_{n2} & \cdots & r_{nm} \end{pmatrix} \tag{2.23}$$

其中

$$b_j = \sum_{i=1}^{n} W_i \cdot r_{ij} \quad j = 1, 2, \cdots, n$$

通过归一化处理，使 $\sum_{j=1}^{m} b_j = 1$。

(10)计算评价结果

先由管理者和专家按照物流系统项目等级的需要确定评价对象的等级矩阵：

$$C = (V_1, V_2, \cdots, V_m)^{\mathrm{T}} \tag{2.24}$$

然后求出综合评价结果 $Z = (A \cdot B)C$。

## 2.4 常见的物流系统分析的问题类型

### 2.4.1 物流系统分析

物流系统分析是指从对象系统整体最优出发，在优先系统目标、确定系统准则的基础上，根据物流的目标要求，分析构成系统各级子系统的功能和相互关系，以及系统同环境的相互影响，寻求实现系统目标的最佳途径。它的目的在于通过分析、比较各种拟定方案的功能、费用、效益和可靠性等各项技术和经济指标，向决策者提供可作出正确决策的资料和信息。

1)物流系统分析的原则

一个物流由许多要素组成，各要素之间相互影响，同时，系统与外部环境之间也相互制约，相互影响。因此，在分析系统时，应该顾及全局，一般应遵循以下原则。

(1)物流系统与外部环境相结合

一个企业的物流系统，不仅与内部各种因素如生产规模、管理组织制度等有关，还与外部环境如市场动向、经济环境等有关。因此，应该把物流系统与外部环境看成一个整体，从全局的角度看待问题，分析问题，从整体上搞好局部协调。

(2)坚持系统动态性原则

系统工程内部复杂的相互作用和外部环境的多变性，使物流工程本身呈现出动态特征。因此，在系统分析过程中，应将物流系统看作是一个动态过程，比如要考虑将来厂房的扩建、未来客户范围的扩大等，采取相应的措施，改进工作方法，在动态变化中求得系统的整体优化。

(3)定量分析与定性分析相结合

物流系统分析不仅要进行定量分析，还要进行定性分析，并遵循“定性分析—定量分析—定性分析”的过程。只有将定量分析和定性分析结合起来，才能达到分析的目的。

### 2)物流系统分析常用的方法

物流系统的分析，必须运用各种现代科学的理论和方法。常用的理论及方法有：

(1)运筹学的方法

运筹学是一种对系统进行统筹规划，寻求最优方案的数学方法。其具体理论与方法包括线性规划、动态规划、排队论和库存论等。线性规划、动态规划和库存论等是解决物流系统中物料储存的时间与数量问题的。

(2)网络分析法

网络分析法是一种运用网络来统筹安排、合理规划系统各个环节的方法。它用网络图来描述活动流程的线路，把事件作为节点。在保证关键线路的前提下，安排其他活动，调整相互关系，以保证按期完成整个计划。

(3)系统优化法

在一定约束条件下，求出使目标函数最优的解。物流系统包括许多参数，这些参数相互制约，互为条件，同时受外界环境的影响。系统优化研究，在不可控参数变化时，根据系统的目标如何，来确定可控参数的值，使系统达到最优状态。

(4)系统仿真

系统仿真利用模型对实际系统进行实验研究。近年来应用最为普遍的，系统仿真技术的发展及应用依赖于计算机软硬件技术的飞速发展。今天，随着计算机科学与技术的巨大发展，系统仿真技术的研究也不断完善，应用不断扩大。

3）系统分析的逻辑过程

应用系统分析求解问题时，要保证在逻辑数学意义上考虑所有必要的因素和过程，如图 2.3 所示。

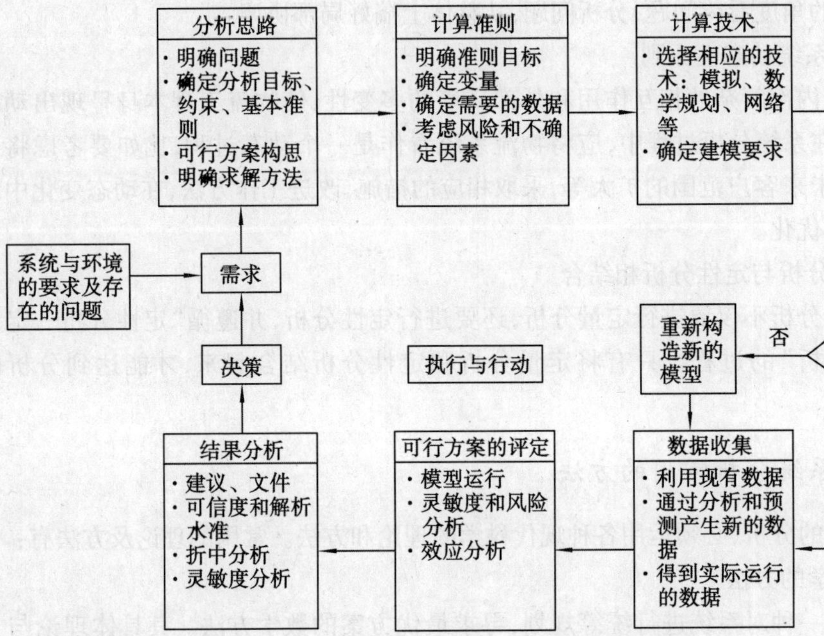


图 2.3　应用系统分析的逻辑过程

（1）对象界定

这是系统分析的起始工作，主要是界定问题的构成范围并确定分析目标，并把要研究的问题限制在时间和能力都允许的范围内，以便弄清楚被研究问题的实质。

（2）选择可行方案

将所有可能的方案考虑进去，并逐步删除不合理的方案。

（3）选择计算准则

根据所研究问题的复杂程度和水平，确定变量和需要的数据，考虑所有风险和不确定因素，并据此选择计算准则。

（4）应用模型技术

它包括模型建立和模型体系的分析技术。模型是对原系统某一个方面属性的描述，一个系统可以有不同类型的模型反映它不同方面的属性。因此，建立一个模型，需要先确定什么是所需模型的最主要的特性，并将其定量地规定下来。建立模型后，可以通过计算机仿真进行分析。

(5)数据搜集

对可利用数据进行分析，并预测不可利用的数据，然后根据计算准则、模型的要求和建议，规定需要输入的数据。

(6)模型运行和操作

当数据齐备并输入模型后，模型就可以运行，对各种不同情况或方案进行计算和分析等，得出计算结果。

(7)结果分析

对模型运算的结果进行分析，做出可行方案的排序，提出效应分析和折中分析结果以及推荐意见，编写出各种必需的文件和说明，提供给决策者作为决策的依据。

## 2.4.2 几种常见物流系统分析

1)资源分配型

任何一个生产经营系统，允许使用的资金、能源、原材料、资源、运输工具、台时、工时等都是有限的，环境对生产经营系统也有一定约束，所以，企业是在这些限制条件下进行生产，合理安排和分配有限的人力、物力、财力，充分发挥其作用，使目标函数达到最优，这就是资源分配型。通常可以利用的模型有线性规划、动态规划和目标规划。

2)存储型

为了使生产经营系统得以正常运转，一定量的资源储备是必要的。在保证生产过程顺利进行的前提下，如何合理确定各种所需物资存储数量，使资源采购费用、存储费用和因缺乏资源影响生产所达成的损失的总和为最小，这就是存储型。通常可以利用的模型有库存模型和动态规划模型。

3)输送型

在一定的输送条件下(如道路、车辆)，如何使输送量最大、输送费用最省、输送距离最短，这就是输送型。图论、网络理论、规划理论为解决这类问题提供了有用模型。

4)等待服务型

系统中由要求服务的顾客(如领料的工人、待打印的文件、报坏的机器、提货单)和为顾客服务的机构(如仓库、维修车间、发货点)所构成的等待系统中，如何最优地解决“顾客”和“机构”之间的一系列问题，了解顾客到来的规律，确定顾客等待的时间，寻求使顾客等待时间最少而机构设置费用最省的优化方案，通常可以利用的模型有排队模型。

5）指派型

任务的分配、生产的安排以至加工顺序问题是企业中常见的问题，如何以最少费用或最少时间完成全部任务，这就是指派型，数学上称为指派问题和排序问题。通常可以利用的模型有整数规划和动态规划模型。

6）决策型

在系统设计和运行管理中，由于决定技术经济问题的因素越来越复杂而又不明确，解决生产技术问题的途径和措施又多样化，因此需要有许多行之有效的决策技术来支持。从各种有利有弊且带风险的替代方案中，对经营管理中的一些重大问题作出及时而正确的抉择，找出所需的最优方案。这就是决策型，决策论为解决这类问题提供了可以利用的模型。

7）网络计划模型

又称计划评审技术（PERT），可以在网络计划的基础上，进行时间费用、时间资源优化。在网络计划基础上，可以进一步规划系统的硬件部分。

8）其他模型

物流系统中的问题是很复杂的，可以利用的数学模型很多，除了以上介绍的模型以外，还有解释预测型、投入产出型、布局选址型等。

系统总体的优化问题往往是一个综合性的复杂问题，从空间上来说，它涉及社会、政治、经济、科学技术、经营管理等一系列问题；从时间上来说，在系统全过程的各阶段都会出现优化问题。

### 2.4.3 物流系统建立模型应注意的问题

建立数学模型时，一般应该注意以下几点：

1）明确目的，确定构成要素

即使针对同一个系统，由于建模的目的不同，构造出来的模型也不同。根据物流系统的物流信息和研究目的，可以决定模型的大小，如大模型、小模型，静态模型、动态模型等。同时,构造模型的目的还决定了模型的最小构成要素。

2)从尽可能简单的模型出发

假如能找到一个说明所分析系统现象的最简单的模型,则可以去建立依次与各种现象相对应的数学模型。例如,动态系统对应阶跃输入其输出信号成为震动的情况下,由于系统震动的次数至少在一次以上,所以按二阶微分方程式考虑。这样,接着就可以对现象进行深入的探讨。如有必要,或者对模型参量作时间变换,或者加入时间延迟,或者加入非线性项。如果不行,还可把振动次数提高一次再试,如果能建立顺次复杂的满足要求的模型,那就可以了。

3)注意模型精度

如果简单的模型包含实际系统的信息少,那么模型的精度就差。因此,不能仅仅追求模型的简单化,而要在模型的简单化和精度要求之间达到平衡,否则,使用不能达到要求的简单模型也就失去了应用模型的意义。

4)利用已知的数学模型

把已知的数学模型经过修正后再使用,或者直接利用其他的数学模型,则非常方便。

5)没有固定不变的建模方法

建立模型的方法因建模的目的不同而不同,因此无法确定哪一种模型是最好的。通常在进行建模时,如假定、学说、省略、前提等,都是由技术人员、研究人员按照其知识结构、研究经验决定的。

6)模型的验证

为了确认模型的准确,必须进行验证。当能将试验与经验进行比较时,验证是很容易的。但是,利用预测模型推测未来值时,除了利用过去的数据进行验证外,还必须采取其他各种方法。模型验证应该注意两种情况。一种是模型本身就不适当;一种是模型本身适当,但是参量值不合适。在参量数目多的情况下,确定不合适的参量值就非常复杂。在这种情况下,就应该首先应用尽量简单的、代表系统本质的模型,然后再把具有各种功能的子系统加进去。在此过程中,逐次对参量的各个值进行检验。在模型整体建成后,再改变参量对于整个模型影响也不大。在这种情况下,对于不进行变换的数学模型中的参量更容易发现其中的错误。

7)在建模中考虑人的因素

有人类介入的系统,即指人类的思想、心理状态、感情等因素作为要素进入系统中。无论有上述哪种因素进入系统中,建模都是很困难的。但是,任何模型都是由特定的人去建立的,所以,应该考虑模型中人的影响因素,排除了人的影响因素的模型,才是没有人类介入的、真正反映了物流系统实际情况的系统模型。

## 案例　国美电器的物流系统

国美,一个在家电价格大战中脱颖而出的响亮的名字,仅仅用了13年的时间,就从街边一家小店发展成为今天在北京、天津、上海、重庆、成都、河北、福建等地拥有40家大型家用电器专营连锁超市的大公司,从一个毫无名气、只经营电视机的小门面,发展到如今专门经营进口与国产名优品牌的家用电器、计算机、通信产品及音响器材,影响辐射全国的著名电器连锁企业。2006年,国美更是凭借连番降价打破国内九大彩电厂商的价格联盟,和相继抛出千万元与上亿元家电订单等壮举,使自己声誉更隆,以至经济学家惊呼"商业资本"重新抬头,开始研究近乎商界神话的"国美现象"。日益强大的国美也加快了奋进的脚步,提出了建立全国性最大家电连锁超市体系的发展目标。国美电器凭借什么实现它的宏伟蓝图?支持国美高速扩张的物流系统是如何运作的?

从供应链的角度来看,国美的物流系统可分为3部分:采购、配送、销售,其中的核心环节是销售。正是在薄利多销、优质低价、引导消费、服务争先等经营理念的指引下,国美依托连锁经营搭建起了庞大的销售网络,在全国家电产品销售中力拔头筹,把对手远远抛在身后。凭借较大份额的市场占有率,国美与生产厂家建立起良好的合作关系,创建了承诺经销这一新型供销模式,以大规模集团采购掌握了主动权,大大增强采购能力,能以较低的价格拿到满意的商品,反过来支撑了销售。而适应连锁超市需要的仓储与配送系统建设合理,管理严格,成为国美这一销售巨人永葆活力的血脉,使国美总能在市场上叱咤风云。正是因为国美供应链系统中,销售、采购、配送三大环节以合理的结构与定位相互促进,成就了国美电器今日的辉煌。

一、销售:国美物流系统的关键

1987年1月,国美在北京珠市口繁华的大街边开张,经营进口家电。谁也没有想到,当时仅有100平方米毫不起眼的小店,会发展成为全国家电连锁销售企业的龙头。

供销商层层加价转给下一层零销商,是司空见惯的商业现象。而国美意识到,企业要想发展,必须建立自己的供销模式,摆脱中间商的环节,直接与生产商贸易,把市场营销主动权控制在自己手中。为此,国美经过慎重思考和精心论证,果断决定以承诺销量取代代销形式。他们与多家生产厂家达成协议,厂家给国美优惠政策和优惠价格,而国美则承担经销的责任,而且必须保证生产厂家产品相当大的销售量。承诺销量风险极高,但国美变压力为动力,他们将厂家的价格优惠转化为自身销售上的优势,以较低价格占领了市场。销路畅通,与生产商的合作关系更为紧密,采购的产品成本比其他零售商低很多,为销售铺平了道路。

二、统一采购,优势明显

国美刚成立时,断货现象时有发生,经常是店里摆着空的包装箱权充产品。如今,随着连锁经营网络的逐渐扩大,规模效益越来越突出,给采购带来许多优势。

首先是统一采购,降低进价。国美几十家连锁店都由总部统一进行采购,门店每天都将要货与销售情况上报分部,分部再将各门店信息汇总。分销的优势直接转变为价格优势,国美远远超过一般零售商的采购量,使其能以比其他商家低很多的价格拿到商品。

其次,谈判能力增强。凭借遍布全国的销售网点和超强的销售能力,任何上游生产厂家都想和国美保持良好的客户关系,否则失去国美就会失去大块市场。因此,在与厂家谈判时,国美掌握了主动权。

再次,通过信息沟通保持与厂商友好关系。国美与厂商相互信任,友好合作,共同发展,确保了所采购商品及时供应,及时补货,商品销售不断档。

## 案例分析与讨论题

从国美电器的物流系统来看,我们可以很清晰地看到以下几点:

1. 物流社会化

随着市场经济的发展,商业竞争不断加剧,经销商的利润空间不断缩小,国美依托连锁经营搭建起了庞大的销售网络,并凭借较大份额的市场占有率,与生产厂家建立起良好的合作关系,并建立了适应连锁超市需要的仓储与配送系统。这样,就将供应商和最终用户有机地联系在一起,实现了物流社会化。

2. 物流信息化

电子物流是现代物流的发展趋势,并且在实际运作中不断实现着物流与信息流的一体化。国美通过信息沟通与厂商保持友好关系,确保了所采购商品及时供应,及时补货,商品销售不断档。

## ≫复习思考题

1. 简要说明常见的运筹学方法。
2. 系统建模与仿真有哪些方法？其步骤又如何？
3. 系统决策与评价方法有哪些？
4. 简述常见的物流系统分析模型。

# 第3章

## 物流系统建模方法

**学习目标：**

- 简单了解物流系统建模的含义和步骤
- 了解物流系统建模的方法
- 掌握物流系统问题的建模工具
- 掌握几类物流问题的建模与求解方法

## 3.1 物流系统建模的含义和步骤

模型是研究系统最重要的也是最基本的工具，因此，要对物流系统进行有效的分析、规划和决策，就必须建立物流系统模型，借助系统模型对物流系统进行定量的或者定性与定量相结合的分析。

### 3.1.1 物流系统建模的含义

物流系统的建模是物流系统决策与管理人员必须掌握的重要工具之一。物流系统模型是对物流系统的特征要素、有关信息和变化规律的一种抽象表述，它反映了物流系统的某些本质属性。它描述了物流系统各要素间的相互关系、系统与环境之间的相互作用，更深刻、更普遍地反映所研究物流系统主题的特征。在物流系统工程中，它能对所研究的系统进行抽象模型化，反映了人们对物流系统认识的飞跃。

物流系统的种类繁多，因此物流系统模型的种类同样也是多种多样的。我们一般可以将其分为以下几种类型：

1) 实物模型

实物模型是现实系统的放大或缩小，它能表明系统的主要特性和各个组成部分之间的关系。这种模型的优点是比较形象，便于共同研究问题，它的缺点是不易说明数量关系，特别是不能揭示要素的内在联系，也不能用于优化。

2) 图式模型

图式模型是用图形、表格、符号等把系统的实际状态加以抽象的表现形式，如网络图（层次与顺序、时间与进度等）、物流图（物流量、流向等）。图式模型是在满足约束条件下的目标值的比较中选取较好值的一种方法，它在选优时只起辅助作用。当维数大于2时，该种模型作图的范围受到限制。其优点是直观、简单；缺点是不易优化，受变量因素的数量的限制。

3) 相似模型

相似模型是用一种原理上相似，而求解或控制处理较容易的系统，代替或近似描述另一种系统,前者称为后者的相似模型。它一般有两种类型:一种是可以接受输入并进行动态表演的可控模型;另一种是用计算机和程序语言表达的相似模型。

4)解析模型

解析模型是用数学方程式表示系统某些特性的模型。系统工程中常用数学模型来分析问题。无论是在自然科学、工程技术,还是社会科学领域,没有定量分析,就没有科学的预测与决策,就会造成决策失误。而且,数学模型具有良好的可变性和适应性,便于使用计算机来快速分析。因此,数学模型是定量分析的基础。我们通常所说的系统建模,大多数情况下都是建立系统的数学模型。

### 3.1.2 物流系统建模的步骤

建立物流系统模型是解决问题过程中的一个子过程。从问题出发到选择恰当的方法解决问题,都需要运用模型。一般说来,建立物流系统模型必须遵循以下几条基本原则:

1)保持足够的精度

模型应把本质的东西反映进去,把非本质的东西去掉,但又不影响模型反映现实的真实程度。

2)简单实用

模型既要精确,又要力求简单。若模型过于复杂,一则难以推广,二则求解费用高。

3)尽量使用标准模型

在模拟某些实际对象时,如有可能应尽量借鉴一些标准形式的模型,这样可以利用现有的数学方法或其他方法,有利于问题的解决。

虽然物流系统模型的建立并不能按照技术化的程序完成,但是,存在一些原则性的步骤,其步骤可归纳如下:

1)明确问题

要建立物流系统的数学模型,就要能采用适当的形式描述变量之间的关系,并用数学结构来表达问题,该数学结构所展示的模型的解是与问题解决的方式相对应的。因此,在建模时,首先要弄清问题,掌握实际情况,确定输出输入变量及其表达方式。

2)搜集资料

对资料进行分类,概括出本质内涵,分清主次变量,同时确定变量之间的关系,列出必要的表格,绘制出图形和曲线等。

3)建立模型

在充分了解资料的基础上,构造一个能代表所研究系统的数量变换数学模型。

4)求解模型

模型建立后,需要应用数学方法或其他方法来求出问题的答案,这是一项技术性很强的工作。要得到问题的解,既可以用数学算法,也可以利用计算机仿真方法。这里重要的是模型的解要存在,或者能将模型的解转化为实际问题的解决答案。

5)检验模型

由于使用模型的目的不同,模型解的含义与要求也不同,因此,需要对模型的假设条件、解的可靠性等各方面进行分析和检验。对于以预测、控制等为目的的问题,还需要对模型解的误差进行分析,要求在允许的误差范围内使用模型及模型的解。如果通过了检验,则说明模型是可以使用的,否则,就需要对模型进行修改。

## 3.2 物流系统建模的方法

现在被广泛使用的建模方法主要有:GRAI 方法、IDEF 方法、Petri 网、GIM 方法、SIM 方法、ARIS 方法、CIM-OSA 方法等。下面对这些建模方法作简单介绍。

### 3.2.1 GRAI 方法

GRAI(Graph with Results and Activities Interrelated)方法是由法国 Bordeaux 大学提出的,是专门为在生产系统制订决策而开发的。GRAI 由一个生产系统由一个物理系统和一个生产控制系统组成,物理系统是一组制造单元,其功能是将原材料或部件转变为完成的部件或一个完成的产品。生产控制系统制订决策,它由一个信息系统和一个决策系统组成。它基于诸如订货、资源和能源等方面的信息制订决策,以便物理系统执行其功能。GRAI 的概念模型描述在信息系统、决策系统和物理系统间的联系。信息系统是其他系统间连接的链条。GRAI 模型有一个层次化结构,因此在每一层,决策和信息都取决于执行的任务和制订决策过程所处的时间段。因此,必须构造信息以满足每一层决策的制订。GRAI 方法适合于决策功能层的优化,但难以实现仿真。

## 3.2.2 IDEF 方法

IDEF(Integrated Definition Function Modeling)概念是在结构化分析方法基础上发展起来的,是由美国 KBSI 提出一系列建模、分析、仿真方法的统称。它是一种复杂系统分析与设计的通用方法。开始时该方法包括 3 部分:IDEF0,IDEF1 和 IDEF2,现在已扩展成一个系列,从 IDEF0 ~ IDEF14。

IDEF0:功能模型。该模型结构化地描述了所研究系统的活动和处理进程。

IDEF1:信息模型。该模型表达了制造系统环境的信息结构和语义。

IDEF2:仿真模型设计。该模型表述环境或系统时变行为的特征,常用于系统模拟,建立动态模型。

IDEF3:过程描述设计。它解决了 IDEF0 不能反映时间和时序的问题,因此可以和仿真软件相结合,用来检验过程的合理性并指导过程重构,实现优化。

IDEF4:面向对象设计。

IDEF5:本体论描述获取。

目前 IDEF0 ~ IDEF3 已经在实践中得到了应用,而 IDEF4 和 IDEF5 只是理论上作了一定的研究,与实用还有一定距离。IDEF6 到 IDEF14 还处于基本概念研究阶段。

## 3.2.3 Petri 网

Petri 网是对离散并行系统的数学表示。Petri 网是 1960 年代由卡尔 · A. 佩特里发明的,适合于描述异步的、并发的计算机系统模型。Petri 网既有严格的数学表述方式,也有直观的图形表达方式,既有丰富的系统描述手段和系统行为分析技术,又为计算机科学提供坚实的概念基础。

由于 Petri 网既能够说明复杂系统的运行机制,又可以用数学分析或图形表达系统的运行过程,同时还可以解决系统并行性和存取控制问题,所以基于 Petri 网理论的模型在物流系统的描述方面具有广泛的应用前景。但是 Petri 网模型随着网系统节点数的增加,系统的状态空间的状态数呈指数关系增加,这使得用它描述复杂系统成为一项费时费力的工作,而且它所建立的模型的重用性较差。

### 3.2.4 GIM 法

GIM(GRAI Integrated Methodology)方法是以 GRAI 模型为基础的 CIM 集成方法,是分析设计生产管理系统的方法。它是在 GRAI 方法的基础上发展起来的描述和分析整个企业的一种集成建模方法。它以概念参考模型、形式化建模方法和结构化方法为基础,集成了 GRAI,MERISE,IDEF0 三种建模方法的优点。在 GIM 模型中包含了系统的功能模型、信息模型、决策模型和物理模型。目前已经有一种 IMAGIM 的计算机编辑程序支持 GIM 法。但是 GIM 法也存在一些不足:如注重系统分析与设计,而对实施和操作考虑不多;注重计算机系统实现工厂的集成,对人的因素考虑不多;建模框架缺少通用性层次等。

### 3.2.5 SIM 法

SIM(Selected Ion Monitoring)方法也是一种集成建模方法,对于制造信息系统的建模来说,SIM 是一种非常有效的建模方法。在制造系统中,SIM 法通过 DFDs(Data Flow Diagrams)和 GRAI 格对系统建模,同时应用了 IDEF0 方法来弥补 DFDs 方法本身的一些缺陷。但是 SIM 方法没有考虑到系统的动态特性。

### 3.2.6 ARIS 方法

ARIS(Architecture of Integrated Information System)整合性信息系统架构是由德国萨尔大学企业管理研究所所长及 IDS-Scheer 公司执行长的 August Wilhelm Scheer 教授所提出的。其设计理念,是希望提出一个整合性的概念,目的是把描述企业程序的所有基本观念通通纳入。因此可想见,所描述出的模型必是非常庞大与复杂,为减少其复杂性,就必须依不同的观点来切割这个复杂的模型。在一种观点下无数的交互关系将被先省略,只专注于观点内的事物。之后各观点的模型会整合成完整的分析,而不会有任何的重复。

### 3.2.7 CIM-OSA 方法

CIM-OSA(Computer Integrated Manufacturing-Openness System Architecture)是由欧共体的 22 家公司和大学组成的 ESPRIT-AMICE 组织经过 6 年多的努力而开发出的一个

CIM 开放体系结构。其目的是提供一个面向 CIM 系统生命周期的、开放式的 CIM 参考体系结构,从多个层次和多个角度反映了 CIM 企业的建模、设计、实施、运行和维护等各个阶段,提供了 CIM 系统描述、实施方法和支持工具,并形成了一整套形式化体系。与其他 CIM 体系结构相比,CIM-OSA 具有全面性、完整性、开放性、标准化和形式化等优点,因而受到国际上的好评,并成为国际准化组织的一项预标准。

## 3.3 物流系统问题的建模工具

### 3.3.1 Use Case 可视化建模工具

Use Case 可视化建模工具系统由用例、角色录入、用例图信息库、顺序图和合作图信息库、文件存储、用例图布局设计、顺序图和合作图布局设计、用例图、顺序图和合作图浏览等基本元素组成,录入数据的有效性和逻辑性检查包含在各元素中,其基本结构如图 3.1 所示。

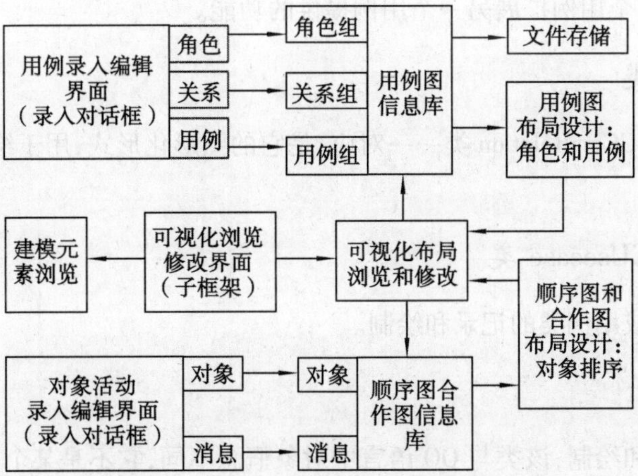


图 3.1　Use Case 可视化建模工具系统基本结构图

设计定义了 7 个类 CStr, CArrow, CActor, CUsecase, CComRelation, CObj, CSArrow, 完成信息存取和图形绘制。由于需要保存数据,用到序列化操作,因此它们都是从 CObject 类派生而来的这些类是为实现自动建模而新建的。

1) CStr 类

CStr 类是一个辅助类，记录角色和用例的名称，并用布尔型变量标示出是角色还是用例。

2) CComRelation 类

记录用例与角色的交互，用于描述角色与用例之间的关系。CComRelation 类代表角色或用例中某两个元素的关系，通常有 5 种：

(1) 角色——角色

角色一般化关系，表示几个角色有一些共性。

(2) 角色——用例

通信关系，表示角色启动用例的执行。

(3) 用例——角色

通信关系，表示用例为角色提供某种信息。

(4) 用例——用例

使用关系，表示一个用例使用另一用例提供的功能。

(5) 用例——用例

扩展关系，一个用例扩展另一个用例提供的功能。

3) CArrow 类

CArrow 类与 CComRelation 类一一对应，是它的图形化形式，用于绘制用例与角色的交互。

4) CActor, CUsecase 类

负责角色类或用例类的记录和绘制。

5) CObj 类

对象的记录和绘制，该类与 OO 语言中对象概念不同，它不是某个类的对象，而是为描述顺序图和合作图中对象元素概念的自定义类。

6) CSArrow 类

顺序图和合作图中消息的记录和绘制。

## 3.3.2 集成化企业建模工具 IEMTools

IEMTools 界面以建模体系结构中的视图模型为出发点，包括了过程、组织、资源、信息、功能以及产品视图。它采用以过程视图模型(工作流模型)为核心，其他模型为辅助来实现集成化建模。不同的视图模型之间构成关联和引用的关系。

不同视图模型的创建采用逐步建立和完善的方式进行，并以过程视图作为关键，控制了维护模型之间的一致性问题。视图模型采用软件构件的开发与集成方式，目的是形成具有柔性的动态企业模型。在整个建模过程中，过程视图是核心视图，产品视图是它的先导视图。

过程视图建模实现企业全部业务过程模型的建立。

组织视图建模实现企业组织模型的生成、定义、描述，用组织树来描述组织结构信息。

资源视图实现资源模型的生成、定义、描述和管理维护，为过程模型提供资源约束和支持。

功能视图建模从过程模型提取相关信息，使用 IDEFIX 方法为关系数据库语法和数据库结构设计提供工具支持，建立概念化方案设计所必须的语义结构。

信息模型是两层次的建立过程，先建立逻辑模型，再建立物理模型。

## 3.3.3 数据建模工具

数据建模采用图形化方法来描述企业的信息需求和业务规则，也就是建立逻辑数据模型，其作用有两个：一是与用户进行沟通，明确需求；另一个作用是作为数据库物理设计的基础，以保证物理数据模型充分满足应用要求，并保证数据的一致性、完整性。

目前的数据建模方法主要有面向对象的标准建模方法、IDEF1X 方法、E-R 方法和数据流方法等。面向对象的建模方法目前的代表是 UML，它是 OMG 国际组织在 1997 年制订的一个标准，是一种模型化且应用软件系统的图像语言，对软件系统的需求分析、规范、结构和应用都提供了模型化、可视化支持。IDEF1X 是由美国空军开发的基于关系数据库理论的数据建模方法，用以实现关系数据库的逻辑数据结构，目前已广泛应用于政府、工业和商业领域，支持广泛企业应用。而 E-R 方法和数据流方法也是目前较成熟、使用较多的两种方法，为许多建模工具所采用。

数据建模工具则相应地体现了这些数据建模方法的使用，现在较流行的数据建模工具主要有 Rational Rose，ERwin，Power Designer，Oracle Designer 和青鸟建模开发工具等。下面就对这几种建模工具进行简介。

1)ROSE 建模工具

ROSE 是 Rational 公司推出的支持 UML 的可视化建模工具,它采用用例、逻辑、组件和部署视图支持面向对象分析和设计,在不同的视图中建立相应的 UML 图形,反映系统的不同特征。ROSE 工具的企业级产品不仅支持建立模型,还能将设计模型转换为 C++,JAVA 等面向对象语言的代码框架。进行面向对象的项目开发时,ROSE 用一系列静态或动态的视图和模型对软件设计的各个过程进行描述,同时提供从模型到软件及从软件到模型的产生和析取的双向过程。

2)ERWin 建模工具

ERWin 用来建立实体—关系(E-R)模型,是关系数据库应用开发的优秀 CASE 工具。ERWin 可以方便地构造实体和联系,表达实体间的各种约束关系,并根据模板创建相应的存储过程、包、触发器、角色等,还可编写相应的 PB 扩展属性,如编辑样式、显示风格、有效性验证规则等。

ERWin 可以实现已建好的 ER 模型到数据库物理设计的转换,提高数据库的开发效率。ERWin 可以进行逆向工程、能够自动生成文档、支持与数据库同步、支持团队式开发。

ERWin 主要用来建立数据库的概念模型和物理模型。它能用图形化的方式,描述出实体、联系及实体的属性。ERWin 支持 IDEFIX 方法。通过使用 ERWin 建模工具自动生成、更改和分析 IDEFIX 模型,不仅能得到优秀的业务功能和数据需求模型,而且可以实现从 IDEFIX 模型到数据物理设计的转变。

3)Power Designer 建模工具

Power Designer 系列产品提供了一个完整的建模解决方案,业务或系统分析人员,设计人员,数据库管理员 DBA 和开发人员可以对其裁剪以满足他们特定的需要;而其模块化的结构为购买和扩展提供了极大的灵活性,从而使开发单位可以根据其项目的规模和范围来使用他们所需要的工具。Power Designer 灵活的分析和设计特性允许使用一种结构化的方法有效地创建数据库或数据仓库,而不要求严格遵循一个特定的方法学。Power Designer 提供了直观的符号表示使数据库的创建更加容易,并使项目组内的交流和通信标准化,同时能更加简单地向非技术人员展示数据库和应用的设计。

Power Designer 产生的模型和应用可以不断地增长,适应并随着组织的变化而变化。

4) Oracle Designer 建模工具

Oracle Designer 建模工具集在应用的整个开发生命周期内部都提供有一系列丰富的图示化工具。这种高度可视化的方法极大地方便了业务用户和技术用户间的通信，确保了所发布的应用准确无误。图示化方法简化了定义、个性化以及理解系统部件及其相互关系的任务。

Oracle Designer 所提供的工具支持标准工业实体关系、功能层次数据流和面向对象的建模技术。对信息和功能需求的透彻理解是系统开发过程中的关键阶段。利用所获取的知识，可以构建完全满足企业需求的系统，并使基于模型的快速开发和维护更加容易。

5) 青鸟建模开发工具

国产软件青鸟面向对象开发工具 JBOO 是青鸟工程中的一项重要成果，是青鸟软件生产的一个重要组成部分。该工具概念体系清晰、完整，具有过程指导，易学、易用，能够保持信息的一致性。此外，工具还支持多种开发模型，支持一定程度的复用与协作开发。建模时可以建立用例图、状态图、主题图和交互图。JBOO 目前已经历了实践的检验，并已经在多项工程中发挥了重要的作用。

## 3.4 常用几类问题的建模与求解方法

### 3.4.1 生产物流的模糊图论建模方法

1) 建模预处理

模糊图中结点的存在度以及结点与结点间的连接强度均落在区间[0,1]上，而生产物流系统各环节的耗费时间往往超出上述区间范围。为了建立生产物流系统网络的广义多重有向模糊图模式，需对企业生产物流流动过程中的原材料供应、加工、检验、装配、储存等环节的耗费时间进行数学处理，即[0,1]处理。设：

$$T_1 = \{t_1, t_2, \cdots t_n\} \tag{3.1}$$

表示由原材料供应、加工、检验、装配、储存等环节构成的 $n$ 个时间元素的集合，也即各环节内部的物流消耗时间。设：

$$T_2 = \{t_{n+1}, t_{n+2}, \cdots, t_{n+m}\} \tag{3.2}$$

表示物料、信息在各环节之间传输所构成的 $m$ 个时间元素的集合，则由 $n+m$ 个时间元素构成的生产物流时间集合 $T = \{t_1, t_2, \cdots, t_n, t_{n+1}, t_{n+2}, \cdots, t_{n+m}\}$。

令 $t = \max t_i, i \in [1, n+m]$，则运算：

$$t' = t_i / t \tag{3.3}$$

就实现了生产物流时间集合的[0,1]处理，处理后的生产物流时间集合为：

$$T' = \{t'_1, t'_2, \cdots, t'_n, t'_{n+1}, t'_{n+2}, \cdots, t'_{n+m}\} \tag{3.4}$$

## 2）生产物流过程建模

设生产物流共有 $n$ 个环节，如图 3.2 所示。需要说明的是，原材料经过生产加工得到成品或半成品的过程中，由于产品种类、加工设备和工艺过程等因素的不同，生产物流系统各环节之间的关系不是单一的模式。各环节之间的物流连接也可能不止一条，如加工环节与检测环节之间，由于成品或半成品经过检验后可能存在不合格的产品，不合格的产品如果可以修复，反向流到生产加工环节。生产物流并非严格地按照图 3.2 所示的过程流动，各环节之间可能出现复杂的物流网络。

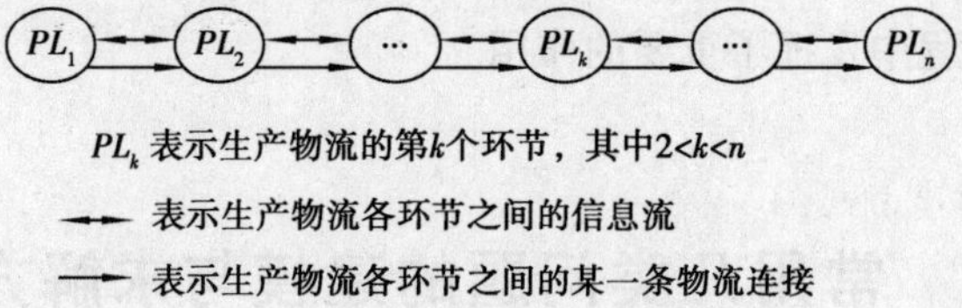


图 3.2　企业生产物流过程

取生产物流 $n$ 个环节的操作时间作为多重有向模糊图中结点的存在度，即取：

$$T_1 = \{t_1, t_2, \cdots, t_n\} \tag{3.5}$$

作为一个 $n$ 个结点构成的集合(论域)，设各结点之间最多有 $Z$ 条边，那么生产物流系统网络在论域 $T_1$ 上的 $Z$ 重有向模糊图 $\overline{G}$ 可用下述三元组表示：

$$\overline{G} = \{T_1, \tilde{T}_1, \tilde{H}\} \tag{3.6}$$

式中 $\tilde{T}_1$ 是论域 $T_1$ 上的一个模糊集，也即[0,1]处理后的物流时间元素序列；其隶属函数为：$\mu_{\tilde{T}_1}(t_i), i = 1, 2, \cdots, n$，表示结点 $t_i$ 的存在度(模糊度)，$\tilde{H}$ 是论域 $T_1 \times T_1$ 上的广义模糊矩阵

$$\tilde{H}=\begin{bmatrix}\mu_{11} & \cdots & \mu_{1n}\\ \vdots & & \vdots\\ \mu_{n1} & \cdots & \mu_{nn}\end{bmatrix} \tag{3.7}$$

式中 $u_{ij}$ 是元素数不超过 $l$ 的隶属度集合：

$$\mu_{ij}=[\mu_{ij_1},\mu_{ij_2},\cdots,\mu_{ij_l}] \tag{3.8}$$

$$0<\mu_{ij_k}\leqslant 1 \quad (k=1,2,\cdots,l) \tag{3.9}$$

当 $u_{ij}\neq 0$ 时，表示从结点 $t$ 到 $t_j$ 有连接边存在，$u_{ij}$ 表示从结点 $t_i$ 到 $t_j$ 有 $q$ 条连接边；$u_{ij}(i=j)$ 表示结点的存在度，$u_{ij_k}(i\neq j;k=1,2,\cdots,l)$ 就是经 $[0,1]$ 处理后由 $T_2=\{t_{n+1},t_{n+2},\cdots,t_{n+m}\}$ 构成的多重有向模糊图中从结点 $t_i$ 到 $t_j$ 的连接强度。

设 $1\leqslant p<q<l\leqslant n$，以 $V_p$，$V_q$ 和 $V_l$ 分别表示生产物流系统第 $p$ 个、第 $q$ 个和第 $l$ 个环节的节点。

下面用一个例题来对这种方法作进一步的说明。

［**例** 3.1］ 某产品的生产物流过程如图 3.3 所示，其中物料仓库包括原材料仓库、废品库和成品库，物料储存时间为 5 h，加工时间为 4 h，从仓库到加工单元物料传输的时间为 6 h，控制信息的流动时间为 0.5 h；检测时间为 3 h，从加工单元到检测单元物料传输的时间为 5 h，控制信息的流动时间为 0.4 h，可修复不合格产品的反向流动时间为 4 h，废品传输的时间为 3 h，废品传输控制信息的流动时间为 0.2 h；装配时间为 10 h，从检测单元到装配单元物料传输的时间为 6 h，控制信息的流动时间为 0.2 h；成品入库时间为 6 h，控制信息的流动时间为 0.4 h。

$V_1$，$V_2$，$V_3$ 和 $V_4$ 分别表示物料仓库、加工单元、检测单元和装配单元，显然，各环节之间最多有 3 个连接（即加工单元和检测单元的连接），则该产品的生产物流系统三重有向模糊图如图 3.4 所示。

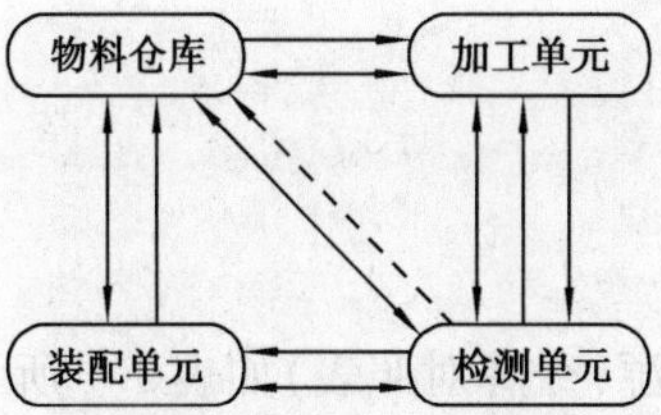

图 3.3　生产物流过程

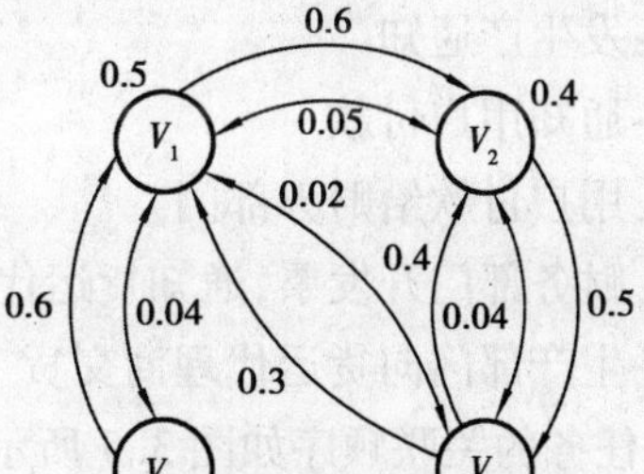

图 3.4　三重有向模糊图

所得广义模糊矩阵为：

$$\tilde{H}=\begin{bmatrix} 0.5 & 0.6,0.05 & 0.02 & 0.04 \\ 0.05 & 0.4 & 0.5,0.04 & 0 \\ 0.3,0.02 & 0.4,0.04 & 0.3 & 0.6,0.02 \\ 0.6,0.04 & 0 & 0.02 & 1 \end{bmatrix} \tag{3.10}$$

## 3.4.2 资源/任务 Petri 网(R/T-Net)的物流系统建模

一个典型的物流系统包含决策层、管理层、作业层和客户层 4 个层面,每个层面都有相应的管理系统。比如:决策层包括统计、决策管理系统;管理层包括商务、结算、合同、财务、客户和办公等管理系统;作业层包括仓储、采购、运输、报关、配送、数据交换、货代和调度等管理系统;客户层包括客户服务系统和电子商务系统。

可以以一个简化了的物流系统为例,来介绍运用 R/T-net 进行物流系统建模的过程。这个简化的物流系统包括以下过程:客户向公司发订单,公司在检查了库存和原材料的情况后,决定是否生产,如果生产,则在生产部门开始生产的同时,通知客户付款,当生产完成,客户付款也完成时,则有货运代理商将货物交给用户,交易完成。

基于 R/T-net 的物流系统建模过程包括 3 个要素,即确定所有流程中的所有资源、所有任务和每个任务的资源依赖和资源期望集合,下面就以上述的简化的物流系统模型为例,进行具体的建模过程:

步骤一,归纳业务流程中的任务,做出任务关联图:

t1:用户发订单给公司销售部门

t2:生产部门检查库存原材料能否满足生产

t3:生产部门通知决策部门:库存够,请示可否生产

t4:发生产通知

t5:通知用户付款

t6:用户付款给财务部门

t7:财务部门开发票,通知货运代理发货

t8:生产部门向货运代理商交货

各任务的关联顺序如图 3.5 所示。

步骤二,构造每个任务的资源,所构造的任务资源(令牌对照表)如表 3.1 所示。

步骤三,检查表中资源表示的一致性与完备性,并在其中检查资源点火规则 fire-rule 和资源路由规则 routing-rule 的适用性,如有问题,则做出调整(下图已通过验证)。

步骤四,在任务关联图上对每个任务补充前驱/后继位置,按照以上约定,对每个位置做出任务的资源依赖和资源期望的令牌标记,构造出系统运行的 R/T-net,如图 3.6 所示。

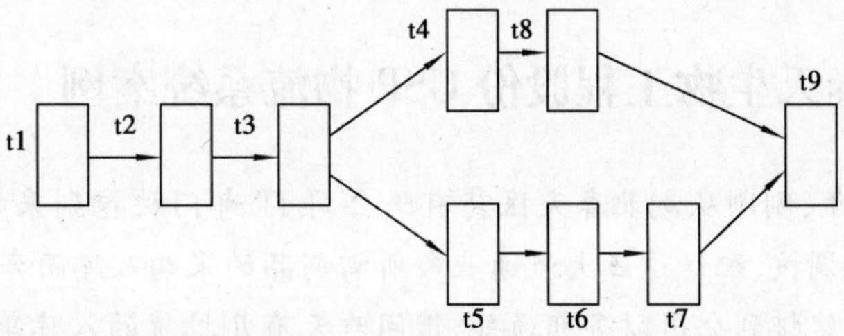


图 3.5　任务关联顺序图

**表 3.1　每个任务对应的资源(令牌)对照表**

| 资源<br>任务 | 私有资源依赖▲<br>Rtoken-dep 本 | 传入资源依赖●<br>Rtoken-in | 私有资源期望▲<br>Rtoken-exp 本 | 传出资源期望●<br>Rtoken-out |
|---|---|---|---|---|
| t1 | | ✓ | | ✓ |
| t2 | | ✓ | | ✓ |
| t3 | ✓ | ✓ | | ✓ |
| t4 | | ✓ | | ✓ |
| t5 | | ✓ | | ✓ |
| t6 | ✓ | ✓ | ✓ | ✓ |
| t7 | | ✓ | | ✓ |
| t8 | ✓ | ✓ | ✓ | ✓ |
| t9 | | ✓ | | |

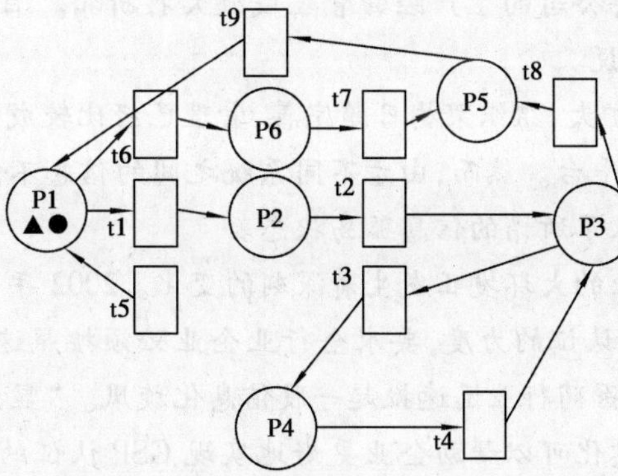


图 3.6　简化物流系统的运行 R/T-Net

# 案例　武汉春天生物工程股份GSP物流系统案例

2004年上半年，刚刚从湖北春天医药有限公司IT部门被挖到采购部门的李佳，开始为该公司批发、调拨、配送这三大流通业务所需药品的采购入库而奔忙。

一天，李佳突然接到公司财务部通知，催问昨天有几批货的入库单为何没有及时送达财务部。李佳迅速跟仓库管理部门查询，原来那几批货入库后，收货单据可能没有打出来，导致入库单没有及时送到财务部，而物流信息系统则已自动将货物采购信息传送到财务部。李佳很清楚，这是自己亲身参与实施、自2003年11月全面投入运营的新的物流信息系统在发挥作用了。这次经历，也从采购环节折射出该公司近年来推进财务业务一体化应用成效的一角。

武汉春天生物工程股份有限公司于1997年创业成立，从代理保健品起步，1997年开始兴办生产厂，并投入医药的研发，一直平稳快速发展至今。而湖北春天医药有限公司就是其下属子公司之一。

与公司的成长历程相比，武汉春天生物工程股份有限公司的信息化脚步并不晚，但确实也走过弯路。1998年，春天股份已经部署了局域网，实施了财务系统。2000年，公司自行开发了营销系统，之后又分别实施了不同厂家的物流、财务系统。2001年，其子公司湖北春天医药有限公司实施了一个针对医药行业的物流系统，但是该系统在设计上无法与财务系统互通信息。

“这种状况的弊端之一是，公司每月的生产计划、采购计划、资金计划的周期都不同步。比如，生产计划一般是在上月的24日下达，采购计划配套的资金计划就更晚了。这种时间差的存在，使得公司的生产经营管理成效大打折扣。”目前负责春天股份管理信息工作的亓培实主任说。

2002年，公司规模扩大，组织架构日趋完善，管理已经比较成型，需要一个全面的整合公司各项资源的信息平台。然而，由于不同系统之间的信息不能关联，财务、业务、办公管理等各自独立，陷入了所谓的信息孤岛状态。

与此同时，医药行业的大环境正发生着深刻的变化。2002年，国家医药监督局加大了在医药行业推广GSP认证的力度，要求全行业企业必须按照这些规范来开展生产和经营活动。这一政策在医药行业迅速掀起一股信息化旋风。“显然，除了采用其他的手段来实现规范性外，信息化可以帮助企业更好地实现GSP认证的许多规范性要求。”亓培实说。

另一个变化是，为了控制药价虚高，国家不断地采取措施，打压中间环节，医药在流通环节的利润已经很低。要在这种低利润的空间中维持生存和发展，势必只有依靠管理出效益。

内外动力交织成一股强大的张力,使得公司整合信息孤岛、全面实施信息化的计划,犹如一支响箭,从紧绷的弦上弹射而出。

一、GSP逼迫信息化需求

GSP认证是对医药流通企业的规范性要求,信息系统恰恰可以将这些规范性要求,在具体业务与管理流程中加以实现。这就使得GSP认证与医药流通信息化之间存在着必然性。

2003年6月,湖北春天医药有限公司与金蝶签署了总体合作协议。此前,春天股份一直在应用金蝶K3财务系统。2003年10月,新的GSP物流系统开始上线。由于同属金蝶的物流与财务系统之间不存在所谓的数据接口问题,两大系统顺利对接。

金蝶软件公司负责该项目的实施顾问郑婕介绍,GSP在医药流通信息系统中成为一个行业插件,它与物流系统相配合,主要体现GSP规范对医药流通业务流程过程中的特定要求,比如商品入库验收、出库复核、首营企业首营品种的审核等。虽然医药监管部门对信息系统没有具体要求,但是要求报送的八大报表,这套报表通过GSP模块即可轻松实现。当然,它还可以根据企业自身的需求,定制更多的报表。

带有GSP模块的医药物流信息系统不仅可以提供医药监管部门所需的全部管理数据,而且,它还可以帮助企业加强对仓库、质量检验、采购、销售等环节的规范管理。GSP软件的主要任务,是保证药品流通过程符合GSP认证的规范性要求,确保医药流通企业向消费者提供合格的药品。

亓培实介绍,目前已经通过GSP认证的企业,都已经基本实施了GSP物流系统。因为GSP认证所要求的许多规范环节,仅仅依靠手工,显然已经解决不了。比如,对于某首营产品(是指企业向生产或经营企业首次购进的商品,必须经过质量检验等环节)入库时,不妨假设为A药品,医药流通企业都必须对A药品的生产厂家、质量标准、生产批号等各类信息进行全面审核。虽然也可以采用手工方式,但管理成本太高:因为当下次又购进药品A的时候,企业就无法立刻判断药品A是否是其首营品种,因为很可能审核人员是不同的人,只好通过手工查询确认,工作量非常之大。而有信息系统就很轻松,只要输入药品A的基本信息,系统很快就能确定。

概括而言,GSP规范中的内容通过软件来实现的核心功能主要有:

对药品批准文号(简称批号)的全程跟踪管理。同一型号的药品,由于要对药效期进行管理,都须向质量监督部门报批,通过质量检查之后才能获得批号,批号对应的是药品有效期等信息。每个药品的批号都是唯一的,因而只要查询批号,就可以确定药品生产厂家和通过质量检验的日期等信息。

从采购入库、库存管理到售后追踪的信息,都是GSP要求企业记录的管理信息。比如首营产品要有全面的审核，所有产品都要对批号、有效期等进行管理，销售出去以后还要记录销售流向；采购入库时要进行质量验收，销售出库时要进行出库复核；在库存管理的养护期之内，要对仓库的温度、湿度等养护条件信息进行全程记录。销售出去以后，假设有退药，必须对药品的批次等信息进行核对，才能确定是不是自己销售的药品，退货回来以后还要进行质量检验。又比如，GSP 要求药品采购的时候，对于药品的很多因素要求很严格，如质量、包装等，否则就无法进入流通渠道备管理、特殊药品管理、即将过期药品的停销催销、质量反馈等。此外，由于需要对生产厂家等诸多信息进行记录和跟踪，因此 GSP 物流软件比普通商业物流的表单设计要多出很多条目。

二、严密监控物流

传统医药流通业在管理上的一大难题就是跑冒滴漏现象严重。对于医药流通企业而言，管控好物流等于成功了一半。通过在物流系统中精心设置信息流转程序和控制点，这些控制点就好比一个个关卡，使得各财务、业务之间的信息按管理需求流转，并且因为控制点之间的内在关联机制，大幅度提升医药流通企业的财务管理和业务管理水平。

针对湖北春天医药有限公司前期信息化状况和存在的问题，新的物流系统的主要设计思路是，加强对物流环节上的每一个关键点的控制，从而保证数据在传递过程中的正确性。“实际上，GSP 本身是一个规范，谁做都区别不大。因此，目前各种医药流通解决方案，主要区别还是体现在对物流管理和控制的功能。”这样，通过打通业务流转的关键节点，明确了职责岗位目标，彻底改变了以往互相推诿、职责权限不清的管理状况。

以前的物流系统由于开发较早，先于政府部门开始推广 GSP 认证的时间，操作上虽然比较简便，自发货到结算，中间都是一张单据贯穿始终，一旦单据中间流失，财务部门的数据就无法与业务部门的数据完全一致，企业极容易坠入账实不符的泥潭。更要命的是，财务部门无法对过程加以控制，使得问题往往无法得到预防和及时遏制。尤其是对那些结算周期比较长的货物，就可能由于单据的遗失而造成一笔糊涂账。

李佳的那次“被催账”的经历，最能说明这种关键点的作用：在新的物流系统中，采购部对每批购进的药品出具入库通知单，质量检验部出具质量验收单，仓库做收货单。仓库和财务之间的数据相互关联，财务部每天下午都要汇总当天的各种物流单据信息，通过系统直接查询单据的发生情况，并通过系统自动生成凭证。如果缺少哪张单据，通过系统很快就能查到那张单据卡在哪个环节。实物入库与财务入库完全同步，使得财务部对每批进货的应付款情况随时掌握并且可控。

这些关卡的设置，不仅迅速杜绝了信息流转受阻导致的管理漏洞，而且使得财务部门对于公司的应收应付款、库存、资金周转率等财务风险的分析和预防，完全建立在真实及时的数据基础之上。

李佳认为，对于涉及资金往来的业务，系统的安全性和管理性很重要。金蝶这套系统在访问、修改等权限的设置方面有很细的划分，每一个权限都可以单独设置，这对用户而言十分方便。

对于新旧物流系统之间的区别，湖北春天医药有限公司管理信息中心的陈滨同样深有感触："K3 物流系统对表单和过程控制进行了细分，比如销售通知单和正常的发货单、收货单、通知单主要告知数量信息，经销商凭借通知单到仓库核对实际数量，然后到财务部门结算，最后才能取货。各个环节结合得比较紧密，不能跳过任何环节，这样，一旦某个环节发生错误，可以通过各种方式很快查到。"

三、远离信息陷阱

医药行业的特征之一就是，医药的品种特别多，作为一个商业性的医药组织，一般至少有几千个品种，如果再加上 GSP 所要求的批次管理等信息，动辄就是上万条信息。这当中稍有不慎，就可能掉入信息陷阱。

2003 年 11 月，新系统开始投入实际运作。为保险起见，并没有立刻丢掉旧的物流系统，而是拿旧系统做备份，新旧两个系统并行。这就要求在制作每张单据的时候，两边都要输入数据。操作人员、开票人员、仓库管理人员，每天都要加班熬夜。亓培实说，那个阶段非常痛苦。"因为要把原有的系统完全抛弃掉，工作量比我们想象的要大得多。"

他坦承，这当中也走了很多弯路，回过头看，其中有些经验还是很可取的。其中，编码方案的确定是很重要的一点。"我们当时频繁开会，专门讨论确定编码放方案。"首先，编码信息量非常大。医药行业的特征之一就是，医药的品种特别多，作为一个商业性的医药组织，一般至少有上万个品种，如果再加上 GSP 所要求的批次管理等信息，动辄就是几万条信息。编码的思路和设计方案，无疑将直接决定整个物流管理的准确性。其次，编码一般都是由企业根据自身的生产经营特点来确定。确定编码规则时，要兼顾未来发展的需要，如果编码太过规范，很可能会影响效率，将来一旦需要修改会很费劲。第三，统一药品编码规则。一是与医院的编码规则相统一，因为医院按要求有专门的标准的编码规则，为此，春天公司专门针对医院的编码规则做了很多沟通，力求两边达到一致。二是在生产领域，由于 GMP 对药品编码有要求，作为一家生产和流通并举的企业，从编码方案上尽可能兼顾各项业务，确保一致性。

其次，在实际应用中不断完善修订。这就是常见的基于标准版之上的二次开发，主要是为了更符合我们的实际操作习惯和流程，提高工作效率。比如，销售人员在制作报价单的时候，可以直接在表单上查询进价，在此基础上系统通过设定的算法自动生成对外的报价。销售价格的确定，一定要知道批次进价，这样就能很方便地确定批次的价格。由于医药的毛利润率很低，批次又多，不同进价可能导致报价不一样，否则，很难保证每一批货销售利润率。而对于配送的单据，由于数量大，对易操作性提出了更高的要求。身在一线，郑婕说："对于已经用过其他软件系统的客户而言再更换一套新的软件系统时，以前的操作习惯很难更改，往往会按照习惯来要求新系统的操作方式。因此金蝶医药流通版软件也在不断完善发展，力求包括操作简便性的每个细节都能更加贴合客户的需求。"

四、赏罚分明的项目管理

不单有领导的重视，更有赏罚分明的激励机制，是春天股份自创的信息化门道。

2003 年 5 月，春天股份成立 ERP 项目小组，董事长亲自出任组长。项目小组负责全部选型、论证、培训工作。项目小组的成员都是从财务、采购、仓存、销售等各部门抽调的负责人或骨干人员。亓培实担任实施组的组长。此外，建立一套奖惩分明的激励制度，的确是亓培实感到公司在推行信息化方面可圈可点之处。

公司专门下发的一份文件上明确，将员工每月奖金额度的 50% 拿出来，同时再增加同比例的奖金额度，作为对员工在推进信息化方面绩效考核额度（实际上相当于增加了 50% 的奖金额度）。对于参与信息系统的员工，在月度工作总结时，都将工作尽可能进行了量化。相反，一些惩罚措施也很严厉。比如，信息系统的培训第一次考核不合格，罚款；第二次考核还不合格，待岗。"之所以用专门的文件明确激励制度，这与春天股份的企业文化有关，凡事讲究依据，避免随意性。"

这一政策起到了十分明显的激励作用。2003 年国庆节，系统开始初始化，项目组的人更是没日没夜加班，连续几个晚上没有回家睡觉，实在困了就在办公室靠在椅子上打个盹儿。金蝶实施顾问郑婕也一起加班熬夜，她说是用户的这种投入的氛围感染了自己。后来，节日加班不仅该发的奖金都发了，而且还额外申请了一些奖励政策。亓培实说，ERP 应用的长期性决定了建立与之配套的激励机制的重要性。"如果没有激励机制，那推进信息化的工作一定是很痛苦的。"

五、信息化是医药企业的饭碗

记者采访当天，恰逢武汉春天生物工程股份有限公司忙于上市之前的路演。在这家从创业至今 7 年的公司中，各项工作运转得有条不紊。管理信息化在春天显得已是家常便饭。

亓培实说，整个医药行业都在走信息化的道路。大的医药企业一般营业规模都上了几十亿元，庞大的物流压力，如果不上信息系统，单靠手工肯定无法维持正常运转。所以，医药行业整合的趋势越来越明显，整合完了怎么消化，一定是通过信息化手段来消化。另外，规模效应也是通过信息化来完成。

其实，医药行业当前竞争的焦点有二：其一，赶在外资大举进入之前，抢占中下游的流通（营销渠道网络和终端）资源；其二，抢夺上游的制药资源。如果一个医药企业能够兼具生产、分销、终端的优势,完善产生链,那就自然可以领行业之先。

目前,医药行业仅生产型的企业就有七千多家。医药行业的集中度很低。医药行业前面几十家加起来的份额很少,只是百分之十几的份额。亓培实认为,医药行业最终一定是朝着集中的方向发展,而"集中"的主要手段就是不断地兼并。一个明显的趋势是,各种资本在不断地介入这一行业。

由于医药行业整合的策略基本是对整个产业链进行的,而不是对局部的整合,即最终一定是全面的资源整合,从生产、营销到终端,是一条价值链的整合。而没有信息化,就无法支撑整合行为。因为信息化的目标也是整合,即把不同领域的信息整合起来,才能实现规模优势、管理优势。

武汉春天生物工程股份有限公司希望未来的信息系统能够整合物流、资金流、信息流,最终还要纳入工作流。虽然公司有着迫切的整体性需求,但是在具体操作的时候,还是采取分阶段实施的稳健策略。正如亓培实所言,"实施信息系统不能赶鸭子上架"。在该公司信息化一期项目中的客户关系管理系统,已经和金蝶签了协议,但目前还没有实施。原因在于,公司需要很多业务领域需要进行资源整合。亓培实坚信,只有业务整合清晰,实施信息系统才不会乱,效果才能保证。

至此,也就不难理解为什么武汉春天生物工程股份有限公司已经将每一步的信息化目标设定得那样具体而明确。

案例分析与讨论题

1. 武汉春天生物工程股份是如何实现 GSP 物流系统的?
2. 武汉春天生物工程股份实行 GSP 物流系统前后有何区别?

## ≫复习思考题

1. 简要说明物流系统建模的含义和步骤。
2. 物流系统建模的方法有哪些?
3. 常见的物流系统问题的建模工具有哪些?

# 第4章

## 物流系统优化问题方法

学习目标：

- 了解物流系统优化问题的分类和程序
- 了解物流系统优化问题的设计方法
- 掌握物流网络优化的设计方法
- 掌握物流运输路线的选择与优化方法
- 掌握物流配送路线的优化方法
- 掌握供应链库存管理的优化策略

# 4.1 物流系统优化问题的分类和程序

物流系统是指在一定的时间和空间里，由所需位移与服务的物、提供服务的设备、组织服务的人和信息等若干相互制约的动态要素所构成的具有特定功能的有机整体。物流系统的优化对于促进社会经济发展，降低企业生产成本有着十分重要的意义。

## 4.1.1 物流系统优化问题的分类

物流系统是一个由运输、储存、包装、装卸搬运、配送、流通加工、信息处理等子系统组成的复杂的大系统，因此，它的优化问题可以分为以下几类。

1）运输系统优化

运输是物流系统的基本功能之一，它是指通过运输手段使货物在物流据点之间流动。运输的主要目的就是以最短的时间、最少的财务和环境资源成本，将产品从原产地转移到规定地点，并且，还要避免货物的损失，使其损失达到最小。一个优化了的运输系统可以降低企业生产运作成本，有效地将生产和消费的不同空间联结起来，实现物流移动的合理化、科学化。运输系统的优化一般包括以下几个部分。

(1)运输方式的优化

基本的运输方式，按照运输过程所使用的基础设施可分为5种：铁路运输、公路运输、水路运输、航空运输、管道运输等。每种方式都有不同的经济和技术结构，同时能提供不同需求的服务。

对于运输方式的选择，企业必须结合自身的经营特点和要求、商品性能、市场需求和缓急程度，对各种运输工具的运载能力、速度、频率、可靠性、可用性和成本等因素作综合考虑和合理筛选。运输方式选择不仅限于单一的运输手段，而是通过多数运输手段的合理组合实现物流的合理化，可以在不同运输方式间自由变化运输工具，也即“联运”，它是运输性质不断改变的一个反映，标志着物流管理者将两种或多种运输方式的优势集中在一起，并天衣无缝地融入一种运输方式的能力，从而比单一方式运输更能为顾客提供更快、风险更小的服务。

优化匹配运输方式有利于物流运输合理化，有利于做好物流系统决策，有着重要的意义：合理组织物品的运输，有利于加速社会再生产过程，促进国民经济持续、稳定、协调地发展；能节约运输费用，降低物流成本；能缩短运输时间，加快物流速度；可以节约运力，缓解运力紧张的状况；还能节约能源，这对缓解我国目前交通运输和能源紧张的情况具有重大的现实意义。

(2)运输路线的优化

运输路线要受到商品产销关系的影响。选择正确的运输路线，其实质是消除商品淤滞、重复装运等现象，使各种运输工具安全、迅速运行，最大限度地减少商品运输路程，缩短商品在途时间，降低运输费用，尽快地实现商品的使用价值和价值，满足市场需要。

运输路线的选择影响到运输设备和人员的利用，正确地确定合理的运输路线可以降低运输成本，因此运输路线的确定是运输决策的一个重要领域。

### 2)储存系统优化

存货是许多企业昂贵的资产之一，它通常占全部投资的40%。仓储是一项古老的物资管理活动，也是现代商品经济中基本的经济行为。在现代物流运作中，仓储作为经济活动的一个过程，其重要性更加巩固。仓储作为一个物流环节，还能为物流活动提供场所和时间，因此仓储是物流体系的一大支柱。在现代物流的领域中，仓储的地位、功能都发生了深刻的变化，仓储已远远突破了传统的储藏物资的单一功能，向着物流中心、配送中心、交易中心的功能方向发展，形成多元化和系列化的仓储服务和支持全程物流。

企业储存系统优化主要是指企业库存的控制，就是确定每种产品的订购周期 $T$ 及订购量 $Q$，从而使得目标成本函数最小化，以便提高库存周转周期、降低库存成本、减少库存环节的资金占用等；通过合理的仓储协调产品的生产和消费在时间上的矛盾，使流通和生产顺利进行。

企业的仓储管理就是利用市场经济的手段获得最大的仓储资源配置，以高效率为原则组织管理机构，不断满足社会需要；以高效率、低成本为原则组织仓储生产，以优质服务、诚信建立企业形象，通过制度化、科学化的先进手段不断提高管理水平，从技术精神领域提高员工素质，最终达到整个储存系统的优化。

### 3)包装系统优化

产品包装是为了保护产品数量和质量的完整性而必需的一道工序，是产品运输、存储、销售等环节所不可缺少的必要条件，它按照在商品流通领域中的作用一般可划分为销售包装、运输包装和集合包装。包装管理部门在注重其营销功能和包装策略的同时，应更多地关注包装的优化设计，以提高包装与商品的价值或质量相匹配的水平。

包装优化是指通过优化规划,给零售点或用户提供不同包装件的合理组合,包括箱盒组件、集装箱组件等,而最终用户可以得到优化的包装件设计。通过包装的优化,能使企业具备良好的包装稳定性,并能减少成本,缩短订货交货时间,提高效率和准确性。

#### 4)装卸搬运系统优化

装卸搬运工作不仅是物流活动中不可缺少的组成部分,而且是一项艰巨且繁重的工作,它需要将商品从运输工具上卸下,或者从发货地装上商品,并进行短距离的搬运作业。物流系统需要配备一定的装卸搬运设备来进行大批量重复性的装卸搬运作业,以提高劳动生产率,降低商品损耗。

装卸搬运设备能力的配置直接关系到仓库、配送中心等场所的作业效率和经济效益。仓库的装卸搬运设备是仓储设施的重要组成部分,其配置直接影响到仓库的自动化水平、运作流程和效率。为保证装卸搬运设备系统的高效、经济,在进行设备配置时应考虑适用性与先进性结合的原则、经济性原则和系统化原则。

#### 5)配送系统优化

配送是商品市场发展的产物,随着大批量、少批次的物流配送活动逐步被少批量、多批次所取代,个性化、多样化的市场需求越来越占有更多的市场份额,配送已成为当代物流活动的中心环节。因此,物流企业内部的所有部门和人员都应面向配送、面向市场、面向客户。一般而言,配送系统可通过以下 3 个措施得到优化。

(1)提供完善的物流配送功能

提供完善的物流配送功能是指在传统的储运功能基础上,提供一些诸如代买卖双方结算货款、提供采购信息及咨询服务、进行市场调查与预测等增值服务。

(2)建立配送中心

随着企业现有的各种销售网点的增加,现代物流配送转化成集成多种功能的配送中心变得较为容易,但配送中心应与各销售网点在功能定位上区分开来。

(3)建立配送事业部

建立配送事业部是指把采购回来的所有物资进行保管,并准时配送到生产线的部门。现在产品生产主要是多批次、少批量,个性化越来越强,在这种情况下,企业要做到准时配送,就要建立配送事业部来实施配送需求计划,并且利用先进的资源管理系统实施企业内外部物资统一配送战略,以此来降低成本,使整个物流系统得到保障。

配送优化系统不仅要对配送业务施以合理化管理以快速响应市场需求,在最短的时间内满足客户需要,从而降低原有的人工配送成本,而且还要有助于树立企业形象和提高客户忠诚度,进一步为扩大配送的服务范围寻找更大的商机。

6)流通加工系统优化

在流通过程中对商品进行的加工实际上是生产过程在流通过程的延续。流通加工是为了适应多样化的顾客需求,促进商品的销售,对流通加工系统进行优化是为了美化商品,提高商品的附加值,规避风险,使商品跟得上市场需求的变化,推进物流系统化,提高物流效率、降低物流成本。

7)信息处理系统优化

物流系统本身包含各种要素,同时它还要与生产、销售系统紧密结合,它们之间的联系主要是靠信息流来完成。生产系统、销售系统、客户服务系统中与物流相关的信息处理越来越重要,如生产系统需要跟踪在物流过程中原材料、半成品或者产成品的库存、运输、配送等状况;销售系统需要实时跟踪处在物流环节的商品库存、运输、配送等状况;用户需要查询处于物流系统的配送或退货信息等。只有通过信息流,物流系统才能与其他外部系统联系起来,因此,物流信息系统的优化对企业的高效运作起着至关重要的作用。

## 4.1.2 物流系统优化的程序

1)物流系统优化的层次

物流系统是一个庞大的系统,在对其优化的过程中必须考虑到它的层次性,一般而言,物流系统的优化可以依照以下几个层次:

(1)决策层

决策层是物流系统的最高层次,主要从战略角度对物流系统进行优化。它所涉及的时间跨度大,复杂程度高,范围广,而且决策层对系统的优化往往是非结构化的,没有例行的程序可以执行。该层面上的优化主要涉及物资储备方针、储备布局、运输发展战略等事关全局的问题。

(2)中间层

中间层是物流系统的中间层次,处于决策层和执行层之间,中间层的优化主要是对策略的综合优化,其主要任务是依据决策的指示,优化本层的物流系统,细化决策层的任务,监督执行层的运转情况。

(3)执行层

执行层是物流系统的最底层,是物流任务的具体执行者和物流系统目标的落实者。

执行层的优化涉及运输、仓储、包装、搬运装卸、流通加工、配送、信息处理等每个环节的具体操作过程，并通过该层的优化最终影响到整个物流系统的质量。

2）物流系统优化的步骤

成功的物流系统总能以一定的价格来满足客户的服务要求，而一个满足一定服务目标的物流系统往往是由若干个子系统组成的，因此，物流系统的优化需对每个子系统进行规划，并使它们能与整体物流系统优化相协调。物流系统优化大体可划分为以下几个阶段。

（1）建立目标与约束条件

对一个物流系统进行优化，首先要分析系统所要达到的目标。目标定位直接决定物流系统的组成部分。同时，还要考虑制约系统的因素，这里主要是指因各种原因而使系统中的因素无法改变，从某种意义上看，每个系统的制约因素降低了物流系统优化的内容而使问题简单化了，但同时还要注意的是，有些制约因素可能与既定的目标有冲突。

（2）深入调查，制订解决问题及实现目标的优化方案

该阶段的主要任务是收集有关的数据，并分析数据，预测未来需求，然后依据需求，识别问题，并提出适当的解决问题的办法，最后通过各子系统方案的优化设计，最终形成一体化整体优化方案。

（3）对制订的方案进行评价、选择与修订

该阶段是方案评估阶段，主要目的是要选择最佳方案。

（4）方案实施

该阶段是对所选择的方案进行实施。

（5）评估

该阶段是对所实施的方案进行追踪检测，分析方案实施前后的变化，提出评估报告。

## 4.2 物流系统优化问题的设计方法

对于大多数的企业来说，物流系统优化是其降低供应链运营总成本的最显著的商机所在。但是，物流系统优化过程不仅要投入大量的资源，而且是一项需要付出巨大努力，克服困难和精心管理的过程。由于物流系统受到多个约束条件和多重因素的影响，

难以达到最优状态，所以便产生了物流系统的优化问题，物流系统优化问题是物流系统工程中的重要组成部分。

### 4.2.1 物流系统优化的基本原则

1) 目标

针对物流系统优化所设定的目标必须是定量的和可测评的。制订目标是确定我们预期愿望的一种方法。要优化某个事情或过程，就必须确定怎样才能知道目标对象已经被优化了。使用定量的目标，计算机就可以判断一个物流计划是否比另一个更好。企业管理层就可以知道优化的过程是否能够提供一个可接受的投资回报率。

2) 模型

所设定的模型必须忠实地反映实际的物流过程。建立模型是把物流运营要求和限制条件翻译成计算机能够理解和处理的某种东西的方法。

3) 数据

所提供的数据必须准确、及时和全面。数据驱动了物流系统的优化过程，如果数据不准确，或有关数据不能够及时地输入系统优化模型，则由此产生的物流方案就是值得怀疑的。对必须产生可操作的物流方案的物流优化过程来说，数据也必须全面和充分。

4) 集成

系统集成必须全面支持数据的自动传递。因为对物流系统优化来说，要同时考虑大量的数据，所以，系统的集成是非常重要的。人工输入数据的方法，哪怕是只输入很少量的数据，也会由于太花时间和太容易出错而不能对系统优化形成支持。

5) 表述

系统优化方案必须以一种便于执行、管理和控制的形式来表述。由物流优化技术给出的解决方案，除非现场操作人员能够执行，管理人员能够确认，预期的投资回报已经实现，否则就是不成功的。现场操作要求指令简单明了，要容易理解和执行。管理人员则要求有关优化方案及其实施效果在时间和资产利用等方面的关键信息更综合、更集中。

6)算法

算法必须灵活地利用独特的问题结构。不同物流优化技术之间最大的差别就在于算法的不同。关于物流问题的一个无可辩驳的事实是每一种物流优化技术都具有某种特点。为了在合理的时间段内给出物流优化解决方案就必须借助于优化的算法来进一步开发优化技术。因此,关键的问题是:这些不同物流优化技术的特定的问题结构必须被每一个设计物流优化系统的分析人员认可和理解;所使用的优化算法应该具有某种弹性,使得它们能够被"调整"到可以利用这些特定问题结构的状态。物流优化问题存在着大量的可能解决方案,如果不能充分利用特定的问题结构来计算,则意味着要么算法将根据某些不可靠的近似计算给出一个方案,要么就是计算的时间极长,也许是无限长。

7)计算

计算平台必须具有足够的容量,在可接受的时间段内给出优化方案。因为任何一个现实的物流问题都存在着大量可能的解决方案,所以,任何一个具有一定规模的问题都需要相当的计算能力支持。这样的计算能力应该使得优化技术既能够找到最佳物流方案,也能够在合理的时间内给出最佳方案。显然,对在日常执行环境中运行的优化技术来说,它必须在几分钟或几小时内给出物流优化方案。采取动用众多计算机同时计算的强大集群服务和并行结构的优化算法,可以比使用单体 PC 机或基于工作站技术的算法更快地给出更好的物流优化解决方案。

8)人员

负责物流系统优化的人员必须具备支持建模、数据收集和优化方案所需的领导和技术专长。这些专家必须确保数据和模型的正确,必须确保技术系统按照设计的状态工作。如果缺乏具有适当技术专长和领导经验的人的组织管理,复杂的数据模型和软件系统要正常运行并获得必要的支持是不可能的。没有他们的大量工作,物流优化系统就难以达到预期的目标。

9)过程

商务过程必须支持优化并具有持续的改进能力。物流优化需要应对大量在运营过程中出现的问题。物流目标、规则和过程的改变是系统的常态。所以,不仅要求系统化的数据监测方法、模型结构和算法等能够适应变化,而且要求他们能够捕捉机遇并促使系统变革。如果不能在实际的商务运行过程中对物流优化技术实施监测、支持和持续的改进，就必然导致优化技术的潜力不能获得充分的发挥，或者只能使其成为“摆设”。

10）回报

投资回报必须是可以证实的，必须考虑技术、人员和操作的总成本。物流系统优化从来就不是免费的午餐。它要求大量的技术和人力资源投入。要证实物流系统优化的投资回报率，必须把握两件事情：一是诚实地估计全部的优化成本；二是将优化技术给出的解决方案逐条与标杆替代方案进行比较。在计算回报的时候，要确定物流优化技术系统的使用效果，必须做三件事：一是在实施优化方案之前根据关键绩效指标测定基准状态；二是将实施物流优化技术解决方案以后的结果与基准状态进行比较；三是对物流优化技术系统的绩效进行定期的评审。要准确地计算投资回报率必须采用良好的方法来确定基准状态，必须对所投入的技术和人力成本有透彻的了解，必须测评实际改进的程度，还必须持续地监测系统的行为绩效。

## 4.2.2 物流系统优化问题的设计方法

常用的物流系统优化问题设计方法主要有运筹学方法、智能优化算法和模拟仿真法等。下面就对这几种方法作一个简单的介绍。

1）运筹学方法

物流系统的运筹学优化方法一般建立在一个物流系统的数学模型基础上。物流系统数学模型中的目标函数是在一定的条件下，达到物流总费用最省、顾客服务水平最好、全社会经济效益最高的综合目标，一般常用的运筹学方法有：线性规划法、网络与图论法、库存论、排队论等，由于线性规划法在前面的章节中已有介绍，这里主要介绍其他的几种方法。

（1）网络与图论法

对于网络的研究，最早是从数学家开始的，其基本的理论就是图论，它也是目前组合数学领域最活跃的分支。我们在复杂网络的研究中将要遇到的各种类型的网络，无向的、有向的、加权的……这些都可以用图论的语言和符号精确简洁地描述。图论不仅提供了描述网络的语言和研究的平台，而且其结论和技巧已经被广泛地应用到复杂网络的研究中，如最短路径算法、决策树模型、运输问题中的图上作业法等都属于图论算法。

（2）库存论

库存论是研究物资储备的控制策略的理论，又称存储论。存储物资是协调供应（生产)和需求(消费)之间关系的一种措施。例如工厂与商店就必须考虑原材料和商品的库存量,库存太少可能造成停产或脱销,库存太多则造成积压,这些都直接影响企业的效益,因此库存管理是现代企业生产管理中的一个重要环节。人们在长期实践中摸索了一些库存管理的规律和经验,但作为一门科学来研究却是近几十年的事。1915 年F·哈里斯最早建立了"经济订货"模型,第二次世界大战期间和战后库存理论和各种模型与策略有了较大的发展。库存论的模型与以下几个要素有关:

①需求方式,即库存物资的输出方式。

②补充方式,即物资的输入方式。

③有关生产、库存、订货、缺货的费用。

④存储策略,这里可以控制的是输入方式,控制订货时间和订货数量,形成库存控制的策略。常用的策略有经济批量策略、$(\beta、S)$策略和$(\gamma、Q)$策略即订货点策略等。

(3)排队论

排队论又称为随机服务理论,是一种用于解决有大量服务过程的随机问题的理论方法。排队论研究的内容有 3 个方面:

①系统的性态,即与排队有关的数量指标的概率规律性。

②系统的优化问题。

③统计推断,根据资料合理建立模型,其目的是正确设计和有效运行各个服务系统,使之发挥最佳效益。

### 2)智能优化算法

智能优化算法又称现代优化算法,是 20 世纪 80 年代初兴起的一种优化算法。它是人们受自然界或生物界规律的启发,根据自然界或生物界的原理,模仿其规律而设计的。近几十年来,一些与经典的数学规划原理截然不同的、试图通过模拟自然生态系统机制以求解复杂优化问题的仿生智能优化算法相继被提出和研究,这方面的内容很多,如模拟退火算法、禁忌搜索算法、遗传算法、人工神经网络技术、人工免疫算法和群智能算法等。这些算法大大丰富了现代优化技术,也为那些传统优化技术难以处理的组合优化问题提供了切实可行的解决方案。以下对几种常用的智能优化算法作简要的概述。

(1)模拟退火算法(Simulated Annealing,SA)

模拟退火算法是 1983 年由 Kirk Patrick 首次提出的一种组合优化算法,它是模拟对金属进行加热处理的退火过程。由于物体的内能是随温度成比例变化的,在退火时,将金属加温至充分高,再让其徐徐冷却,加温时,金属内部粒子随温度上升变为无序状态,内能增大。而徐徐冷却时粒子渐趋有序,在每个温度都达到平衡态,最后在常温时达到基态,内能减为最小。如把组合优化的状态看作金属内部的"粒子",把目标函数看作粒子所处的能态;在算法中设一个控制参数 $T$,当 $T$ 较大时,目标函数值由低向高变化的可能性较大。随着 $T$ 的减小,这种可能性减小,这个 $T$ 就类似于"退火过程"中的温度。当 $T$ 下降到一定程度时,目标函数将收敛于极小值。该方法被广泛应用于组合优化问题,这里,热动力学内能代表多目标优化函数问题;模拟参数由具体问题而定。

(2)禁忌搜索算法(Tabu Seach,TS)

禁忌搜索算法最早由 F. Glove 提出,几乎同时 P. Hansen 也做了类似的研究。它是一个著名的智能启发搜索算法。该算法具有记忆功能,并可以系统地使用过去已有的信息,在邻域搜索,产生解决问题的新方法。禁忌占用期和准则参数由具体问题而定。它也是一种迭代搜索算法,由于它使用了记忆,在搜索过程中可以接受劣解,这使得其在搜索过程中能够跳出局部最优解,进而转向其他区域进行搜索,从而获得最优解的概率大大增加。

(3)遗传算法(Genetic Algorithm,GA)

遗传算法是一类借鉴生物界自然选择和自然遗传机制的随机化搜索算法,它是由美国密歇根大学的 J. Holland 教授于 1975 年首先提出的。遗传算法模拟生物进化的基本过程,用数码串来类比生物中的染色个体,通过选择、交叉、变异等遗传算子来仿真生物的基本进化过程,利用适应度函数来表示染色体所蕴涵问题解的质量的优劣,通过种群的不断"更新换代",从而提高每代种群的平均适应度,通过适应度函数引导种群的进化方向,并在此基础上,使得最优个体所代表的问题解逼近问题的全局最优解。GA 求解问题的基本思想是维持由一群个体组成的种群 $p(t)$($t$ 代表遗传代数),每一个体均代表问题的一个潜在解,每一个体都被评价优劣并得到其适应值。个体通过遗传算子产生新的个体,新产生的个体继续被评价优劣,从父代种群和子代种群中选择比较优秀的个体形成新的种群。在若干代以后,算法收敛到一个最优个体,该个体很可能代表着问题的最优解或次优解。

(4)人工神经网络技术(Artificial Neural Network,ANN)

人工神经网络是在对人脑组织结构和运行机制认识理解的基础之上模拟其结构和智能行为的一种工程系统。早在 20 世纪 40 年代初期,心理学家 McCulloch、数学家 Pitts 就提出了人工神经网络的第一个数学模型,从此开创了神经科学理论的研究时代。

ANN 是生物神经网络的一种模拟和近似,它从结构、实现机理和功能上模拟生物神经网络。ANN 是由大量与自然神经细胞类似的人工神经元互联而成的网络,这种由许多神经元组成的信息处理网络具有并行分布结构。每个神经元具有单一输出,并且能够与其他神经元连接。网络中存在多重输出连接方法,每种连接方法对应一个连接权系数。我们可以把 ANN 看成是以处理单元为节点,用加权有向弧(链)相互连接而成的有向图。ANN以加权值控制结点参与工作的程度,正权值相当于神经元突触受到刺激而兴奋,负权值相当于受到抑制而使神经元麻痹直到完全不工作。

ANN解决问题的方式与传统统计方法完全不同,它是模拟人脑的思维,把大量的神经元连成一个复杂的网络,利用已知样本对网络进行训练,由于人工神经网络中神经元个数众多以及整个网络存储信息容量的巨大,使得它具有很强的不确定性信息处理能力。即使输入信息不完全、不准确或模糊不清,只要输入的模式接近于训练样本,系统就能给出正确的推理结论。ANN只有当神经元对所有输入信号的综合处理结果超过某一门限值后才输出一个信号,因此ANN是一种具有高度非线性的超大规模连续时间动力学系统,它突破了传统的以线性处理为基础的数字电子计算机的局限,标志着人们智能信息处理能力和模拟人脑智能行为能力的一大飞跃。

(5)人工免疫算法(Artificial Immune Algorithm,AIA)

人工免疫算法的研究始于20世纪90年代后期,AIA模仿生物免疫系统的自适应机制和排除机体的抗原性异物机制,从而使AIA具有学习、记忆和自适应调节能力,AIA将抗原和抗体分别对应于优化问题的目标函数和可行解。把抗体和抗原的亲和力视为可行解与目标函数的匹配程度:用抗体之间的亲和力保证可行解的多样性,通过计算抗体期望生存率来促进较优抗体的遗传和变异,用记忆细胞单元保存择优后的可行解来抑制相似可行解的继续产生并加速搜索到全局最优解,同时,当相似问题再次出现时,能较快产生适应该问题的较优解甚至最优解。与GA类似,标准AIA也使用交叉和变异来对抗体解进行进化操作,并且采用信息熵的形式来保证抗体的多样性。其求解问题基本思想是首先进行问题识别并产生抗体群,初始抗体群通常是在解空间用随机的方法产生的。然后计算抗体适应值,生成免疫记忆细胞,将适应值较大的抗体作为记忆细胞加以保留。再进行抗体的选择,计算当前抗体群中适应值相近的抗体浓度,浓度高的则减小该个体的选择概率(抑制),反之,则增加该个体的选择概率(促进),以此保持群体中个体的多样性。然后进行交叉和变异操作,产生新抗体群。最后是抗体群更新,用记忆细胞中适应值高的个体代替抗体群中适应值低的个体,形成下一代抗体群。在若干代以后,算法收敛到一个最优个体。

(6)群智能算法

随着人类对生物启发式计算的研究,一些社会性动物(如蚁群、蜂群、鸟群)的自组织行为引起了科学家的广泛关注。这些社会性动物在漫长的进化过程中形成了一个共同的特点:个体的行为都很简单,但当它们一起协同工作时,却能够"突现"出非常复杂的行为特征。目前,群智能理论研究领域主要有两种算法:蚁群算法(Ant Colony Optimization,ACO)和粒子群优化算法(Particle Swarm Optimization,PSO)。

蚁群算法是受到人们对自然界中真实的蚁群集体行为研究成果的启发而提出的一

种基于蚁群的模拟进化算法,属于随机搜索算法,由意大利学者 M. Dorigo 等人于 1991 年首先提出。仿生学家经过大量细致观察研究发现,蚂蚁个体之间是通过一种称之为外激素的物质进行信息传递,从而能相互协作,完成复杂的任务。蚁群之所以表现出复杂有序的行为,个体之间的信息交流与相互协作起着重要的作用。蚂蚁在运动过程中,能够在它所经过的路径上留下该种物质,而且蚂蚁在运动过程中能够感知这种物质的存在及其强度,并以此指导自己的运动方向,蚂蚁倾向于朝着该物质强度高的方向移动。因此,由大量蚂蚁组成的蚁群的集体行为便表现出一种信息正反馈现象:某一路径上走过的蚂蚁越多,则后来者选择该路径的概率就越大。蚂蚁个体之间就是通过这种信息的交流达到搜索食物的目的。蚁群算法正是模拟了这样的优化机制,即通过个体之间的信息交流与相互协作最终找到最优解。蚁群算法常被用来求解分配问题、网络路由问题、指派问题、车间作业调度问题等,显示出了蚁群算法在求解复杂优化问题方面的优越性。

粒子群优化算法最早是由 Kenney 与 Eberhart 于 1995 年提出的。PSO 是模拟鸟群的捕食行为,让一群鸟在空间里自由飞翔觅食,每个鸟都能记住它曾经飞过最高的位置,然后就随机地靠近那个位置,不同的鸟之间可以互相交流,它们都尽量靠近整个鸟群中曾经飞过的最高点,这样,经过一段时间就可以找到近似的最高点。PSO 后来经过多次的改进,去除了原来算法中一些无关的或冗余的变量,又加入了一些随机变化的量,使得鸟群的运动更像是空间微粒的运动,所以称之为粒子群算法。PSO 求解问题的基本思想是随机产生一粒子群作为初始解,用粒子的位置表示待优化问题的解,每个粒子性能的优劣程度取决于待优化问题目标函数确定的适应值,微粒尽量靠近最优点并且有随机的变化发生,使得微粒不会停留在最优点不动,而是尽量靠近,同时保持创新性。每个微粒记录它自己的最优位置,还要记录所有微粒的最优位置,然后通过比较当前位置和两个最优位置的差别来调整速度以确定下一步的位置。每个粒子由一个速度矢量决定其飞行方向和速率大小,通过改变速度的大小和方向使随机的初始解"飞向"最优解。

#### 3)模拟仿真法

由于物流系统的复杂性,一般很难做试验,即使可以做试验,往往须耗费大量的人力、物力和时间。因此,要对其进行有效的研究,在系统设计和控制过程中,得出有说服力的结论,最重要的是要抓住作为系统对象的系统数量特性,建立系统模型。

系统仿真就是对真实系统的模仿。这种模仿是对现实系统某一层次抽象属性的模拟。物流系统仿真的目标在于建立一个既能满足用户要求的服务质量,又能使物流费用最小的物流网络系统,其中最重要的是如何能使"物流费用最小"。

模拟仿真法在物流系统优化中应用广泛，主要用于物流系统的规划与设计、仓储规模与库存管理、物料运输调度、物流成本估算等。

## 4.2.3 物流系统优化问题设计方法的比较

前面介绍了物流系统优化的3种方法，其中，前两种可以统称为解析法。

### 1)解析法的优势

解析法是将系统抽象成一种数学表达式并找到最优解，完全通过逻辑推理获得启发和借鉴的方法，它有比较悠久的发展历史，应用极为广泛，是比较成功的方法。与模拟仿真法相比，它具有以下的优势：

(1)解析法的计算精度较高

解析法是建立在数学模型的基础上的，数学模型是最抽象的模型，是系统分析中采用最多的模型。数学模型是定量化的，可以产生更高的精确度，而精确与否直接关系到优化质量的优劣。

(2)解析法耗时较少

模拟仿真活动有时要耗费大量的时间和物资，花费高昂的代价才能够取得成果，而某些物流系统活动则不能或者很难做仿真技术实验。这时，只有利用解析法进行抽象模拟，才能经济方便地取得结果。

### 2)仿真方法的优势

计算机仿真技术适用于系统复杂、有大量随机因素存在而又难以用其他定量技术解决的情况。与解析法相比，它具有以下的优点：

(1)动态的、瞬时的影响

通常所要求的信息不仅仅限于所研究系统的正态或稳态行为，例如，当对一个存储系统建模时，了解一台堆高机发生故障的影响是有帮助的。仿真就有处理这种动态或瞬时影响的能力，这种能力使得它比解析工具更加有效。

(2)随机因素

计算机仿真有利于解决随机因素的影响，系统参数受随机因素影响所发生的变化在模型中得到充分体现，这一点解析法无法比拟。解析法一般针对一种固定的约束条件或环境求解，而实际系统特别是复杂的离散事件系统，如物流系统，往往受到很多随机因素的影响。忽略随机因素的影响，用确定性模型代替随机模型研究系统，将会使分析结果产生很大的误差。

(3)非标准分布

在排队论中,多数排队模型都假设顾客的到达速率服从泊松分布以求出完美的数学解,而现实中的顾客到达速率分布多种多样,服务时间也不局限于标准的分布,因此必须对真实的分布作出近似的假设。而计算机仿真可以模拟标准分布和基于特定数据的特定分布,这样避免了不必要的简化。

(4)随机活动的交叉作用

当生产线中一台机器发生故障,这一中断会导致连锁反应。解析法很难描述这种随机事件导致的复杂的相互作用。而计算机仿真能够应对这种复杂情况并预测其影响。

总之,解析法因为常要求分析者作出极为简洁的模型假设,而这些假设经常与复杂多变的现实情况相去甚远。解析法过于拘泥于数学抽象的逻辑模型,很难获得系统的真实感受。虽然解析法可以求解最优解,却不便于进行实际的复杂系统的分析。

计算机仿真方法不依据抽象的假设,而以现实为依据,依据对实际系统观察获得的数据建立动态模型,既表达了系统的物理特性,又有逻辑特征;既反映了系统的静态特性,也放映了动态特性,它能够尽可能全面正确地描述复杂系统及过程,更贴近实际和真实。

仿真能够将决策问题的限制和假设模型化,而且对于分析上一般不容易处理的不确定性特别有效,这两大特点使得仿真成为极为灵活的管理工具。

## 4.3 物流网络优化的设计方法

物流网络是物流活动的载体,是由线与点以及它们之间相互关系所构成,物流节点是物流网络中连接物流线路的接点之处。

### 4.3.1 物流网络的组成要素

1)各种运输方式

运输方式一般包括铁路运输、公路运输、水路运输、航空运输和管道运输这5种。各种运输方式都有其自身特点和适用范围,企业应根据自身需要确定合理的运输方式。

2)物流节点

所有的物流活动都是在线路和节点上进行的,线路上进行的物流活动主要是运输,而仓储、配送、包装、装卸搬运、分货、集货、流通加工等功能要素都是在物流节点上完成的。物流网络中的节点对优化整个物流网络起着重要作用,它不仅执行一般的物流职能,而且越来越多地执行协调管理、调度、信息等职能,它是物流的中枢。

## 4.3.2 物流网络优化设计

1)影响物流网络设计的因素

①产品数量、种类;
②供应地和需求地客户的地理分布;
③每一区域的顾客对每种产品的需求量;
④运输成本和费率;
⑤运输时间、订货周期、订单满足率;
⑥仓储成本和费率;
⑦采购及制造成本;
⑧产品的运输批量;
⑨物流节点的成本;
⑩订单的频率、批量、季节波动;
⑪订单处理成本与发生这些成本的物流环节;
⑫顾客服务水平;
⑬在服务能力限制范围内设备和设施的可用性。

2)物流网络优化的设计方法

物流网络优化的目的是连接产品的生产地点与消费地点以达到以下要求:
①在适当的时间,把适当的货物以适当的数量送达适当的地方;
②当需要的时候,通过存货控制来协调生产与需求。

物流网络结构的优化主要是用计算机处理分析大量的数据,建立物流问题的数学模型,用于解决工厂或仓库的数量、规模与位置;安排所需的设施;分派产品到各仓库等问题。

常用的优化设计方法有:数学规划准确算法和启发式算法。而数学规划建立的模型，如线性规划、动态规划等，就是依赖精确的数学过程来评价各种备选方案，并得到针对具体网络优化问题的最优解。它有以下几点优势：

①在给定一整套假设条件和相关数据下，可保证得到目标函数的最优解；

②可以处理比较复杂的模型；

③在得到最优方案的同时，还可以进行方案的评价。

下面我们可以用具体的数学模型来对物流网络优化设计方法作进一步的描述。

利用运筹学中的基本理论方法，对物流的运输问题描述如下：已知有 $m$ 个生产地点 $A_i(i=1,2,\cdots,m)$，可提供原材料或产品的数量分别为 $a_i(i=1,2,\cdots,m)$；有 $n$ 个原材料或产品接受地点 $B_j$，其需求量分别为 $b_j(j=1,2,\cdots,n)$；从 $A_i$ 到 $B_j$ 的运输单价为 $c_{ij}$，从 $A_i$ 到 $B_j$ 的运量为 $x_{ij}$。由于虚拟供应链企业根据市场机遇进行结盟，按客户订单生产，可以认为发运量和接收量平衡。在这一条件下，要求得总费用最小的运输方案，可求解以下数学模型：

$$\min z = \sum_{i=1}^{m}\sum_{j=1}^{n} c_{ij}x_{ij} \tag{4.1}$$

$$\text{s.t.} \sum_{i=1}^{m} x_{ij} = b_j \quad j = 1,2,\cdots,n \tag{4.2}$$

$$\sum_{j=1}^{n} x_{ij} = a_i \quad i = 1,2,\cdots,m \tag{4.3}$$

$$x_{ij} \geqslant 0 \tag{4.4}$$

该模型可用表上作业法进行求解。

对于仓储问题可这样描述：虚拟供应链生命周期短、运作速度快，一般情况下，原材料可以及时获取，因此可以假设仓库不会出现缺货，且生产时间很短，每隔时间 $t$ 补充货物，需求量连续、均匀，需求速度为常数 $R$，那么订货必须满足 $t$ 时间的需求 $R_t$。记订货量 $Q=R_t$，定购费为 $C_3$，单位存储费用为 $C_1$，货物单价为 $K$，则订货时间 $t_0$、订货批量 $Q_0$ 和最佳费用 $C_0$ 分别为：

$$t_0 = \sqrt{2C_3/C_1R} \tag{4.5}$$

$$Q_0 = \sqrt{2C_3R/C_1} \tag{4.6}$$

$$C_0 = \sqrt{2C_1C_3R} \tag{4.7}$$

在实际生产中，还有一种情况是企业生产需要一定的时间。此时假设生产批量为 $Q$，所需生产时间为 $T$，则生产速度为 $P=Q/T$，那么订货时间 $t_0$、订货批量 $Q_0$ 和最佳费用 $C_0$ 分别为：

$$t_0 = \sqrt{2C_3P/C_1R(P-R)} \tag{4.8}$$

$$Q_0 = \sqrt{2C_3RP/C_1(P-R)} \tag{4.9}$$

$$C_0 = \sqrt{2C_1C_3R(P-R)/P} \tag{4.10}$$

如果用 $Z_{\min}$ 来表示运输数学模型的最优值，$C_{\min}$ 表示库存和运输(包括配送)总的最佳费用，则有：$C_{\min} = Z_{\min} + C_0$。

## 4.4 物流运输方案的选择与优化方法

### 4.4.1 运输在物流系统中的地位和作用

物流中"物"的空间流动，主要是靠运输完成的，并且任何一种运输过程都需要时间，所以不管是有目的的还是无目的的，运输同时也完成了部分"物"的时间流动过程。因此可以说，运输在搬运的配合下，完成了物流的大部分功能。

在物流系统中，运输是其最重要的功能，是物流的中心活动，运输的空间范围较大，可以跨城市、跨区域、跨国界。运输可以创造"空间价值"，同一"物"在不同的场所，其使用价值的实现程度不同，效益也不同，改变场所发挥物的最大使用价值，通过运输将"物"运到能够发挥其最高效用的地方，相当于通过运输提高了物的使用价值。

总而言之，物流运输提供了两大主要功能：第一功能是产品转移，运输的主要功能是产品在价值链中的来回移动；第二功能是产品储存，在运输过程中将运输车辆作为储存设施来利用。

### 4.4.2 物流运输方案的选择与优化方法

物流运输方案的选择一般包括运输方式的选择和运输路线的选择。

1)运输方式的选择与优化方法

(1)运输方式的选择

在铁路、公路、航空等运输方式都可以满足运输要求的情况下，使用何种方式最优是需要解决的一个迫切问题。运输方式的选择可通过多数运输手段的合理组合实现物流的合理化。其组合方式有很多种：铁路运输和公路运输、铁路运输和水路运输、铁路运输和航空运输、铁路运输和管道运输、公路运输与航空运输、公路运输和水路运输、公路运输和管道运输、水路运输和管道运输、水路运输和航空运输、航空运输和管道运输，这些组合并不是都实用,而其中有些可行的组合也未被采用,只有铁路运输和公路运输的组合(“驮背运输”)得到了广泛使用。公路运输和水上运输的组合(“鱼背运输”)也得到了越来越多的采用,尤其是高价值货物的国际运输中。在较小的一定范围内,公路运输与航空运输和铁路运输与水路运输的组合也是可行的。铁路运输的联运使运输人既能享受到公路运输时接送和发运的灵活性,又能获得火车在远程运输中的效率,几乎所有的航空运输都是联合运输。因为它需要由货车将货物接送和装到飞机上,然后由货车运至目的地。公路运输促使联运在一起,它以最好的方式运作,提供灵活、定期和短途的服务,使联合运输的方式更有效率,联运可以提高运输效率简化手续,方便货主,保证货物流通过程的畅通,它把分阶段的不同运输过程,联结成一个单一的整体运输过程,不仅给托运人或货运人带来了方便,而且加速了运输过程,有利于降低成本,减少货运货差的发生,提高运输质量。因此,发展联合运输是充分发展我国运输方式的优势,使之相互协调,配合,建立起运输体系的重要途径。

目前,大多数运输会涉及以上一种运输方式以上的服务,物流管理者面临的挑战就在于各种运输模式的均衡必须在整体物流系统的更大框架下完成。物流运输系统的目标是实现物品迅速完全和低成本的运输,而运输时间和运输成本则是不同运输方式相互竞争的重要条件,运输时间与成本的变化必然带来所选择的运输方式的改变,目前企业对缩短运输时间,降低运输成本的要求越来越强烈,这主要是在当今经营环境较复杂、困难的情况下,只有不断降低各方面的成本,加快商品周转,才能提高企业经营效率,实现竞争优势。缩短运输时间与降低运输成本是种此消彼长的关系,这也是物流的各项活动之间的“效益背叛”的体现。所以选择运输方式时一定要有效地协调二者的关系。实现物流过程的合理运输。即从物流系统的总体目标出发,运用系统理论和系统工程原理和方法,充分利用各种运输方式,选择合理的运输路线和运输工具,以最短的路径、最少的环节、最快的速度和最少的劳动消耗,组织好物质产品的运输活动。

(2)运输方式优化方法

运输方式优化可以是指运输方式组合优化,也可以是车辆指派问题的优化。运输方式的优化方法可以采用运筹学方法。

对于运输方式的组合优化,可以考虑的因素是成本和竞争因素。成本因素即是考虑使运输服务的成本与该运输服务水平导致的相关库存成本之间达到平衡的运输服务;竞争因素即是考虑适合顾客需要的运输服务方式,从而获得竞争优势。可以用以下例题来说明。

[**例** 4.1] 某制造商分别从两个供应商处购买了共 3 000 个零件,每个零件单价 100 元。目前这 3 000 个零件由两个供应商平均提供,如供应商缩短运输时间,则可以多得到交易份额,每缩短一天,便可以从总交易中多得 5% 的份额,即 150 个零件。供应

商从每个零件可赚得占零件价格(不包括运输费用)20%的利润。(不考虑存在运输服务供应商的竞争对手反应的情况下)。供应商A考虑,如将运输方式从铁路转到公路运输或航空运输是否有利可图?各种运输方式的运输费率和运输时间如下:

| 运输方式 | 运费率/(元·件$^{-1}$) | 运输时间/天 |
|---|---|---|
| 铁路 | 2.50 | 7 |
| 公路 | 4.00 | 4 |
| 航空 | 10.35 | 2 |

供应商A只是根据它能获得的潜在利润来对运输方式进行选择决策。

| 运输方式 | 零件销售量/个 | 毛利/元 | 运输成本核算/元 | 净利润/元 |
|---|---|---|---|---|
| 铁路 | 1 500 | 1 500×100×0.2=30 000 | 3 750 | 26 250 |
| 公路 | 1 500+150×3=1 950 | 1 950×100×0.2=39 000 | 11 700 | 27 300 |
| 航空 | 1 500+150×5=2 250 | 2 250×100×0.2=45 000 | 23 287.50 | 21 712.50 |

如果制造商对能提供更好运输服务的供应商给予更多交易份额的承诺兑现,则供应A应当选择公路运输。当然,与此同时供应商A要密切注意供应商B可能做出的竞争反应行为,评估供应商B的竞争反应行为对削弱自己可能获得的利益的影响。

在物流系统中,运输占有很大的比重,如何合理安排车辆,优化车辆分配和指派成为节省成本的一个重要因素。现给出优化选择实例如下:

[**例4.2**]　若有$n$辆不同的汽车($i=1,2,\cdots,n$),需指派前往$n$个不同的地点($j=1,2,\cdots,n$)。$i$车被派往$j$地的运送成本为$c_{ij}$。求使总成本最低的指派方案。

**解:**设$x_{ij}$为未知变量,它只有两个可取值。

$$x_{ij}=\begin{cases}1(\text{当}\ i\ \text{车派往}\ j\ \text{地})\\0(\text{当}\ i\ \text{车不派往}\ j\ \text{地})\end{cases} \tag{4.11}$$

因为一辆车只能派往一个地点,又一个地点仅需派去一辆车,所以问题表达为:求变量$x_{ij}(i=1,2,\cdots,n,j=1,2,\cdots,n)$,使$\min\sum_{i=1}^{n}\sum_{j=1}^{n}c_{ij}x_{ij}$满足:

$$\sum_{i=1}^{n}x_{ij}=1,\sum_{j=1}^{n}x_{ij}=1,x_{ij}=0\ \text{或}\ 1 \tag{4.12}$$

[**例4.3**]　一个车队共有某种型号的卡车$b_2$辆,汽油$b_1$ kg,欲完成3项运输任务。每辆卡车完成不同任务的耗油量和利润如表4.1所示。问如何分配车辆使获得的总利润最大。

表 4.1　卡车耗油量和利润

| 任　务 | Ⅰ | Ⅱ | Ⅲ |
|---|---|---|---|
| 耗油量 | $a_1$ | $a_2$ | $a_3$ |
| 利　润 | $c_1$ | $c_2$ | $c_3$ |

**解**:设分配给第 $i$ 项任务的卡车为 $x_i$ 辆。于是问题表达为:求变量 $x_i(i=1,2,3)$ 使 $\max(c_1x_1+c_2x_2+c_3x_3)$ 满足以下条件的整数。

$$\begin{cases} a_1x_1+a_2x_2+a_3x_3 \leqslant b_1 & (4.13) \\ x_1+x_2+x_3 \leqslant b_2 & (4.14) \\ x_i \geqslant 0 & (4.15) \end{cases}$$

## 2)车辆路径问题的一般描述

车辆路径问题(Vehicle Routing Problem,VRP)是运筹学与物流管理决策的一个重要问题。该问题可定义为:运输车辆从一个或多个设施到多个地理上分散的客户点,优化设计一套货物流动的运输路线,同时要满足一系列的约束条件。该问题的前提条件是设施位置、客户点位置和道路情况已知,由此确定一套车辆运输路线,以满足目标函数(通常,VRP 的目标函数是总费用最小)。基本的 VPR 数学模型可描述如下:

$$\min z = \sum_{i}^{l}\sum_{j}^{l}\sum_{k} c_{ij}x_{ijk} \tag{4.16}$$

$$\sum_{i} g_i y_{ki} \leqslant q \quad \forall k \tag{4.17}$$

$$\sum_{k} y_{ki} = 1 \quad i = 1,2,\cdots,l \tag{4.18}$$

$$\sum_{i} x_{ijk} = y_{ki} \quad i = 0,1,\cdots,l;\ \forall k \tag{4.19}$$

$$\sum_{j} x_{ijk} = y_{ki} \quad j = 0,1,\cdots,l;\ \forall k \tag{4.20}$$

$$ET_i \leqslant s_i \leqslant LT_i \quad i = 1,2,\cdots,l \tag{4.21}$$

上式中,物流中心编号为 0,车辆编号为 $k$,任务编号为 $1,2,\cdots,l$,考虑运输量约束、停车点车辆数目约束、集货和卸货时间约束等。$c_{ij}$ 表示从点 $i$ 到点 $j$ 的运输成本,$x_{ijk}$ 和 $y_{ki}$ 为变量,定义为:

$$y_{ki} = \begin{cases} 1 & \text{点 } i \text{ 的任务由车辆 } k \text{ 完成} \\ 0 & \text{否则} \end{cases} \tag{4.22}$$

$$Y_{ijk} = \begin{cases} 1 & \text{车辆 } k \text{ 从点 } i \text{ 行驶到点 } j \\ 0 & \text{否则} \end{cases} \tag{4.23}$$

$ET_i$ 和 $LT_i$ 分别为任务 $i$ 允许的最早开始时间和允许的最迟结束时间；$g_i$ 为第 $i$ 点的货运量，$q$ 为运输车辆的额定载重量。

### 3）常见的运输路线选择与优化方法

物流系统优化问题的各个子系统（比如设施定位问题、物品配送问题、运输车辆路线安排问题等）之间的相互影响越来越大，由此就产生了运输路线的优化问题，常见的运输路线优化方法如下：

（1）遗传算法

遗传算法广泛应用于物流运输路线选择优化中，特别在解决多级定位优化问题方面贡献巨大。多级定位优化问题是物流运输中较难解决的问题。该问题是这样的：资源输出点分布在一片广阔的区域内。为了使资源最经济地转运，需在该区域内分设多级中转处理站。第一级中转处理站，直接通过连接设施与一定数量的资源输出点相连，一个资源输出点只能与一个第一级中转处理站相连接；第二级中转处理站是中转第一级中转处理站资源处理的结果，一个第二级中转处理站通过连接设施与一定数量的第一级中转处理站相连，一个第一级中转处理站只能与一个第二级中转处理站相连；第三级中转处理站是中转第二级中转处理站资源处理的结果，一个第三级中转处理站通过连接设施与一定数量的第二级中转处理站相连；一个第二级中转处理站只能与一个第三级中转处理站相连。依此类推，直到第 $C$ 级中转站为止。一般，各级中转处理站的分布位置受一定空间约束条件限制。现要解决的问题是：如何确定第一，二，…，$C$ 级中转处理站的位置以及哪些资源输出点与哪些第二级中转处理站相连，哪些第二级中转处理站与哪些第三级中转处理站相连，……，哪些第 $C-1$ 中转处理站与哪些第 $C$ 级中转处理站相连，才能使整个资源中转系统最为经济。遗传算法在求解过程中，通过选择、复制、交叉、变异操作，使群体不断优化，进而获得最优解或准最优解。

（2）图论优化法

图论用于运输方案就是从图与网络的角度，对运输线路的通行能力进行分析计算，取得最大通行量、最小运输费用的优化方案。物流运输方案的选择可转化为以下 3 个关键问题：验证各路段车辆的最大通行能力（寻找最大流）；找出运输关键路段；设计最优运输方案（最小费用、最大流）。它的建模过程如下：

①模型基本假设。

a. 在物流交通网中，配送中心与接货点用节点表示，两个节点之间的道路用有向弧连接。

b. 运输费用与运输距离是非线性的。

c. 费用与路径容量可通过统计数据获得。

②问题的图论表示。设 $D=(V,A,C)$ 是由城市道路构成的网络图，其中，$V$ 表示图中所有的顶点集($v_i$)，$A$ 表示由城市道路构成的弧集为($v_i,v_j$)，$C$ 为各条道路上的容量集 $c(v_i,v_j)$ 或记为 $c_{ij}$，表示各条线路的最大通行能力。某企业从配送中心 $v_s$ 向接货点 $v_t$ 送货，运输线路如图 4.1 所示。图 4.1 中路旁第一个数字是线路的最大通行能力，用 $c_{ij}$ 表示，单位是吨；第二个数字是每吨的运费，用 $b_{ij}$ 表示，单位是百元。

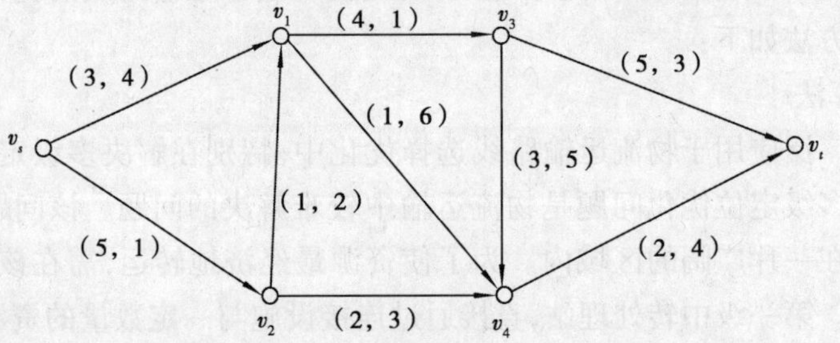


图 4.1　运输线路图

(3)精确优化方法

该方法是应用线性规划和非线性规划等数学规划技术，来求取最优决策。它把 VRP 问题直接描述成一个数学规划问题，根据其模型的特殊构形，应用一定的技术(如分解)进行分划，进而求解已被广泛研究过的子问题。

(4)禁忌搜索算法

禁忌搜索算法是一种用来求解组合优化问题的迭代启发式算法，它是一种局部邻域搜索的方法。对于 VRP 问题，实践证明该方法是比较有效的。

在应用该算法时，首先要先对禁忌对象和禁忌长度的概念作一个了解。

①禁忌对象是指禁忌表中被禁的那些局部最优解。将每次迭代得到的最好解作为禁忌对象放入禁忌表中。

②禁忌长度是指被禁对象不允许被选取的迭代步数，取禁忌长度为一个常数，其值应根据问题的规模确定。

在该算法中，解的表示方法采用客户直接排列。设 $D$ 表示物流中心或子仓库，假设有 9 个客户，随机产生一个解的客户排列为 1254679830。然后：

①确定 $D$-1-$D$ 对应的路线是否满足不大于车辆的最大载重量和最大行驶里程的限制，若满足，则转下一步。

②把该解中对应的下一个客户 2 加入到该路线中，此时 $D$-1-2-$D$，再进行判定是否满足约束条件，若仍满足，就把下一个客户 5 又加入该路线中，此时路线为 $D$-1-2-5-$D$，若到此时进行判断时，该路线已经不满足约束条件，则对应的 $D$-1-2-$D$ 是一条可行的子回路。

③继续循环地进行下一步的工作，假设最后的结果是 $D$-1-2-$D$，$D$-5-4-6-7-$D$，$D$-9-8-3-$D$，则表示该客户排列对应 3 条可行路径，即 $n=3$。

④用 3 与最大车辆数 $m$ 比较，若 $m>3$，表示该解是一个可行解，否则，则为不可行解。

(5)神经网络算法

采用神经网络来求解车辆路径问题时，一般按下列步骤进行：

①产生邻接矩阵。将车辆的源点、所经过的各个汇点和停点抽象成网络的节点，它们之间的有向路径抽象成网络的边，由此构成一个有向图 $G=(N,L,D)$，其中 $N$ 表示节点数，$L$ 表示边数，$D$ 为 $n \times n$ 矩阵，称为邻接矩阵。如果两个节点间存在路径，则邻接矩阵相应元素的值为路径的长度；如果两个节点间不存在路径，则邻接矩阵相应元素的值为∞。

②约束的处理。对于车辆路径中的约束，将其作为神经网络的一个能量项来处理，将其施加一个惩罚项后加入到网络的能量方程式中，这样随着网络的收敛，约束的能量也逐渐趋于稳态，使约束得到体现。

③神经网络计算。设邻接矩阵中的每个元素对应着一个神经元，定义位于位置 $(x,i)$ 的神经元的输出为 $V_{xi}$。首先确定网络的能量函数，该能量函数包括网络的输出能量函数和各个约束转化的能量函数：

$$E=E_5+E_1+E_2+E_3+E_4 \tag{4.24}$$

式中，$E_5$ 为距离最短目标，$E_1$ 为有效路径约束，$E_2$ 为输入输出路径约束，$E_3$ 为网络收敛约束，$E_4$ 为规定的起点终点约束。

进而，确定神经元的传递函数和状态转移方程，经过网络的反复演化，直至收敛。当网络经过演化最终收敛时，可形成一个由 0 和 1 组成的换位阵，阵中的 1 所在位置即表示所经过的节点，这些节点间的距离之和即为最短距离。

④调度方案的形成。根据换位阵所形成的最短距离，最终来确定车辆路径的方案。

(6)交互优化法

这是一种通用方法。在这种方法中，把人为的知识、经验结合到问题求解过程中去，也就是说，有经验的决策者应具有确定和修改参数的能力，并且根据知识直感，把主观的估计加到优化模型中去。

# 4.5 物流配送路线的优化

## 4.5.1 物流配送路线优化概述

配送路线优化问题是指在满足车辆容量或行驶距离的限制下,车辆由场站出发,寻找一组车辆配送路线,满足所有需求点的需求且使所有车辆的巡行距离达到最小。配送路线的选择问题是在配送中心的配送区域划分已经确定以后,对某个配送中心每次配送的要求,所制订的配送路线的选择方案。

在实际的物流配送中,一个物流企业有一定的服务范围,拥有几十个甚至几百个配送服务结点并不少见。但一次配送任务到达的结点一般较少,因为一辆车的装货量是有限的,到达十几个结点就已经是很多了。在集货和送货的过程中,希望按照这样一条线路行车,它经过所有要到达的任务结点,最后回到配送中心,同时使线路的总长最短。如果把企业服务范围内的服务结点和结点间的道路组成的网络看成数学上的一个图,这是一个连通的无向图。一次配送线路的优化就是在图中找出一条周长最短的经过所有任务结点的回路。

物流配送路线的优化对于降低企业成本,提高服务效率,增强企业竞争力等起着不可忽视的作用。

## 4.5.2 物流配送路线的优化方法

物流配送路线的优化方法很多,一般来说,用于运输路线优化的方法同样适用于物流配送路线的优化。下面介绍几种常见的方法。

1)动态规划法

物流配送的运营方式从本质上讲是运输、存转、运输、存转……循环交替的复杂的多阶段过程,故可以将该过程划分为 $N$ 个阶段,利用动态规划来求解。其物流配送路线的优化模型可建立如下:

第 $i(1\leqslant i\leqslant N)$ 个阶段可供选择的分销商有 $S_i$ 个,任意阶段 $i$ 的状态和目标状态之间的费用关系可以用费用矩阵 $M(r)$(共有 $S_i\times S_{i+1}$ 个)来表示,每个元素 $a^{k_i}(m_i,m_{i+1})$

表示阶段 $i$ 的状态 $m_i$ 和阶段 $i$ 的目标状态 $m_{i+1}$ 之间的费用消耗。规定 $a^{c_i}(t,t)(1\leqslant i<t\leqslant N)$ 表示第 $i$ 阶段目标状态的存转费。如果 $m_i$ 到 $m_{i+1}$ 没有配送路线的设计,则可认为其间的费用为 $a^{\infty}(m_i,m_{i+1})$,则物流配送优化模型为一个二元函数:$\min F=K+C$($K$ 为总运输费,$C$ 为总存转费)。

该模型的求解可转化为特殊的矩阵运算。其求解思想是:将存转费转化到运输费当中去,再利用矩阵运算进行问题的求解。

2)遗传算法

遗传算法试图通过染色体的交叉或者交换对一对解(双亲)加以改进,并且希望通过交叉可以创造出一个新的和改进了的解(子代)。交叉和变异按照一定的概率发生。因为它们的值是不确定的。最适生存者留下来繁衍后代。一条染色体被包括进子代解中去的可行性取决于它的适应值,适应值的定义与最优化的目标有关。它的算法设计步骤如下:

①初始化参数包括需求点数目、种群大小、交叉和变异概率、最大迭代代数。

②初始化代数 $g=0$,全局最佳适应值为 0。

③按照需求点的个数确定染色体编码长度,由计算机随机产生初始种群,根据种群中各个染色体的编码值,提取出种点编号和需求点编号,按照前面的分配算法分配各个需求点给种点,最后计算出该染色体的适应值。

④计算种群中的最佳适应值,如果它大于全局最佳适应值,则修改全局适应值。

⑤$g=g+1$,如果 $g$ 为步骤①中设置的最大迭代代数,转步骤⑨,否则转步骤⑥。

⑥如果满足预选择机制条件,即子代个体适应值大于父代个体适应值,则初始种群赋为子代,否则初始种群为父代。

⑦按照步骤①中设置的交叉和变异概率对初始种群的染色体进行交叉和变异。

⑧对交叉变异后产生的新种群进行统计,并计算每个个体的适应值,转步骤④。

⑨结束程序,输出全局最佳适应值及其相应的染色体编码。

下面我们用一个具体的例子来说明该算法。

[**例 4.4**] 需求点的数量为 29 个,1 个为中心点,从需求点 2 ~ 30 各点的需求量如表 4.2 所示。

**表 4.2 需求表**

| 需求点 | 2 | 3 | 4 | 5 | 6 | 7 | 8 | 9 | 10 | 11 | 12 | 13 | 14 | 15 | 16 |
|---|---|---|---|---|---|---|---|---|---|---|---|---|---|---|---|
| 需求量 | 3 | 2 | 5 | 3 | 1 | 2 | 4 | 5 | 4 | 6 | 3 | 4 | 3 | 1 | 2 |
| 需求点 | 17 | 18 | 19 | 20 | 21 | 22 | 23 | 24 | 25 | 26 | 27 | 28 | 29 | 30 | |
| 需求量 | 4 | 5 | 2 | 5 | 3 | 4 | 3 | 3 | 4 | 2 | 1 | 5 | 6 | 3 | |

**解:**本题使用计算机进行计算,交叉概率和变异概率分别为 0. 5 和 0. 2,种群数为 50,迭代次数为 1 000,分区结果如图 4. 2 所示。

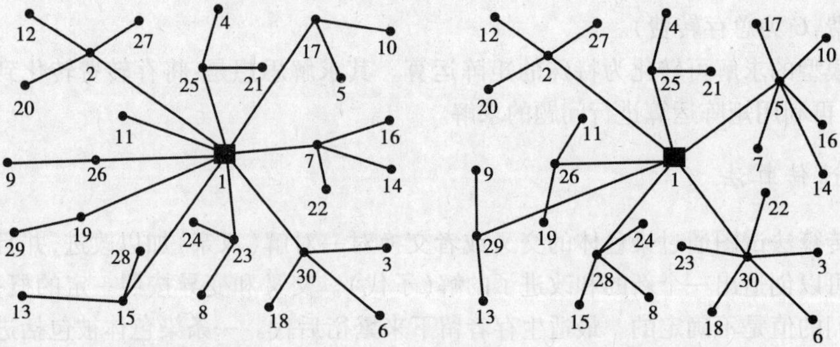


(a) 车载容量为12　　(b) 车载容量为30

图 4. 2　分区结果

从图 4. 2 可以看出,当车载容量较小时分区较多,而当车载容量增大时,因为每辆车能服务的需求点增多,所以分区数目明显减小。对于 29 个需求点有 $2^{29}$,即 536 870 912种染色体编码方案,那么运用穷举法就要进行 $2^{29}$ 次运算才能求出最优解,当需求点越来越多时用穷举法是不现实的。本试验种群为 50,迭代次数为 1 000,所以编码数为 5 000,远远小于总的编码方案,遗传算法在较短的时间内找出了比较优的分配方案,但不保证一定是最优的解决方案,要使得结果更加准确,可以通过增加迭代次数和每一代中的种群大小来扩大选择编码的范围,在更大的范围内寻找最优解。

### 3) 节约矩阵法

节约矩阵法的主要思路是:根据配送中心的运输能力及其到客户之间的距离和各客户之间的相对距离来制订使总的配送车辆数达到或接近最小的规划方案,从而找出最佳的配送路线。

根据节约法的原理,如果一个配送中心分别向 $N$ 个客户配送货物,在汽车载重能力允许的前提下每辆汽车在配送路线上经过的客户个数越多,里程节约越大,配送路线越合理。我们用一个例子来对此进行说明。

[**例 4. 5**]　某物流公司配送中心收到来自 13 个不同客户的订单,配送中心位置、客户的坐标及每个客户所定货物规模见表 4. 3,中心一共有 4 辆卡车,载重量是 200 单位,要求将不同的客户送货分配到每辆车上,并为每辆卡车设计行驶线路,以达到减少总运距的目的。

表 4.3　配送中心收到 13 个不同客户的情况表

| 客　户 | X 坐标 | Y 坐标 | 订单规模 |
|---|---|---|---|
| 配送中心 | 0 | 0 | |
| 客户 1 | 0 | 12 | 48 |
| 客户 2 | 6 | 5 | 36 |
| 客户 3 | 7 | 15 | 43 |
| 客户 4 | 9 | 12 | 92 |
| 客户 5 | 15 | 3 | 57 |
| 客户 6 | 20 | 0 | 16 |
| 客户 7 | 17 | −2 | 56 |
| 客户 8 | 7 | −4 | 30 |
| 客户 9 | 1 | −6 | 57 |
| 客户 10 | 15 | −6 | 47 |
| 客户 11 | 20 | −7 | 91 |
| 客户 12 | 7 | −9 | 55 |
| 客户 13 | 2 | −15 | 38 |

**解：**

(1)确认距离方阵

确认两点间距离，例如两点 $a(X_a, Y_a)$，$b(X_b, Y_b)$ 间距为：

$$DIST(a,b) = \sqrt{(X_a - X_b)^2 + (Y_a - Y_b)^2} \tag{4.25}$$

有时也可以用两点间的运输成本代替两点间的距离。

(2)确认节约方阵

节约 $S$ 表示的含义是将两个行程：配送中心—客户 $X$—配送中心；配送中心—客户 $Y$—配送中心合二为一，合并为配送中心—客户 $X$—客户 $Y$—配送中心，节约的距离可计算为：

$$S(X,Y) = DIST(DC,X) + DIST(DC,Y) - DIST(X,Y) \tag{4.26}$$

这里 $DC$ 是指配送中心。

(3)将客户划归不同运输线路的运输工具

这一划分过程要用到一个重复进行的程序，使节约最大化，如果两条运输线路上的运输总量不超过卡车的最大载重量，那么二者的合并是可行的，这一过程持续直到不能再合并时为止。

(4)排定线路内的送货顺序

a. 线路安排程序。改变送货顺序对交通工具的行程有显著影响,线路安排程序有最远插入法、最近插入法、最近邻距法和旋转法,以最远插入法为例说明。

寻求客户 5,10,12,13 进行送货安排,最初的行程只包括配送中心,长度为 0;纳入客户 5,长度增加 30;纳入客户 10,长度增加 32;纳入客户 12,长度增加 22;纳入客户 13,长度增加 30;运用最远插入法,首先纳入客户 10,得到一条新的路线(配送中心、客户 10、配送中心)长度为 32。下一步纳入客户 5,行程将增加 40;纳入客户 12,将增至 36,纳入 13,将增至 46,因此纳入 13,得到长度为 46 的新行程(配送中心、客户 10、客户 13、配送中心)。这时剩下客户 5 和 12 需要插入,插入客户 5,到长度为 55 的行程(配送中心、客户 5、客户 10、客户 13、配送中心)。然后客户 12 在客户 10 和 13 之间插入,得到一条新的线路(配送中心、客户 5、客户 10、客户 12、客户 13、配送中心)长度为 56。

b. 线路改进程序。线路改进程序的出发点是:通过运用线路安排得到某种行程安排,然后改进缩短这一行程的距离。改进的方法有二分法和三分法,以二分法为例说明。

这种方法从一个行程出发,并在两处将其切断,使得现有的行程一分为二,这两部分以不同的方法进行合并,测量出每一种合并方法得到新线路的长度,将较小的作为结果保存。持续这一过程,直到不再存在改进的可能。如对(配送中心、客户 12、客户 10、客户 5、客户 13、配送中心)长度为 66,可以分为两部分(客户 13、配送中心)和(客户 12、客户 10、客户 5),从而合并为(配送中心、客户 5、客户 10、客户 12、客户 13、配送中心),新的长度为 56。这就是对现存线路的一种改进,改进结果如表 4.4 所示,得到送货行程安排。

**表 4.4 送货行程安排结果**

| 卡 车 | 行 程 | 行程长度 | 每辆卡车装载量 |
|---|---|---|---|
| 1 | *DC*,2,9,*DC* | 32 | 93 |
| 2 | *DC*,1,3,4,*DC* | 39 | 183 |
| 3 | *DC*,8,11,6,7,*DC* | 49 | 193 |
| 4 | *DC*,5,10,12,13,*DC* | 56 | 197 |

## 4)图论优化方法

实际的物流配送中,一个物流企业有一定的服务范围,拥有几十个甚至几百个配送服务结点并不少见,但一次配送任务到达的结点一般较少。因为一辆车的装货量是有限的，到达十几个结点就已经是很多了。在集货和送货的过程中，希望按照这样一条线路行车，它经过所有要到达的任务结点，最后回到配送中心，同时使线路的总长最短。如果把企业服务范围内的服务结点和结点间的道路组成的网络看成数学上的一个图，这是一个连通的无向图。一次配送线路的优化就是在图中找出一条周长最短的经过所有任务结点的回路。

应用图论的 Floyd 算法，计算任意 2 个结点之间的最小费用，以矩阵 $C$ 表示，假设图中有 $n$ 个结点，则此矩阵为一个 $n \times n$ 的对称矩阵，称之为最小费用（或最短路长）矩阵，同时计算得到路径矩阵，它表示沿着矩阵中相应的路径，就可以实现任意两点之间的最小费用，这是一个 $n \times n$ 的非对称矩阵，以 $P$ 表示。求最小费用矩阵和相应的路径矩阵的算法如下：

①初始化。

$$\begin{cases} k:=0 & (4.27) \\ A^0 = [a_{ij}^{(0)}]_{n\times n} = [a_{ij}]_{n\times n} & (4.28) \\ P^0 = [p_{ij}]_{n\times n} & (4.29) \end{cases}$$

式中 $a_{ij}$ 表示结点 $V_i$ 到 $V_j$ 的费用（或距离），若 $V_i$ 到 $V_j$ 可直达，则为有限的正数，若需经过其他结点，则为 $M$，表示无穷大；$p_{ij}=I$，即 $P^0$ 的每一行的元素均为其行号。

②迭代。

$A_k$ 和 $P_k$ 表示第 $k$ 次迭代的最小费用矩阵和路径矩阵，$k:=k+1$，$A_k$ 和 $P_k$ 的第 $k$ 行和第 $k$ 列由下式分别确定：

$$\begin{cases} a_{kj}^{(k)} = a_{kj}^{(k-1)}, p_{kj}^{(k)} = p_{kj}^{(k-1)}, \quad j=1,2,\cdots,n & (4.30) \\ a_{ik}^{(k)} = a_{ik}^{(k-1)}, p_{ik}^{(k)} = p_{ik}^{(k-1)}, \quad i=1,2,\cdots,n & (4.31) \end{cases}$$

③当 $k=n$ 时，得到最小费用矩阵 $C=A^n$ 和路径矩阵 $P=P^n$，完成。若 $k<n$，转②继续。

# 4.6 供应链库存管理优化策略

## 4.6.1 供应链库存管理概述

库存的存在完全是为了防范"缺货成本"的发生。无论是为生产服务的制造业库存，或者为商业服务的商业库存，其首要的目标无一不是缺货成本。库存的存在解决了缺货成本问题,但是却引发了另一些问题。这些问题经过整个供应链的放大(所谓牛鞭效应),变得更加引人注目。

从整个供应链来看,简单地将库存看作是静态的就完全错误了,库存在很大的程度上更应该是动态的,就相当于存量,而与之相对应还有流量的概念存在。就像一个蓄水池,库存是池中的水,而相应的有流入和流出的水。所以,作为成本存在的库存,不能仅仅考虑其本身,更应该将它纳入整个成本体系中考虑。一般来说,防止缺货成本发生的同时,库存的存在也带来了资金的占用以及其机会成本的丧失(总称资金占用成本),同时也增加了存储管理成本。因此,这里就有一个悖论,当库存增加时,缺货成本发生的概率减小,而库存的资金占用成本和管理成本增加;当库存减小时,虽然库存的资金占用成本及管理成本减小,但是缺货成本的概率却增大了。

在早期,库存的管理思想只是停留在一个简单的供应链链条上。在制造企业中,一般都仅限于原材料或者半成品库存与生产车间这个链条之间,而在商业中则为商品库存到销售终端这个链条。在库存的管理中,管理者过多地关注程序与流程的科学性,控制方法和预测方法的科学性,这个时期最为著名的管理思想为"合计预测与补给,Aggregate Forecasting and Replenishment",简称"AFR"。AFR 要求客户主导其分销中心及库存的管理,是商业贸易伙伴交互作用中应用最广泛的方法,用于预测的核心数据主要来自于销售历史数据,AFR 缺乏集成的供应链计划,可能会导致高库存或低订单满足率。

随着信息交互技术和企业合作理论的发展,尤其是互联网、电子商务以及战略联盟的出现。为了更好地解决库存悖论,从供应链的上游出发,出现了 VMI(供应商管理库存,Vendor Managed Inventor,VMI)。VMI 思想更多的是应用于原材料紧缺,价格变动比较大的制造行业,以及大量的供应商为主导的零售商业当中。VMI 则要求供应商来参与管理客户的库存,供应商拥有和管理库存,下游企业只需要帮助供应商制订计划,从而下游企业实现零库存,供应商的库存也大幅度减小。VMI 方法可以避免 AFR 的一些问题,虽然有诸多优点,但却缺乏系统集成、对供应商依存度较高等问题。

目前,随着企业信息化程度的普及,以及供应链思想日益深入人心。库存管理的思想,从上游管理的 VMI 逐渐演化到了整个供应链的合成管理。在理论上,库存管理悖论和牛鞭效应的问题迎刃而解。这个时期的主要思想是"Jointly Managed Inventory,JMI 联合库存管理和 Collaborative Planning,Forecasting and Replenishment 合作计划、预测与补给管理"。库存管理的核心从生产企业和商业企业开始更贴近于消费者这个赢利中心,更加适合于供需的统一。但是需要注意的是,库存管理的难度和要求更加的大了,不容易为人控制了。

总之,供应链库存管理的目的在于:使库存经常处于合理水平,防止超储积压或不足,满足生产与销售的需要,减少资金占用,使库存总成本最低,以提高企业竞争力。

### 4.6.2 供应链库存管理存在的问题

1）牛鞭效应

在供应链的运作过程中，发现有些商品的顾客需求较稳定，变动不大，但是上游供应商往往比下游供应商维持更高的库存水平。这种越往供应链上游走，需求波动程度越大的现象，称为“牛鞭效应”。

一般情况下，零售商按照自己对顾客需求的预测向批发商订货，由于存在订货提前期，零售商在考虑平均需求的基础上，增加了一个安全库存，这样使得零售商订单的变动性比顾客需求的变动性要大。批发商接到零售商订单再向制造商订货，如果批发商不能获知顾客需求的实际数据，它只能利用零售商已发出的订单进行预测，这样批发商在零售商平均订货量的基础上，又增加了一个风险库存，由于零售商订单的变动明显大于顾客需求变动，为了满足与零售商同样的服务水平，批发商被迫持有比零售商更多的安全库存。以此类推，到制造商或供应商处波动幅度就越来越大。虽然最终产品的顾客需求较稳定，但是，零售商、批发商、制造商、供应商的订购量变动性却越来越大，造成过大的库存，增加了供应链的库存成本、使供应与需求很难匹配，没有实现供应链管理降低库存的目标。

2）忽视不确定性对库存的影响

供应链运作中存在诸多的不确定因素，如订货提前期、货物运输状况、原材料的质量、生产过程的时间、运输时间、需求的变化等。为减少不确定性对供应链的影响，首先应了解不确定性的来源和影响程度。但是，很多企业并没有认真研究和跟踪其不确定性的来源和影响，错误估计供应链中物料的流动时间（提前期），造成有的物品库存增加，而有的物品库存不足的现象。

3）库存控制策略简单化

无论是生产性企业还是物流企业，库存控制的目的都是为了保证供应链运行的连续性和应付不确定性需求。了解和跟踪不确定性状态的因素是第一步，第二步是要利用跟踪到的信息去制订相应的库存控制策略，这是一个动态的过程，因为不确定性也在不断地变化。有些供应商在交货与质量方面可靠性好，而有些则相对差些；有些物品的需求可预测性大，而有些物品的可预测性小一些，库存控制策略应能反映这种情况。

许多企业对所有的物品采用统一的库存控制策略，物品的分类没有反映供应与需求中的不确定性。在传统的库存控制策略中,多数是面向单一企业的,采用的信息基本上来自企业内部,其库存控制没有体现供应链管理的思想。因此,如何建立有效的库存控制方法、并能体现供应链管理的思想,是供应链库存管理的重要内容。

4)缺乏合作与协调性

供应链是一个整体,需要协调各方活动,才能取得最佳的运作效果。协调的目的是使满足一定服务质量的信息可以无缝地、流畅地在供应链中传递,从而使整个供应链能够根据用户的要求步调一致,形成更为合理的供需关系,适应复杂多变的市场环境。

供应链上的各个节点企业为了应付不确定性,都设有一定的安全库存,设置安全库存是企业采取的一种应急措施。问题在于,多厂商特别是全球化的供应链中,组织的协调涉及更多的利益群体,相互之间的信息透明度不高。在这样的情况下,企业不得不维持一个较高的安全库存,为此付出了较高的代价。

组织之间存在的障碍有可能使库存控制变得更为困难,因为各自都有不同的目标、绩效评价尺度、不同的仓库,也不愿意去帮助其他部门共享资源。在分布式的组织体系中,组织之间的障碍对库存集中控制的阻力更大。

## 4.6.3 供应链库存管理优化策略

在供应链上优化库存管理,是将库存管理优化由“点”向“线”突破,它需要一定的策略来对其进行控制。

1)供应商管理库存(VMI)

供应商管理库存(Vendor Managed Inventory,VMI)是一种战略伙伴之间的合作性策略,它以系统的、集成的管理思想进行库存管理,使供应链系统能够同步优化运行。在这种库存控制策略下,允许上游组织对下游组织的库存策略、订货策略进行计划和管理,在已经达成一致的目标框架下由供应商来管理库存。

VMI 思想更多的是应用于原材料紧缺,价格变动比较大的制造行业,以及大量的供应商为主导的零售商业当中。同传统的库存控制方法相比,VMI 模式主要有以下几个特点:

(1)合作性

VMI 模式的成功实施,客观上需要供应链上各企业在相互信任的基础上密切合作。其中,信任是基础,合作是保证。

(2)互利性

VMI 模式主要考虑的是如何通过合作降低双方的库存成本,而不是考虑如何就双方的成本负担进行分配的问题。

(3)互动性

VMI 模式要求各节点企业在合作时采取积极响应的态度,以快速的反应努力降低因信息不通畅所引起的库存费用过高的问题。

(4)协议性

VMI 模式的实施,要求企业在观念上达到目标一致,并明确各自的责任和义务。具体的合作事项都通过框架协议明确规定,以提高操作的可行性。

假定在一个简单的供应链环境下,供应链为供应商→批发商→零售商→消费者。企业可以从以下几个方面来进行 VMI 模式运作。

(1)基础建设

要真正实现供应商管理用户库存,必须具备以下条件:一是用户库存状态的透明化,即供应商或零售商的库存状态能随时进行跟踪调查和检查。二是业务处理的标准化,主要指订单业务处理的标准化。因此,供应商要想对其用户实施 VMI 必须进行一些有关 VMI 的技术支持建设。随着 Internet 的日益普及,供应商可借助因特网,通过高速数据专用线与 Internet 实现联网,通过路由器与自己的 Internet 相连,再由 Internet 内服务器为供应商的库存管理部门提供各种信息存取、处理等服务。另外,供应商还应通过采取条码技术和 ID 代码对自己的商品进行编码,通过获得商品的标志代码,如 EAN 或 UCC,来实现对用户商品的准确识别,以便随时跟踪和检查用户的库存状况,对用户需求作出快速反应。为了确保供应商与用户之间订单传递、处理等业务的安全可靠性,供应商可以采用统一标准的 EDI 报文,进行商品的即时数据交换。并且,为提高供应链的整体运作效率,供应商还可采用基于标准 EDIFACT 的库存报告清单来实施库存控制,以提高供应商对用户库存的监控效率。

(2)建立专门的用户管理职能部门

供应商在实施 VMI 后,为了集成用户的库存控制功能,需要把用户管理职能从传统的财务管理部门中分离出来,专门用以处理供应商与用户之间的订货业务、供应商对用户的库存控制和其他的相关业务。

(3)建立供应商与用户之间的目标框架协议

供应商应当和用户通过协商来确定库存检查周期、库存的维持水平、订货点等有关库存控制的核心问题,以及合作双方之间如何进行信息的交流和存取、订单的传递和处理等有关业务流程的问题。

(4)构建完善的销售管理系统

供应商要有效地管理用户库存,必须能快速了解市场需求动态和商品的需求信息,以便有针对性地及时进行商品补给,从而既能加快供应商响应用户需求的速度,又能减少用户的库存量。因此,供应商可以通过建立顾客档案信息库来快速掌握顾客需求的变化,增强需求预测分析的准确性,在一定程度上解决因"需求放大效应"造成的库存量过大的问题。

### 2)联合库存管理(JMI)

联合库存管理(Joint Managed Inventory,JMI)是一种基于协调中心的库存管理方法,是为了解决供应链体系中的"牛鞭效应",提高供应链的同步化程度而提出的。它能有效改善供应链系统中出现的牛鞭效应现象,减少不必要的库存,进而优化供应链的整体运作性能。JMI 强调供应链各节点企业共同参与、制订库存管理计划,各节点企业在共同的协议框架下都从相互之间的协调性考虑,使供应链各节点之间对需求的预期保持一致,从而消除了需求变异放大现象。任何相邻节点企业需求的确定都是供需双方协调的结果。如图 4.3 所示,供应链上各节点企业在供应链协调管理机制作用下,通过相应的信息系统合作沟通,并通过库存协调管理中心对供应链上的库存进行管理。

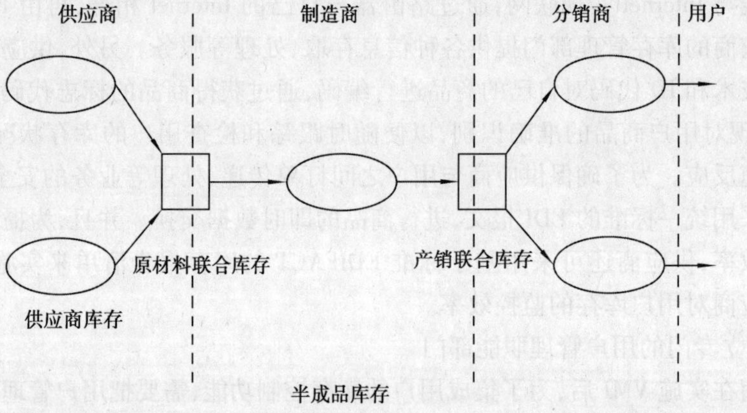


图 4.3 JMI 流程图

实施 JMI 的具体步骤如下:

(1)建立完善的协调管理机制

为了发挥联合库存管理的作用,供应链上各节点企业应沟通并制订供应链协调管理机制。供应商和分销商要充分沟通,将合作概念化并拟定框架协议。要理解供应链上各节点企业之间在市场目标中的共同点和冲突,通过协商的办法建立完善的供应链协调管理机制。

(2)建立集成的信息系统

供应链上信息的有效流通,供应链合作伙伴之间的信息共享是 JMI 得以成功实施的必要物质保障,而对供应链上合作伙伴之间原有的信息系统进行信息集成是共享信息的技术基础。传统的信息集成方案是基于传统 EDI 的数据集成方法,但这种方案的成本高昂,不适合中小企业的应用。随着 Internet 技术的发展,人们先后提出了基于传统 HTML 技术的集成方案、基于分布式技术的集成方案和基于 XML 技术的集成方案,这些信息集成方案对建立供应链上信息的有效畅通机制起到了良好的作用。供应链上各节点企业在信息系统集成时要将条码技术、扫描技术、POS 系统等企业系统集成起来,从而在供应链中建立畅通的信息沟通渠道。

(3)发挥第三方物流的作用

第三方物流作为供应链上的重要环节为实施 JMI 提供了物流保障,第三方物流的兴起使供应链上各节点企业能够快速响应客户的需求,增加了供应链的敏捷性和协调性。企业可以更加专注于自己的业务,从而提升自身的核心竞争力。供应链的整体性也因此能得到进一步的提升。

主导 JMI 的是生产企业(核心企业),目前在许多行业取得较强的应用效果。但这种模式并不是完全基于企业间的战略联盟与供应链战略,每个公司还是独立的实体,都有其计划、执行等程序,供应链企业之间进行协调成本较高,建立和维护这样的系统成本高。

### 3)协同计划、预测与补给(CPFR)

CPFR(Collaborative Planning,Forecasting and Replenishment),即协同计划、预测与补给,是供应链管理的新概念。它建立在 JMI 和 VMI 的最佳分级实践基础上,同时摒弃了 JMI 和 VMI 中的主要缺点。CPFR 是一套由企业与交易伙伴,通过分享预测相关信息,来追求供应链协同合作的方法。而通过这种方法,可以使双方的预测更为准确,并减少供应链上的库存问题,进而降低库存成本。CPFR 使得整个供应链上各方同时节约成本并提高服务水平。

CPFR 的工作原理是通过对采购商计划部门提出的目标数据进行分析,将计划需求的目标数据传递给供应商,并将供应商所能提供的产品数据及时反馈给采购商。整个工作流程将根据事先约定的合同对供需整体状况进行分析,使采购商对各种局限因素及有可能出现的材料短缺有更好的预见,同时能协助买卖双方以及价值链上各方更迅速地寻求解决相应问题的办法。

CPFR 业务可划分为协同计划、协同预测和协同补货 3 个阶段。

(1)协同计划阶段

在这个阶段要全面协议,参与各方签署协作协议,就可能发生的一系列问题指定解决框架。联合商业计划包括各项目小组对销售、库存、零售网点分布和产品类型款式在可见未来的变化作出决策。

(2)协同预测阶段

在这个阶段有销售预测协作零售商和供应商共享需求预测,比较和甄别各自预测曲线的不协调点,进而找出问题所在并修改计划,甄别不协调点并解决问题。

(3)协同补给阶段

在这个阶段包括订单生成/交货执行所谓结果数据的共享,包括销售地点、订单、运货班期、现有库存等,甄别预测准确度的偏差、库存状况以及执行过程中的问题并加以解决。

## 案例 "美的"零库存运动:VMI双向挤压供应链成本

价格大战、库存灾难、产能过剩、利润滑坡——过度竞争压力之下,除进行产品和市场创新外,挤压成本成为众多空调厂商舍此无它的存活之道。

阴晴无定的四月,历来是空调市场战云密布的季节。"价格战"正在成为所有厂家话题中的热点。一线品牌"美的"悄然出手,其出招却直指终端代理商。在广东地区,"美的"近期正在悄悄地为终端经销商安装金算盘财务进销存软件,这是"美的"日益浮出水面的"业务链前移"策略:实现"供应商管理库存(VMI)"和"管理经销商库存"中的一个步骤。

1. 零库存梦想

"美的"虽多年名列空调产业的"三甲"之位,但是不无一朝城门失守之忧。近年来,在降低市场费用、裁员、压低采购价格等方面,"美的"频繁变招,其路数始终围绕着成本与效率。在供应链这条维系着空调企业的生死线上,"美的"更是动作不断。据业内统计数据,全国厂商估计有700万台空调库存。长期以来,"美的"空调一直自认成绩不错,但是依然有最少5~7天的零部件库存和几十万台的成品库存。

在强手如云的市场中,这一数字仍然不能让"美的"熟寐。相对其他产业的优秀标杆们,这一存货水准甚至有些让其"汗颜"。例如,戴尔(DELL)等跨国公司的供应链管理就让"美的"大为心仪。在厦门设厂的戴尔,自身并没有零部件仓库和成品仓库。零部件实行供应商管理库存;成品则完全是订单式的,用户下单,戴尔就组织送货。"美的"空调的流程总监匡光政不由得叹服:"戴尔的供应链管理和物流管理世界一流。"

而实行VMI的,并不仅仅限于戴尔等国际厂商和台湾IT企业。海尔等国内家电公司已先饮头碗汤。有了戴尔的标杆和海尔的压力。“美的”在2002销售年度开始，也开始导入供应商管理库存。

对“美的”来说，较为稳定的供应商共有300多家，零配件（出口、内销产品）加起来一共有3万多种。但是，60%的供货商是在“美的”总部顺德周围，还有部分供应商是车程3天以内的地方，如广东清远一带。因此，只有15%的供应商距离“美的”较远。在这个现有的供应链之上，“美的”实现VMI的难度并不大。

针对这15%的远程供应商，“美的”在顺德总部（“美的”出口机型都在顺德生产）建立了很多仓库，然后把仓库分成很多片。运输距离长（运货时间3～5天的）的外地供应商一般都会在“美的”的这个仓库里租赁一个片区（仓库所有权归“美的”），并把零配件放到片区里面储备。

在“美的”需要用到这些零配件的时候，就会通知供应商，然后进行资金划拨、取货等工作。这时，零配件的产权才由供应商转移到“美的”手上，此前，所有的库存成本都由供应商承担。

此外，“美的”通过ORACLE的ERP与供应商建立了直接的信息平台。供应商在自己的办公地点，通过互联网的方式，登录到“美的”公司页面上，就能看到“美的”的订单内容：品种、型号、数量和交货时间等。

原来供应商与“美的”每次采购交易，要签订的协议非常多。而现在大为简化，“美的”在每年年初时确定供应商，并签下一揽子的总协议。当价格确定下来以后，“美的”就在网上发布每次的采购信息，然后由供应商确认信息，一张采购订单就已经合法化了。

实施VMI后，供应商不需要像以前一样疲于应付“美的”的订单，仅做一些适当的库存即可。“美的”有比较强的ERP系统，可以提前预告供货的情况，告诉供应商需要的品种和数量。供应商不用备很多货，一般满足3天的需求即可。

VMI以后，“美的”的零部件库存周转率在2002年上升到70～80次/年。零部件库存也由平均的5～7天存货水平，大幅降低为3天左右，而且这3天的库存也是由供应商管理并承担相应成本。

库存周转率提高后，一系列相关的财务“风向标”也随之“由阴转晴”，让“美的”“欣喜不已”：资金占用降低、资金利用效率提高、资金风险下降、库存成本直线下降。

近年来，“美的”的材料成本大幅度下降。但是，“美的”的供应链上还有相当的优化空间在等待着更多的努力——部分长线材料、10%的进口材料（主要是集成电路等），因为整个国际运货周期和订货周期都比较长，还需要“美的”自己备货：例如镀锌板就需要两个月左右的存货，有些材料甚至更长——需要6个月库存。

2. 消解分销链存货

在业务链后端的供应体系进行优化的同时,"美的"也在加紧对前端销售体系的管理渗透。

在经销商环节上,"美的"可以统计到经销商的销售信息(分公司、代理商、型号、数量、日期等)。并与经销商进行电子化的实时对账和审核,而以前是半年一次繁杂的手工对账。

在前端销售环节,宝洁等公司则成为"美的"的新"标杆"。匡光政介绍,宝洁为全国几大区域总代理都安装了软件,每一套软件据说价值不下于五六百万。这样区域经销商的销售、库存情况宝洁能了然于心,并自动做到配送,"每个地方需要多少洗发水,宝洁很清楚"。

这种管理模式启发了"美的"管理思路的新变革,匡光政认为,未来的经销商管理模式也将走向供应商管理库存。也就是说,"美的"作为经销商的供应商,为经销商管理库存。

理想的模式是,经销商不用备货了,"即使储备也只是五台十台这种概念"。经销商缺货,"美的"立刻就会自动送过去,而不需经销商提醒。经销商的库存"实际是我们自己的库存"。这种存货管理的前移,被认为是家电业服务水平和服务质量可能的发展趋势。

这样做,"美的"可以有效地削减和精准地控制销售渠道上昂贵的存货,而不是任其堵塞在渠道中,占用经销商的大量资金。但是,现有的经销商管理水平显然和"美的"的设想存在着一道"鸿沟"。很多经销商没有系统,自己的库存常常是一个月,最多一个星期统计一次。

因此,"美的"下一步要做的是订单集成和系统集成。直接掌握每个经销商每个品种的存货量,并实现网上直接下订单。这种集成有点像DRPJ(分销资源计划),但以前的DRPJ限于企业内部的物流和货源分布,现在则更体现加强与经销商的互动和信息共享。

为推动经销商的信息化,"美的"悄然在广东进行东大金算盘进销存软件的安装试点。对于有兴趣的经销商,"美的"与经销商各分担一半费用,并由"美的"协助实施。下一步重点将以大代理为主,包括供应商也有可能实施。

对于这样做是否成本很高的质疑,匡光政认为这样的方案能提高供应链的配套能力和协同能力,是值得的。他提到,库存周转率提高一次,可以直接为"美的"空调节省超过2 000万元人民币的费用。由于采取一系列措施,"美的"已经在库存上尝到了甜头,2002年度,"美的"销售量同比2001年度增长50%~60%,但成品库存降低了9万台,保证了在激烈的市场竞争下维持相当的利润。

目前,"美的"空调产品的年库存周转率大约是接近10次,低于年周转率大于10次的韩国厂商,而"美的"的短期目标是将空调成品的库存周转率再提高1.5~2次。因此,"美的"高层对挖掘周转率潜力寄予厚望。

案例分析与讨论题

从本案例可以看出,VMI实施后,产生了以下效应:

1.采购流程简化

"美的"只要在每年年初时确定供货商,并签下总协议,那么,当价格确定下来后,"美的"就在网上发布每次的采购信息,然后由供应商确认信息,一张采购订单就已经合法化了,而不需要像以往那样签订众多的协议。

2.对供应商而言,库存减少了

供应商不需要备很多货,一般满足3天的需求即可。

3.库存周转率提高

"美的"零部件库存周转率在2002年上升到70~80次/年。零部件库存也降低为3天左右。

4.财务指标好转

资金占用降低、资金利用效率提高、资金风险下降、库存成本直线下降。

5.销售渠道上的存货减少

"美的"有效地削减和精准地控制销售渠道上昂贵的存货,从而增长了销售量,降低了成品库存,保证在激烈的市场竞争下维持相当的利润。

**讨论:**1.对"美的"来说,是否所有的供应商,所有的原材料都能实现VMI管理?

2.怎样理解在实施VMI后,供应商在为"美的"管理库存,而"美的"为其经销商管理库存?

## ≫复习思考题

1.简述物流系统优化问题的分类。

2.简述物流系统优化的基本原则。

3.物流系统优化问题设计方法有哪些?它们有何异同?

4.影响物流网络优化设计的因素有哪些?常用的方法有哪些?

5.简述物流运输路线的选择与优化方法。

6.简述物流配送路线的优化方法。

7.供应链库存管理优化策略有哪些?请详述。

# 第 5 章

## 物流系统选址方法

**学习目标：**

- 简单了解物流系统选址的含义和类型
- 了解物流系统选址方法
- 掌握配送中心的选址与设计方法
- 掌握仓库系统的选址与设计方法
- 掌握物料搬运系统分析方法

## 5.1 物流系统选址问题的含义和类型

选址在整个物流系统中占有非常重要的地位,主要属于物流管理战略层的研究问题。选址决策就是确定所要分配的设施的数量、位置以及分配方案。这些设施主要指物流系统中的节点,如制造商、供应商、仓库、配送中心、零售商网点等。选址与库存、运输成本之间存在着密切联系。一个物流系统中设施的数量增多,库存及由此引起的库存成本往往会提高。所以,合并减少设施数量、扩大设施规模是降低库存成本的一个措施。

影响选址的因素可归纳为经济因素和实际因素两大类。经济因素主要是地价、设备以及其他固定资产投资等成本费用,如原材料、动力成本、运输成本、工资、利息、固定资产折旧等。实际因素是指工厂的规模,一个合理的规模能给企业带来较大的经济效益,另外就是公用设施的可供性,可供性越大单个工厂生产成本就越低。

一般而言,物流系统选址可归纳为这样 4 种类型:物流(配送)中心选址、仓库选址、货物运输路线选址、物流装备选址。下面我们将分别介绍这 4 种类型。

### 5.1.1 物流(配送)中心选址

物流(配送)中心是物流系统重要的基础设施,它不仅自身承担着多种物流功能,而且越来越多地执行指挥调度、信息处理等神经中枢的职能,它建立的好坏,直接影响整个物流系统。合理选择物流(配送)中心的建设地址,对整个物流系统的建设和运行,具有十分重要的现实意义。为了降低成本,合理利用资金,必须对物流(配送)中心进行合理详尽地规划,一般而言,物流中心的选址包含如下几个步骤:

#### 1)约束条件分析

约束条件是指系统环境中那些由于种种原因而不能改变的因素。在某种意义上讲,每一个约束条件都能使情形得以简化,因为它减少了需要进行分析的可供选择方案的数目。物流中心选址常见的约束条件有:

(1)资金条件

资金约束将会影响到区位决策,因为不同位置的土地价格差异非常大。

(2)交通运输条件

选址决策必须选择能够到达用户的运输方式,因此,要考虑用户的当前分布情况及未来分布情况、配送区域的范围,同时,还应考虑尽量将物流(配送)中心建在靠近铁路货运站、港口和公共卡车终点站运输节点,还应靠近运输业者的办公地点。

(3)能源条件

供水、供电等能源系统是物流(配送)中心赖以生存的基础,选址时能源条件将限制其选址范围。

(4)法规制度条件

地方政府对使用不同区位的土地有着各种不同的限制,物流(配送)中心只允许建在政府指定的区域范围内。

(5)经济政策条件

税收、关税等与物流(配送)中心的选址决策直接相关,一般选择将物流(配送)中心建在比较宽松的经济环境区域中。

(6)流通职能条件

商流是否与物流分开？物流(配送)中心是否也附有流通加工的职能？如果需要,从保证职工人数和通行方便出发,要不要限定物流(配送)中心的选址范围?

(7)劳动力条件

物流(配送)中心需要一批具备物流专业知识的管理人员进行管理,同时也需要一定的工人进行日常操作,因此,在选址过程中,还要考虑区域的劳动力可得性,包括工资水平、风俗习惯、人才状况等。

(8)竞争条件

竞争对手的分布将影响物流(配送)中心的选址,因此在选址过程中,应根据自身的产品或服务特征,来决定是靠近竞争对手或是远离竞争对手。

(9)其他条件

不同的物流类别,有不同的特殊需要,一些特殊商品的物流(配送)中心还受到温度、湿度、雨量等自然因素的约束。

### 2)搜集整理资料

确定物流(配送)中心的位置需要对影响其选址的相关因素进行定量、定性分析,为此,在确定物流(配送)中心位置前需要收集大量的相关数据、资料,作为选址的依据。一般调查资料包括:客户的分布状况、客户生产经营状况、产品特征、物流量、交通状况、运输费率、运输批量和频率、土地价格、物流(配送)中心的建设成本、客户对运输的时效性要求等。

3)初步筛选地址

在对所取得的上述资料进行充分的整理和分析,考虑各种因素的影响并对需求进行预测后,就可以初步确定选址范围,即确定初始候选地点。

4)定量分析

针对不同情况选用不同的模型进行计算,一般是应用数学及计算机方法对模型进行模拟,得出结果。

5)结果评价

结合市场适应性、购置土地条件、服务质量等,对计算所得结果进行评价,看其是否具有现实意义及可行性。

6)复查

分析各种影响因素对计算结果的相对影响程度,分别赋予它们一定的权重,采用加权法对计算结果进行复查,如果复查通过,则原计算结果即为最终结果,否则,则返回第3步计算,直至得到最终结果为止。

7)确定选址结果

在复查通过后,则计算所得结果即可作为最终的计算结果。但是所得解不一定为最优解,可能只是符合条件的满意解。

### 5.1.2 仓库选址

无论是上游的供应商还是生产商、第三方物流还是下游的零售商,仓库对他们来说都是必不可少的,仓库的地理位置对成本、配送效率、服务质量、安全库存、生产提前期等都会产生重要影响,因此,仓库选址问题对于原材料供应源的寻找以及改进企业市场供给等起着不可忽视的作用。

1)仓库选址的定位决策

仓库位置的合理程度对商品流转速度和流通费用产生直接的影响,并关系到企业对顾客的服务水平和服务质量,最终影响企业的销售量及利润。一旦作出仓库选址决定,再要改变,其耗费是巨大的。因此,必须充分考虑各种影响因素,进行科学的选址。

(1)物流总成本最小化

这里主要考虑的是存储成本、运输成本等。在对仓库进行选址决策时,需要根据仓库的定位综合考虑上述这两种成本。如果是产品仓库,即企业仅仅在一个仓库中持有一种产品或者一种产品组合,而几乎没有其他产品的存货,那么企业可以选择将仓库建在靠近客户源的区域,这时,企业主要考虑的是如何降低存储成本;如果是市场区域仓库,即该仓库是用来存储公司的所有产品,则这时面对的将不是单一的客户源,那么在选址决策过程中,除了考虑存储成本外,主要还需充分考察仓库离各种客户源距离的远近,综合考虑其运输成本和服务水平。

(2)物流服务最优化

这就要求企业将仓库选址决策重点从成本转移到可用性和配送绩效上。物流服务受运输线路布局影响,因此,企业必须综合考虑物流服务最小成本和最优服务,一种有效的方法就是界定最小成本服务面积,然后做出是建立一个仓库还是多个仓库的决策。

(3)物流资产配置最小化

任何企业进行仓库选址时都希望投入物流配送系统的资产量最小化。一个要保持最大灵活性的企业可以使用可变成本物流要素,比如租用公共仓库或租用外部运输资源,这种物流战略也许会比投入资本以得到规模经济的战略得到更高的总的物流成本,但是,战略的风险会比较小,并可增加总体的灵活性。

(4)利润最大化

一般企业都希望在物流系统设计中达到利润最大化。理论上,每一个仓库的服务领域是由不同距离的客户提供的最小利润所决定的。一个客户距离服务区中心越远,物流配送成本通常越高。这个成本的发生不仅仅是由于距离,还由于在仓库服务区周围客户密度较低。如果在某一个位置上,服务于周围客户的成本已是最小可接受的毛利,根据总成本,将服务领域进一步延伸就变得无利可图了。

### 2)仓库地点的选择

仓库地点的选择,是一个需要慎重决策的问题。为了比较准确地确定仓库的合理位置,首先需要对实际情况作出全面的分析,找出影响仓库位置的主要因素,然后针对这些影响因素,运用一定的数学方法加以解决。

由于仓库选址问题可看作是配送中心选址问题的一个子问题,因此,其基本步骤与配送中心的选址一样,同样需要经过约束条件分析、搜集整理资料、初步筛选地址、定量分析、结果评价、复查、确定选址结果几个环节,才能最终确定仓库的地点。

### 5.1.3 货物运输路线选址

货物运输路线的选择影响到运输设备和人员的利用,正确地确定合理的运输路线可以降低运输成本,因此运输路线的确定是运输决策的一个重要领域。下面我们逐一介绍有关货物运输路线选址的几个问题。

#### 1)运输过程的影响因素

货物配送就是利用配送车辆把下游用户或零售商订购的物品从上游制造商、生产基地、批发商、经销商或配送中心,送到下游用户的手中。物流过程涉及的费用包括包装费、搬运费、运输费、保管费及其他一些费用。但其中运输过程在整个配送过程中费用比例最高,占35% ~50%,因此,降低运输费用,提高运输效率对提高物流配送中心的效益有着重要的作用。一般而言,影响运输效率的因素以下几个方面。

(1)运输距离

运输距离的远近、运输环节的多少,对运输成本都有直接的影响。因此,通过合理选址,使运输距离最短,尽量减少运输过程中的中间环节,在靠近码头、铁路等交通网络比较发达的地方选址,可以使运输成本最低,服务最好。

(2)运输方式

不同运输方式的价格相差很大,从而影响运输成本,也就促使了企业对运输方式的比较选择。通常,航空运输最昂贵,但其运输速度也最快,水上运输是最便宜的,但其运输速度却是最慢的。

(3)运输费用

运输费用指的是商品运输过程中发生的一切费用,包括过路费、车检费、燃料费、修理费等,如果是委托物流企业运输,那么还需要考虑货物的运输价格。

#### 2)运输路线选址的注意事项

运输路线的确定会直接影响到运输效果的好坏,关系到物资能否及时运到指定地点,运输过程所占比例之大直接体现在经济费用上,因此,在运输路线的选址过程中,要尽量避免以下几种不合理现象。

(1)对流运输

对流运输是指同一商品在同一路线或平行路线上作相对方向的运输,与对方运程的全部或一部分发生重叠的运输现象,也称为“相向运输”、“交错运输”,已经制订了合理流向图的产品,一般必须按合理流向的方向运输,如果与合理流向图指定的方向相反，也属对流运输。在判断对流运输时需注意的是，有的对流运输是不很明显的隐蔽对流，例如不同时间的相向运输，从发生运输的那个时间看，并无出现对流，可能作出错误的判断，所以要注意隐蔽的对流运输。

(2)迂回运输

迂回运输是指商品运输本来可以走直线或经最短的运输路线，但却绕道而行的。这是舍近取远的一种运输。迂回运输有一定复杂性，不能简单处之，只有当计划不周、地理不熟、组织不当而发生的迂回，才属于不合理运输，如果最短距离有交通阻塞、道路情况不好或有对噪声、排气等特殊限制而不能使用时发生的迂回，不能称为不合理运输。

(3)重复运输

重复运输有两种表现形式，一种是指本可直接运达目的地的商品，却运到其他地点卸下后，再次重复装运的运输现象；另一种形式是，同品种货物在同一地点一面运进，同时又向外运出。重复运输的最大毛病是增加了非必要的中间环节，这就延缓了流通速度，增加了费用，增大了货损。

(4)过远运输

过远运输是指调运物资舍近求远，近处有资源不调而从远处调，这就造成可采取近程运输而未采取，拉长了货物运距的浪费现象。过远运输占用运力时间长、运输工具周转慢、物资占压资金时间长，远距离自然条件相差大，又易出现货损，增加了费用支出。

(5)倒流运输

倒流运输是指货物从销地或中转地向产地或起运地回流的一种运输现象。其不合理程度要甚于对流运输，其原因在于，往返两程的运输都是不必要的，形成了双程的浪费。倒流运输也可以看成是隐蔽对流的一种特殊形式。

(6)返程或起程空驶

空车无货载行驶，可以说是不合理运输的最严重形式。在实际运输组织中，有时候必须调运空车，从管理上不能将其看成不合理运输。但是，因调运不当，货源计划不周，不采用运输社会化而形成的空驶，是不合理运输的表现。

### 3)运输路线选址要达到的目标

优质的运输服务对企业的效益和信誉影响很大，具体地说，合理选择运输路线就是要达到以下几点要求。

(1)时效性

时效性是指能在用户指定的时间内交货。

(2)可靠性

可靠性指的是能将货物完好无损地送到用户手中。

(3)优质的服务态度

送货人员是代表公司形象在与用户交涉,因此,必须以最佳服务态度对待用户,从而维护公司声誉和形象。

(4)便利性

为满足用户的需要,按照用户要求的方式送货,如紧急送货等。

(5)经济性

产品质量不仅要好,而且要价格合理,因此,选择好的运输方式和运输路线,可以取得产品价格优势。

### 5.1.4 物流装备选址

物流装备是指物料搬运设备、储存设备、分拣设备、包装设备和加工设备等,这些设备是物流过程中不可缺少的工具,它们的合理布局直接影响到企业的经营效益。

#### 1)物流装备布局设计目标

物流装备设计的目标是:降低物流成本,增加物流效率及确保适时适地地运作,改善设备使用率,并提高安全性。

#### 2)影响物流装备布局设计的因素

影响物流装备设计的因素主要有以下几点:

(1)物品种类

不同的物品对物流装备的要求不同,例如,有些物品需要进行单元装卸,即将小件或散装物品集成一定重量或体积的组合件,以便利用机械进行作业的装卸方式,这就需要用托盘或包装物对它们进行一定的集中处理。

(2)实体特征

实体特征也同样决定着物流装备的布局。例如有些物品需要冷藏(海鲜),则须在仓库中设置冷冻区,并配备相应的冷冻设备。

(3)物品流量

物品流量的大小决定着物流设备的数量,物流量大,需要的物流设备较多,反之,则较少。

(4)移动距离

移动距离决定着选用怎样的物流装备,例如,距离较远的运输可能需要用传送带,而距离较近的运输只需要一般的推车。同时,如果物流距离的远近不同,对自动化的要求也有所不同。



### 3)物流装备布局设计的步骤

一般来说,物流装备布局设计应遵循以下几个步骤。

(1)描述物流作业功能需求

必须充分了解物流作业对设备的需求,如果缺乏对设备作业需求的充分说明和设备应该具备的最佳能力的描述,将会导致所选设备不匹配的后果。

(2)定义关键因素,确定备选设备

所选的设备应该是严格满足物流作业需求关键因素的设备。任何不满足关键因素的设备都不考虑。

(3)制订设备备选方案

对备选设备进行定性、定量分析确定设备选择方案,首先是确定设备的一般类型,然后再制订更详细的规格形式。选择设备时,应考虑以下几点:

①该设备是否符合业务发展需要;

②各种设备之间是否可以相辅相成;

③该设备是否适合将来的扩展;

④该设备是否有利于各作业环节的衔接;

⑤该设备是否符合将来的技术发展,设备性价比如何;

⑥现有的设备是什么类型规格的;

⑦作业有何效率指标要求;

⑧该设备能否完成其他作业。

(4)评估设备备选方案,最终确定设备

在这一过程中,主要是应用定性与定量分析相结合的方法对各设备备选方案进行评估,最终确定适合的方案,并根据作业需要,按照设备安装要求进行布局安装。

## 5.2 物流系统选址方法

选址问题是物流系统规划中的重要组成部分。常用的物流系统选址方法有:因素评分法、重心法、线性规划法、动态规划法、整数规划法、网络流技术、层次分析法、遗传算法、神经网络算法、模拟退火算法、仿真方法等。

## 5.2.1 因素评分法

因素评分法是依据分析指标与其影响因素的关系，从数量上确定各因素对分析指标影响方向和影响程度的一种方法。因素评分法既可以全面分析各因素对某一经济指标的影响，又可以单独分析某个因素对经济指标的影响。它常用于物流系统中的运输方式选择、仓库或配送中心的选址等。其一般步骤如下：

首先，列出备选方案。

其次，列出对方案选取有影响的所有因素，并赋予一定的权重(总权重 = 1)。

再次，给出每个因素的分值范围，并由专家根据分值范围对各个因素进行评分，不同方案对应的同一因素分值不一定相同。

最后，计算每个方案得分，总得分 = $\sum$(每个因素评分 × 权重)，得分最多的方案中选。

## 5.2.2 重心法

重心法是将物流系统的需求点看成是分布在某一平面范围内的物体系统，各点的需求量和资源量分别看成是物体的重量，物体系统的重心将作为物流网点最佳设置点，利用确定物体重心的方法来确定物流网点的位置。其计算公式为：

$$C_x = \sum d_{ix} V_i / \sum V_i \tag{5.1}$$

$$C_y = \sum d_{iy} V_i / \sum V_i \tag{5.2}$$

式中 $C_x$——重心的 $x$ 坐标；

$C_y$——重心的 $y$ 坐标；

$d_{ix}$——第 $i$ 个地点 $x$ 坐标；

$d_{iy}$——第 $i$ 个地点 $y$ 坐标；

$V_i$——运到第 $i$ 个地点或从第 $i$ 个地点运出的货物量。

## 5.2.3 线性规划法、动态规划法、整数规划法

线性规划法、动态规划法和整数规划法是常见的 3 种运筹学方法。在物流系统设计中，常用它们来解决诸如最优路径问题、资源分配问题、生产调度问题、库存问题、装载问题、排序问题、设备更新问题、物流节点选址问题以及生产过程最优控制问题等，尤

其在大型复杂的选址问题中应用广泛。应用运筹学处理选址问题时一般需要经过以下几个步骤：

1)规定目标和明确问题

把整个问题分解成若干子问题，确定问题的尺度、有效性度量、可控变量和不可控变量。

2)收集数据和建立模型

收集有关影响选址问题各因素的数据，对此进行定量和定性的分析，建立模型，模型反映的关系一般分为定量关系、经验关系和规范关系。

3)求解模型和优化方案

确定求解模型的具体数学方法，并进行程序设计，调试运行，最后选出最优方案。

4)模型检验和评价

检验模型在主要参数变动时是否合理，输入发生微小变化时输出变化的相对大小是否合理，模型是否容易解出，并对模型进行分析评价。

5)方案实施和不断优化

应用方案解决实际问题，并在实践过程中不断改进方案，优化方案。

线性规划法、动态规划法和整数规划法的具体模型在第2章已详细说明，这里不再赘述。

## 5.2.4 网络流技术

网络流技术是图论中的一种理论与方法，研究网络上的一类最优化问题。1955年，T. E. 哈里斯在研究铁路最大通量时首先提出在一个给定的网络上寻求两点间最大运输量的问题。1956年，L. R. 福特和 D. R. 富尔克森等人给出了解决这类问题的算法，从而建立了网络流理论。所谓网络或容量网络指的是一个连通的赋权有向图 $D=(V,E,C)$，其中 $V$ 是该图的顶点集，$E$ 是有向边(即弧)集，$C$ 是弧上的容量。此外顶点集中包括一个起点和一个终点。网络上的流就是由起点流向终点的可行流，这是定义在网络上的非负函数，它一方面受到容量的限制，另一方面除去起点和终点以外，在所有中途点要求保持流入量和流出量是平衡的。

目前网络流的理论和应用在不断发展,出现了具有增益的流、多终端流、多商品流以及网络流的分解与合成等新课题。网络流已普遍应用于物流系统节点的选址问题上。但需要注意的是,在网络分析中的选址问题一般限定设施必须位于某个结点或位于某条网线上,或者限定在若干候选地点中选择位置。

### 5.2.5 层次分析法(AHP)

层次分析法解决问题的思路是:首先,把要解决的问题分层系列化,即根据问题的性质和要达到的目标,将问题分解为不同的组成因素,按照因素之间的相互影响和隶属关系将其分层聚类组合,形成一个递阶的、有序的层次结构模型。然后,对模型中每一层次因素的相对重要性,依据人们对客观事实的判断给予定量表示,再利用数学方法确定每一层次全部因素相对重要性次序的权值。最后,通过综合计算各层因素相对重要性的权值,得到最底层(方案层)相对最高层(总目标)的相对重要性次序的组合权值,以此作为评价和选择方案的依据。应用层次分析法进行选址能够有效地提高选址的科学性和合理性,层次分析法的具体步骤见本书第2章。

### 5.2.6 遗传算法

遗传算法是在20世纪60年代提出来的,是受遗传学中自然选择和遗传机制启发而发展起来的一种搜索算法。它的基本思想是使用模拟生物和人类进化的方法求解复杂的优化问题,因而也称为模拟进化优化算法。遗传算法主要有3个算子:选择;交叉;变异。通过这3个算子,问题得到了逐步的优化,最终达到满意的优化解。

遗传算法作为一种随机搜索的、启发式的算法,具有较强的全局搜索能力,但是,往往比较容易陷入局部最优情况。因此,在研究和应用中,为避免这一缺点,遗传算法常常和其他算法结合应用,使得这一算法更具有应用价值。

### 5.2.7 神经网络算法

神经网络算法是由大量处理单元(神经元)广泛互连而成的网络,是对人脑的抽象、简化和模拟,反映人脑的基本特征。可以通过对样本训练数据的学习,形成一定的网络参数结构,从而可以对复杂的系统进行有效的模型识别。经过大量样本学习和训练的神经网络在分类和评价中,往往要比一般的分类评价方法有效。

### 5.2.8 模拟退火算法

模拟退火算法又称模拟冷却法、概率爬山法等，于1982年由Kir Patrick提出的另一种启发式的、随机优化算法。模拟退火算法的基本思想由一个初始的解出发，不断重复产生迭代解，逐步判定、舍弃，最终取得满意解的过程。模拟退火算法不但可以往好的方向发展，也可以往差的方向发展，从而使算法跳出局部最优解，达到全局最优解。

### 5.2.9 仿真方法

仿真是利用计算机来运行仿真模型，模拟时间系统的运行状态及其随时间变化的过程，并通过对仿真运行过程的观察和统计，得到被仿真系统的仿真输出参数和基本特征，以此来估计和推断实际系统的真实参数和真实性能。国内外已经不少文献将仿真的方法运用于物流系统的选址研究，研究结果相对解析方法更接近于实际的情况。

## 5.3 配送中心的选址与设计方法

配送中心是物流系统重要的基础设施，它不仅自身承担着多种物流功能，而且越来越多地执行指挥调度、信息处理等神经中枢的职能，它建立的好坏，直接影响整个物流系统。合理选择配送中心的建设地址，对整个物流系统的建设和运行，具有十分重要的现实意义。

### 5.3.1 配送中心选址概述

配送中心选址是指在一个具有若干供应点及若干需求点的经济区域内，选择一个地址设置配送中心的规划过程。

1）配送中心规划和设计原则

建立物流配送中心的根本目的在于提高物流服务水平，降低物流成本和增加物流效益。而建成的配送中心很难再做大的改动和调整，因此，在初期的规划设计时就必须认真研究和设计，遵循下述基本原则。

(1)发展的原则

规划配送中心时,无论是建筑设施的规划、机械设备的选择,还是信息管理系统的设计,都要考虑到其应变能力,以适应物流量增大、经营范围拓展的需要。在规划设计第一期工程时,应将第二期工程纳入总体规划,并充分考虑到扩建时业务量的需要。

(2)动态原则

配送中心的规划应首先详细分析本企业现状,同时对企业未来变化做出预测,然后在此基础上进行。并且要具有一定的弹性,才能在一定范围内适应数量、用户、成本等多方面的变化。

(3)投资效益原则

在市场竞争日益激烈的情况下,门店和客户对配送商品的及时性、缺货率等方面的要求会越来越高。在满足对门店或客户优质服务的同时,又必须要考虑到物流成本的问题。特别是建造物流配送中心投资费用高时,就要求必须对其建设项目进行深入的调查研究,并做出多个规划设计方案,经过比较找到一个企业效益与社会效益相结合的平衡点,争取以最少的投资取得最大的获益。

(4)低运费原则

运输费用在物流配送中心的整个中占有很大的部分,所以低运费原则在成本收益分析中至关重要。运费和运距相关,也与运量相关,综合运输距离和运量,最低运费原则就成了一个多目标规划的问题,可以通过运筹学的方法来求解。

(5)交通便利原则

配送中心的运输配送需依赖于周边的交通条件,交通便利原则的实施包含两个方面:一是要考虑现有的交通条件,二是必须同时考虑今后的交通规划;如果只考虑物流配送中心而不考虑交通条件,则会影响到物流配送中心的发展。

(6)系统工程原则

物流配送中心的工作,归纳起来可分为:进货入库作业管理、在库保管作业管理、拣选作业管理、流通加工作业管理、出库作业管理和信息系统管理。在各个作业之间协调地运转是极为重要的。做好物流量的分析与预测,把握住物流的最合理流程安排是配送中心工作的关键。

(7)软件先进、硬件适度的原则

随着现代科学技术的迅猛发展,许多先进的技术不断地应用于物流领域。要结合实际情况,合理地选择、组织和使用各种先进物流设备,充分发挥配送中心多功能、高效率的特点。根据现实状况,对于物流配送中心的建设规划,应贯彻软件先进,硬件适度的原则,即要了解国际先进水平,加强计算机系统管理和软件的先进性,而物流设施和机械设备等硬件则要结合实际情况,合理地满足物流作业要求的条件。

(8)环境保护与社会可持续发展原则

在经济发展和资源环境构成尖锐矛盾的今天,环保已经成为当今世界各国聚焦的重要话题和必须担负的共同责任。

2)影响配送中心选址的因素

有关配送中心位置的选择,将显著影响实际营运的效率与成本,以及日后仓储规模的扩充与发展。因此企业在决定配送中心设置的位置方案时,必须谨慎参考相关因素,并按适当步骤进行。一般应考虑的因素如前所述有:资金条件、交通运输条件、能源条件、法规制度条件、经济政策条件、流通职能条件、劳动力条件、竞争条件等。

## 5.3.2 配送中心选址方法

选址的方法很多,具体采用何种方法解决选址问题,决定于实际情况的各种因素的影响,有时也需要将几种方法混合使用,才能取得较好的效果。以下简要介绍一些较常用的方法。

1)因素评分法

因素评分法在常用的选址方法中是使用得最广泛的一种,它以简单易懂的模式将各种不同因素结合起来。

[例5.1] 某市要新建一个配送中心,有4个候选地址,其中影响因素有8个,其重要度如表5.1所示,求最优方案。

表5.1 配送中心影响因素权重表

| 影响因素 | 权重 | 候选方案 A | | 候选方案 B | | 候选方案 C | | 候选方案 D | |
|---|---|---|---|---|---|---|---|---|---|
| | | 评分 | 得分 | 评分 | 得分 | 评分 | 得分 | 评分 | 得分 |
| 资金条件 | 0.20 | 90 | 18.00 | 75 | 15.00 | 85 | 17.00 | 70 | 14.00 |
| 交通运输条件 | 0.15 | 95 | 14.25 | 95 | 14.25 | 95 | 14.25 | 90 | 13.50 |
| 能源条件 | 0.10 | 85 | 8.50 | 90 | 9.00 | 90 | 9.00 | 85 | 8.50 |
| 法规制度条件 | 0.15 | 60 | 9.00 | 30 | 4.50 | 80 | 12.00 | 85 | 12.75 |
| 经济政策条件 | 0.10 | 90 | 9.00 | 85 | 8.50 | 65 | 6.50 | 65 | 6.50 |
| 流通职能条件 | 0.10 | 95 | 9.50 | 65 | 6.50 | 85 | 8.50 | 65 | 6.50 |
| 劳动力条件 | 0.10 | 10 | 1.00 | 20 | 2.00 | 80 | 8.00 | 90 | 9.00 |
| 竞争条件 | 0.10 | 30 | 3.00 | 45 | 4.50 | 55 | 5.50 | 25 | 2.50 |
| 合计 | 1.00 | | 72.25 | | 64.25 | | 80.75 | | 73.25 |

如上所示,方案 C 总分最高,则为最佳方案。

2)重心法

重心法主要考虑新建设施与现有设施之间的距离。它假设运入和运出成本相等,不考虑在不满载情况下增加的特殊运输费用。

重心法是将一个坐标系重叠在地图上来确定各点的相应位置,所以首先要在坐标中标出各个地点的位置,目的在于确定各点的相对距离。在国际选址中,采用经度和纬度建立坐标,然后,求出运输成本最低的位置坐标 $X$ 和 $Y$,对照地图找出相应位置。

重心法一般用于单一设施的选址问题上。

[**例**5.2]　某配送中心每年需要从 $P_1$ 地运来铸铁,从 $P_2$ 地运来钢材,从 $P_3$ 地运来煤炭,从 $P_4$ 地运来日用百货,各地与某城市中心的距离和每年的材料运量如表 5.2 所示。请用重心法确定配送中心位置。

**表 5.2　信息表**

| 原材料供应地 | $P_1$ | $P_2$ | $P_3$ | $P_4$ |
|---|---|---|---|---|
| 距市中心坐标($X,Y$) | (20,70) | (60,60) | (20,20) | (50,20) |
| 年运输量 | 2 000 | 1 200 | 1 000 | 2 500 |

**解**:根据本章第 2 节所提供的公式计算得:

$$x_0 = (20\times 2\,000+60\times 1\,200+20\times 1\,000+50\times 2\,500)/(2\,000+1\,200+1\,000+2\,500) = 38.4$$

$$y_0 = (70\times 2\,000+60\times 1\,200+20\times 1\,000+20\times 2\,500)/(2\,000+1\,200+1\,000+2\,500) = 42.1$$

所以,分厂厂址的坐标为(38.4,42.1)

3)线性规划法

在重心法中,我们考查的是一个配送中心对多个供应点或需求点的问题,而对于多供应点对多个需求点的分配问题,则通常采用线性规划法加以研究,以同时确定多个设施的位置。

[**例**5.3]　某公司拥有两个配送中心 $F_1$ 和 $F_2$,供应 $P_1,P_2,P_3,P_4$ 这 4 个销售点,由于需求量不断增加,须再设一个配送中心。可供选择的地点是 $F_3$ 和 $F_4$,试在其中选择一个作为最佳地址,根据已有资料,分析得出各配送中心到各销售点的总费用如表 5.3所示。

表 5.3　各地供需量表

| 供应地 / 需求点 | $P_1$ | $P_2$ | $P_3$ | $P_4$ | 供应量/台 |
|---|---|---|---|---|---|
| $F_1$ | 8.00 | 7.80 | 7.70 | 7.80 | 7 000 |
| $F_2$ | 7.65 | 7.50 | 7.35 | 7.15 | 5 500 |
| $F_3$ | 7.15 | 7.05 | 7.18 | 7.65 | 12 500 |
| $F_4$ | 7.08 | 7.20 | 7.50 | 7.45 | |
| 需求量/台 | 4 000 | 8 000 | 7 000 | 6 000 | 25 000 |

**解**:若新的配送中心设在 $F_3$,则根据运输问题的解法,得供需量分配表如表 5.4 所示,全部费用至少为:

$$G = (6\,500 \times 7.70 + 5\,500 \times 7.80 + 5\,500 \times 7.15 + 4\,000 \times 7.15 + 8\,000 \times 7.05 + 500 \times 7.18)\text{万元} = 181\,865\text{ 万元}$$

若设在 $F_4$ 处,解法相同,结果如表 5.5 所示,全部费用是:

$$G = (7\,000 \times 7.70 + 5\,500 \times 7.15 + 5\,500 \times 7.15 + 4\,000 \times 7.08 + 8\,000 \times 7.20 + 500 \times 7.45)\text{万元} = 182\,870\text{ 万元}$$

表 5.4　物流中心在 $F_3$ 处的供需量分配表

| 至 / 从 | $P_1$ | $P_2$ | $P_3$ | $P_4$ | 供应量/台 |
|---|---|---|---|---|---|
| $F_1$ | [8.00] | [7.80] | [7.70] 6 500 | [7.80] 500 | 7 000 |
| $F_2$ | [7.65] | [7.50] | [7.35] | [7.15] 5 500 | 5 500 |
| $F_3$ | [7.15] 4 000 | [7.05] 8 000 | [7.18] 500 | [7.65] | 12 500 |
| 需求量/台 | 4 000 | 8 000 | 7 000 | 6 000 | 25 000 |

表 5.5　物流中心在 $F_4$ 处的供需量分配表

| 至 / 从 | $P_1$ | $P_2$ | $P_3$ | $P_4$ | 供应量/台 |
|---|---|---|---|---|---|
| $F_1$ | [8.00] | [7.80] | [7.70] 7 000 | [7.80] | 7 000 |

续表

| 从 \ 至 | $P_1$ | $P_2$ | $P_3$ | $P_4$ | 供应量/台 |
|---|---|---|---|---|---|
| $F_2$ | 7.65 | 7.50 | 7.35 | 7.15<br>5 500 | 5 500 |
| $F_4$ | 7.08<br>4 000 | 7.20<br>8 000 | 7.50<br>500 | 7.45 | 12 500 |
| 需求量/台 | 4 000 | 8 000 | 7 000 | 6 000 | 25 000 |

两方案相比,$F_4$ 的费用大于 $F_3$,故选择在 $F_3$ 设配送中心。

### 4)最短路径算法

最短路径算法是图论算法中的一种,在物流配送中心的选址中应用广泛。它包括指定顶点对之间的最短路径算法和所有顶点间的最短路径算法。在物流配送中心的选址中,常用的是所有顶点间的最短路径算法。在选择物流配送中心时,由于约束条件(指系统或系统环境中那些由于种种原因而不能改变的因素)的限制,选址的注意力只能放在特定的区域,同时运输费用与运输距离呈非线性关系。图中的顶点是固定的,表示可供选择的物流配送中心,其间连线是双向的,可以任意赋值,表示物流费用。因此,该算法相对于目前的解析法更具有实际意义。

最短路径算法的主要思想是从代表两个顶点的距离的权矩阵开始,每次插入一个顶点,比较任意两点间的已知最短路径和插入顶点作为中间顶点时可能产生的路径距离,然后取较小值以得到新的距离权矩阵。当所有的顶点均作为中间顶点时得到的最后的权矩阵就反映了所有顶点间的最短距离信息。其具体思路如下:对一个有 $n$ 个顶点的图 $G$,将顶点用 $n$ 个整数(从 1 到 $n$)进行编号。令 $d_{ij}^{m}$ 表示从顶点 $i$ 到顶点 $j$ 的一条只允许前 $m$ 个顶点作为中间顶点时的最短距离(中间顶点是指一条路径中除始点和终点外的其他顶点)。如果这样的路不存在,则 $d=\infty$。由此定义可知,$d$ 表示从顶点 $i$ 到顶点 $j$ 的边长度(如果没有这条边存在,则 $d=\infty$),$d$ 就是我们所要求解的从 $i$ 到 $j$ 的最短路径距离。

[**例** 5.4]　假设有 2 个备选配送中心,1 个供应商,2 个用户,备选点到商品供应商以及用户之间的物流费用已知,要求在 2 个备选配送中心选择一个,使其到商品供应商与用户之间的物流费用最小。第 1 个备选点与 1 个供应商、2 个用户之间构成图 5.1,第 2 个备选点与 1 个供应商、2 个用户之间构成图 5.2。

箭头表示从起点到终点的连线,连线上的数字表示从起点到终点间的物流费用,若没有连线表示两个点之间物流费用无穷大。

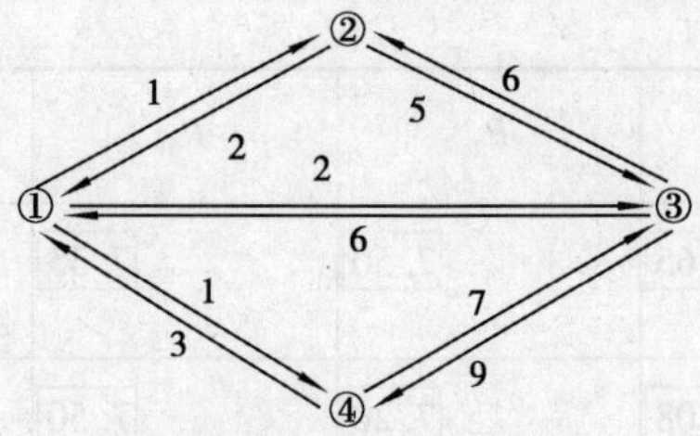


图5.1　第 1 个备选点作为①节点与其他点之间的关系

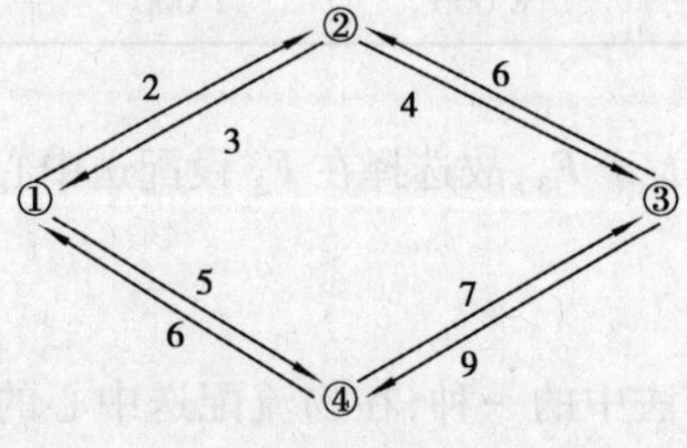


图5.2　第 2 个备选点作为①节点与其他点之间的关系

**解**：根据图 5.1 做如下计算：

第一步，确定矩阵 $D^0$，如果顶点 $i$ 与顶点 $j$ 之间有边相连，则矩阵中的元素 $d_{ij}^0$ 等于该边长度，则 $d_{ij}^0=\infty$，而 $d_{ii}^0=0$。

$$D^0=\begin{pmatrix}0 & 1 & 2 & 1\\ 2 & 0 & 5 & \infty\\ 6 & 6 & 0 & 9\\ 3 & \infty & 7 & 0\end{pmatrix}$$

第二步，利用递推公式求 $d_{ij}^m$，$m=1,2,3,4$。$d_{ij}^m=\min\{d_{im}^{m-1}+d_{mj}^{m-1},d_{ij}^{m-1}\}$。

$$D^1=\begin{Bmatrix}0 & 1 & 2 & 1\\ 2 & 0 & 4 & 3\\ 6 & 6 & 0 & 7\\ 3 & 4 & 5 & 0\end{Bmatrix},D^2=\begin{Bmatrix}0 & 1 & 2 & 1\\ 2 & 0 & 4 & 3\\ 6 & 6 & 0 & 7\\ 3 & 4 & 5 & 0\end{Bmatrix},D^3=\begin{Bmatrix}0 & 1 & 2 & 1\\ 2 & 0 & 4 & 3\\ 6 & 6 & 0 & 7\\ 3 & 4 & 5 & 0\end{Bmatrix},D^4=\begin{Bmatrix}0 & 1 & 2 & 1\\ 2 & 0 & 4 & 3\\ 6 & 6 & 0 & 7\\ 3 & 4 & 5 & 0\end{Bmatrix}$$

第三步，求 $D^4$ 的第一行的和，就得到第一个配送中心备选点到商品供应商和用户之间的物流费用之和，其总费用为 4。

根据图 5.2 做如下计算：

第一步，确定矩阵 $D^0$。

$$D^0=\begin{pmatrix}0 & 2 & \infty & 5\\ 3 & 0 & 4 & \infty\\ \infty & 6 & 0 & 9\\ 6 & \infty & 7 & 0\end{pmatrix}$$

第二步，利用递推公式求 $d_{ij}^m, m=1,2,3,4$。$d_{ij}^m=\min\{d_{im}^{m-1}+d_{mj}^{m-1}, d_{ij}^{m-1}\}$。

$$D^1=\begin{Bmatrix}0 & 2 & \infty & 5\\3 & 3 & 4 & 8\\\infty & 6 & 0 & 9\\6 & 8 & 7 & 0\end{Bmatrix}, D^2=\begin{Bmatrix}0 & 2 & 6 & 5\\3 & 3 & 4 & 8\\9 & 6 & 0 & 9\\6 & 8 & 7 & 0\end{Bmatrix}, D^3=\begin{Bmatrix}0 & 2 & 6 & 5\\3 & 3 & 4 & 8\\9 & 6 & 0 & 9\\6 & 8 & 7 & 0\end{Bmatrix}, D^4=\begin{Bmatrix}0 & 2 & 6 & 5\\3 & 3 & 4 & 8\\9 & 6 & 0 & 9\\6 & 8 & 7 & 0\end{Bmatrix}$$

第三步，求 $D^4$ 的第一行的和，就得到第二个配送中心备选点到商品供应商和用户之间的物流费用之和，其总费用为13。

比较2个备选配送中心到商品供应商和用户之间的物流费用之和，可知选择第一个备选点。

#### 5）人工神经网络

人工神经网络（Artificial Neural Networks，ANNs）也简称为神经网络（NNs），是对人脑或自然神经网络若干基本特性的抽象和模拟。人工神经网络是以对大脑的生理研究成果为基础的，其目的在于模拟大脑的某些机理与机制，实现某个方面的功能。它首先要以一定的学习准则进行学习，然后才能工作。

这里主要介绍其中的一种最常用的BP网络，BP神经网络是单向传播的多层前向神经网络，网络可分为输入层、中间层（隐含层）和输出层，其中输入和输出都只有一层，中间层可有一层或多层。下面用具体的例子来说明。

［例5.5］　某市对物流配送中心进行选址。表5.6是该物流配送中心的选址决策指标体系及评价标准。

表5.6　模糊评价矩阵

| 方　案 | 资　金 | 交通运输 | 能　源 | 法规制度 | 经济政策 | 流通职能 | 劳动力 | 竞争对手 |
|---|---|---|---|---|---|---|---|---|
| 1 | 1.00 | 1.00 | 1.00 | 1.00 | 1.00 | 1.00 | 1.00 | 1.00 |
| 2 | 0.80 | 0.87 | 0.89 | 0.82 | 0.78 | 0.80 | 0.75 | 0.33 |
| 3 | 0.67 | 0.93 | 0.22 | 0.75 | 1.00 | 0.80 | 0.49 | 0.66 |
| 4 | 0.92 | 0.80 | 0.89 | 0.92 | 0.89 | 0.80 | 1.00 | 1.00 |
| 5 | 0.87 | 0.93 | 1.00 | 1.00 | 1.00 | 1.00 | 1.00 | 0.96 |
| 6 | 0.80 | 0.72 | 0.89 | 0.82 | 0.89 | 0.80 | 0.75 | 1.00 |
| 7 | 0.67 | 0.72 | 0.67 | 0.66 | 0.67 | 0.60 | 0.49 | 0.66 |
| 8 | 0.72 | 0.80 | 0.78 | 0.75 | 0.78 | 0.80 | 0.75 | 0.66 |
| 9 | 0.60 | 0.60 | 0.56 | 0.58 | 0.56 | 0.60 | 0.49 | 0.66 |
| 10 | 0.47 | 0.47 | 0.44 | 0.41 | 0.44 | 0.40 | 0.49 | 0.35 |

解:第一步,确定选址的决策指标体系。

影响物流配送中心选址的因素很多,大体上可概括为资金(土地价格等)、交通运输条件、能源、法规制度、经济政策、流通职能、劳动力、竞争对手、其他(温度、湿度等)。

第二步,建立模糊评价矩阵。

搜集正在运营的配送中心关于预选方案指标的详细历史数据资料,确定各个指标的等级隶属度。根据以上提到的8个指标,可以确定如下评判矩阵。

其中,前5个方案是已经营运的配送中心的数据,后5个方案是备选待处理的方案。

第三步,设计神经网络模型。

合理确定网格的层数及各网络的神经元数。连接权值初始值取随机数,中间层一般取一层。中间层的单元数的选择是个复杂的问题,这要根据问题的要求、输入及输出层单元的多少来定。输入层根据实际问题所确定的影响因素来定,输出层一般为1个,作为选址方案优劣程度的评价。

本例题输入层单元数可设计为8个。中间层设计为1层,单元数设计为4个。输出层的单元数设计为1个。模型结构如图5.3所示。

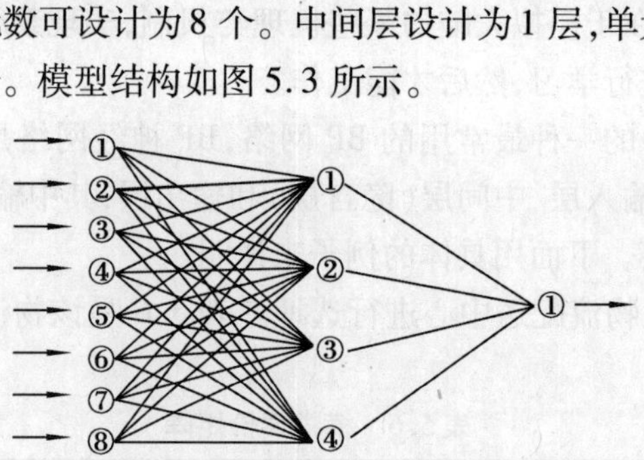


图5.3　设计的本例题的神经网络模型

第四步,训练神经网络。

根据已有方案请专家作出评价,得到评价值(教师值),即网络的期望输出。利用教师值对网络进行训练,确定网络的初始值和学习因子。学习因子在0.1~0.8之间。

请专家评价已经营运的前5个方案,给出评价值,即教师值。取学习因子为0.1,初始值取随机数,借助计算机进行训练,直到训练结果与教师值基本接近。表5.7是对每个训练方案进行了600次训练得到的结果。

由表5.7可见训练的结果和教师值相吻合,故训练得到的网络可用来进行备选方案的处理。

第五步,用经过训练的网络处理数据。

将配送中心选址决策的预选方案的指标数据输入神经网络进行处理,得到处理结果。这里只须将后5个备选方案的评价矩阵的数据输入训练完了的网络,分别得到各自的 BP 神经网络输出值。以此输出值的大小对备选方案的优劣进行排序。

表 5.7　BP 神经网络训练结果

| 神经网络训练结果 | | | 专家评价结果 | | |
|---|---|---|---|---|---|
| 方　案 | 训练结果 | 名　次 | 方　案 | 评价(教师)值 | 名　次 |
| 1 | 0.94 | 1 | 1 | 1.00 | 1 |
| 2 | 0.79 | 4 | 2 | 0.79 | 4 |
| 3 | 0.74 | 5 | 3 | 0.74 | 5 |
| 4 | 0.81 | 3 | 4 | 0.81 | 3 |
| 5 | 0.92 | 2 | 5 | 0.96 | 2 |

将备选方案的数据输入后结果如表 5.8 所示。

表 5.8　神经网络对备选方案的训练结果

| 方　案 | 训练结果 | 名　次 |
|---|---|---|
| 6 | 0.85 | 1 |
| 7 | 0.69 | 3 |
| 8 | 0.75 | 2 |
| 9 | 0.58 | 4 |
| 10 | 0.51 | 5 |

第六步,选择最佳方案。

根据表 5.8 可以看出,方案 6 是最佳的。

### 6)层次分析法

影响物流配送中心选址的因素很多,这些因素可以分为定性因素和定量因素,层次分析法是多指标综合评价的一种定性和定量相结合的系统分析方法,在目标结构复杂且缺乏必要数据的情况下更为实用,下面用一个例子来具体说明层次分析法在物流配送中心选址中的应用。

[**例 5.6**]　某地区要建立 1 个配送中心,现有 3 个备选地址(对应方案一,方案二,方案三),其层次结构如图 5.4 所示,请为该物流配送中心选择一个最佳的位置。

**解:**第一步,构造各层判断矩阵。

构造判断矩阵是层次分析法的最关键步骤,它是层次分析法工作的出发点。判断

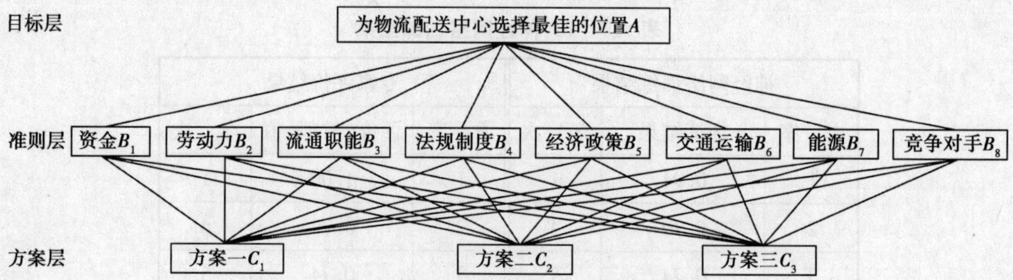


图5.4　物流配送中心选址层次结构图

矩阵的形成是将人们的主观思维定量化的过程,也是对问题进行分析的基础信息。在构造判断矩阵时,人们通常是采用美国运筹学家萨蒂提出的1-9标度法(参照第2章表2.1)。

对于本例题而言,则根据图5.4的层次结构图,构造如下判断矩阵:

表5.9　判断矩阵 $AB$

| $A$ | $B_1$ | $B_2$ | $B_3$ | $B_4$ | $B_5$ | $B_6$ | $B_7$ | $B_8$ |
|---|---|---|---|---|---|---|---|---|
| $B_1$ | 1 | 4 | 8 | 7 | 5 | 2 | 3 | 6 |
| $B_2$ | 1/4 | 1 | 5 | 4 | 2 | 1/3 | 1/2 | 3 |
| $B_3$ | 1/8 | 1/5 | 1 | 1/2 | 1/4 | 1/7 | 1/6 | 1/3 |
| $B_4$ | 1/7 | 1/4 | 2 | 1 | 1/3 | 1/6 | 1/5 | 1/2 |
| $B_5$ | 1/5 | 1/2 | 4 | 3 | 1 | 1/4 | 1/3 | 2 |
| $B_6$ | 1/2 | 3 | 7 | 6 | 4 | 1 | 2 | 5 |
| $B_7$ | 1/3 | 2 | 6 | 5 | 3 | 1/2 | 1 | 4 |
| $B_8$ | 1/6 | 1/3 | 3 | 2 | 1/2 | 1/5 | 1/4 | 1 |

表5.10　判断矩阵 $B_1C$

| $B_1$ | $C_1$ | $C_2$ | $C_3$ |
|---|---|---|---|
| $C_1$ | 1 | 3 | 5 |
| $C_2$ | 1/3 | 1 | 4 |
| $C_3$ | 1/5 | 1/4 | 1 |

表 5.11 判断矩阵 $B_2C$

| $B_2$ | $C_1$ | $C_2$ | $C_3$ |
|---|---|---|---|
| $C_1$ | 1 | 1/3 | 1/2 |
| $C_2$ | 3 | 1 | 2 |
| $C_3$ | 2 | 1/2 | 1 |

表 5.12 判断矩阵 $B_3C$

| $B_3$ | $C_1$ | $C_2$ | $C_3$ |
|---|---|---|---|
| $C_1$ | 1 | 4 | 7 |
| $C_2$ | 1/4 | 1 | 7 |
| $C_3$ | 1/7 | 1/3 | 1 |

表 5.13 判断矩阵 $B_4C$

| $B_4$ | $C_1$ | $C_2$ | $C_3$ |
|---|---|---|---|
| $C_1$ | 1 | 4 | 1/5 |
| $C_2$ | 1/4 | 1 | 1/9 |
| $C_3$ | 5 | 9 | 1 |

表 5.14 判断矩阵 $B_5C$

| $B_5$ | $C_1$ | $C_2$ | $C_3$ |
|---|---|---|---|
| $C_1$ | 1 | 1/7 | 1/3 |
| $C_2$ | 7 | 1 | 3 |
| $C_3$ | 3 | 1/3 | 1 |

表 5.15 判断矩阵 $B_6C$

| $B_6$ | $C_1$ | $C_2$ | $C_3$ |
|---|---|---|---|
| $C_1$ | 1 | 1/4 | 2 |
| $C_2$ | 4 | 1 | 5 |
| $C_3$ | 1/2 | 1/5 | 1 |

表 5.16　判断矩阵 $B_7C$

| $B_7$ | $C_1$ | $C_2$ | $C_3$ |
|---|---|---|---|
| $C_1$ | 1 | 1/3 | 1/4 |
| $C_2$ | 3 | 1 | 1/2 |
| $C_3$ | 4 | 2 | 1 |

表 5.17　判断矩阵 $B_8C$

| $B_8$ | $C_1$ | $C_2$ | $C_3$ |
|---|---|---|---|
| $C_1$ | 1 | 1/5 | 3 |
| $C_2$ | 5 | 1 | 7 |
| $C_3$ | 1/3 | 1/7 | 1 |

第二步,计算各判断矩阵的单排序及一致性检验指标。

首先计算判断矩阵 $AB$ 的特征向量、最大特征根,并进行一致性检验。

计算判断矩阵 $AB$ 各行元素的乘积 $M_i$,并求其 $n$ 次方根,则得如下向量:

$\overline{W}=[\overline{W}_1,\overline{W}_2,\cdots,\overline{W}_8]^T=[3.764,1.223,0.266,0.376,0.818,2.662,1.819,0.549]^T$,对其归一化得特征向量 $W=[W_1,W_2,\cdots,W_8]^T=[0.33,0.11,0.02,0.03,0.07,0.23,0.16,0.05]^T$。

$$AW=AB\cdot W=[AW_1,AW_2,\cdots,AW_8]^T \tag{5.3}$$

$$=\begin{pmatrix} 1 & 4 & 8 & 7 & 5 & 2 & 3 & 6 \\ 1/4 & 1 & 5 & 4 & 2 & 1/3 & 1/2 & 3 \\ 1/8 & 1/5 & 1 & 1/2 & 1/4 & 1/7 & 1/6 & 1/3 \\ 1/7 & 1/4 & 2 & 1 & 1/3 & 1/6 & 1/5 & 1/2 \\ 1/5 & 1/2 & 4 & 3 & 1 & 1/4 & 1/3 & 2 \\ 1/2 & 3 & 7 & 6 & 4 & 1 & 2 & 5 \\ 1/3 & 2 & 6 & 5 & 3 & 1/2 & 1 & 4 \\ 1/6 & 1/3 & 3 & 2 & 1/2 & 1/5 & 1/4 & 1 \end{pmatrix}\begin{pmatrix} 0.33 \\ 0.11 \\ 0.02 \\ 0.03 \\ 0.07 \\ 0.23 \\ 0.16 \\ 0.05 \end{pmatrix}=\begin{pmatrix} 2.73 \\ 0.86 \\ 0.192 \\ 0.263 \\ 0.572 \\ 1.895 \\ 1.285 \\ 0.383 \end{pmatrix}$$

则判断矩阵最大特征根 $\lambda_{max}=\sum\limits_{i=1}^{8}(AW)_i/nW_i=2.73/(8\times 0.33)+\cdots+0.383/(8\times 0.05)=8.32$。

一致性检验有 $CI=(\lambda_{max}-n)/(n-1)=(8.32-8)/7=0.046$,再由第 2 章表 2.2 查得 $RI=1.41$,则得 $CR=CI/RI=0.046/1.41=0.033<0.1$,则认为该判断矩阵具有满意的一致性。

同理可得判断矩阵 $B_1C$ 的特征向量 $W = [0.63, 0.28, 0.09]$，$\lambda_{max} = 3.09$，$CI = 0.045$，$RI = 0.58$，$CR = 0.078 < 0.1$；

判断矩阵 $B_2C$ 的特征向量 $W = [0.16, 0.54, 0.30]$，$\lambda_{max} = 3.01$，$CI = 0.005$，$RI = 0.58$，$CR = 0.009 < 0.1$；

判断矩阵 $B_3C$ 的特征向量 $W = [0.71, 0.21, 0.08]$，$\lambda_{max} = 3.03$，$CI = 0.015$，$RI = 0.58$，$CR = 0.026 < 0.1$；

判断矩阵 $B_4C$ 的特征向量 $W = [0.20, 0.06, 0.74]$，$\lambda_{max} = 3.07$，$CI = 0.035$，$RI = 0.58$，$CR = 0.06 < 0.1$；

判断矩阵 $B_5C$ 的特征向量 $W = [0.09, 0.67, 0.24]$，$\lambda_{max} = 3.02$，$CI = 0.01$，$RI = 0.58$，$CR = 0.017 < 0.1$；

判断矩阵 $B_6C$ 的特征向量 $W = [0.20, 0.68, 0.12]$，$\lambda_{max} = 3.04$，$CI = 0.02$，$RI = 0.58$，$CR = 0.034 < 0.1$；

判断矩阵 $B_7C$ 的特征向量 $W = [0.12, 0.32, 0.56]$，$\lambda_{max} = 3.02$，$CI = 0.01$，$RI = 0.58$，$CR = 0.017 < 0.1$；

判断矩阵 $B_8C$ 的特征向量 $W = [0.19, 0.73, 0.08]$，$\lambda_{max} = 3.07$，$CI = 0.035$，$RI = 0.58$，$CR = 0.06 < 0.1$。

因此，以上各判断矩阵都具有满意的一致性。

第三步，层次总排序，并进行一致性检验。

表 5.18 层次总排序

| $C_i$ \ $B_j$ | $B_1$ | $B_2$ | $B_3$ | $B_4$ | $B_5$ | $B_6$ | $B_7$ | $B_8$ | 层次 $C$ 总排序权重 |
|---|---|---|---|---|---|---|---|---|---|
| | $a_1$ | $a_2$ | $a_3$ | $a_4$ | $a_5$ | $a_6$ | $a_7$ | $a_8$ | |
| $C_1$ | $b_{11}$ | $b_{12}$ | $b_{13}$ | $b_{14}$ | $b_{15}$ | $b_{16}$ | $b_{17}$ | $b_{18}$ | $\sum_{j=1}^{8} a_j b_{1j}$ |
| $C_2$ | $B_{21}$ | $B_{22}$ | $B_{23}$ | $B_{24}$ | $B_{25}$ | $B_{26}$ | $B_{27}$ | $B_{28}$ | $\sum_{j=1}^{8} a_j b_{2j}$ |
| $C_3$ | $b_{31}$ | $b_{32}$ | $b_{33}$ | $b_{34}$ | $b_{35}$ | $b_{36}$ | $b_{37}$ | $b_{38}$ | $\sum_{j=1}^{8} a_j b_{3j}$ |

| $C_i$ \ $B_j$ | $B_1$ | $B_2$ | $B_3$ | $B_4$ | $B_5$ | $B_6$ | $B_7$ | $B_8$ | 层次 $C$ 总排序权重 |
|---|---|---|---|---|---|---|---|---|---|
| | 0.33 | 0.11 | 0.02 | 0.03 | 0.07 | 0.23 | 0.16 | 0.05 | |
| $C_1$ | 0.63 | 0.16 | 0.71 | 0.20 | 0.09 | 0.20 | 0.12 | 0.19 | 0.326 7 |
| $C_2$ | 0.28 | 0.54 | 0.21 | 0.06 | 0.67 | 0.68 | 0.32 | 0.73 | 0.448 8 |
| $C_3$ | 0.09 | 0.30 | 0.08 | 0.74 | 0.24 | 0.12 | 0.56 | 0.08 | 0.224 5 |

一致性检验 $CR = \sum_{j=1}^{8} a_j CI_j / \sum_{j=1}^{8} a_j RI_j = 0.025\,4/0.58 = 0.044 < 0.1$，则认为总排序结果一致性是满意的。

由表5.18可以看出，方案二的权重最大，为最佳方案。

7）遗传算法

遗传算法是一种启发式算法，适用于解决大规模布局点的多配送中心选址问题。它的主要步骤是：

（1）编码

遗传算法在进行搜索之前先将解空间的解数据表示成遗传空间的基因型串结构数据，这些串结构数据的不同组合便构成了不同的点。

（2）初始群体的生成

随机产生 $n$ 个初始串结构数据，每个串结构数据称为一个个体，$n$ 个个体构成了一个群体。遗传算法以这 $n$ 个串结构数据作为初始点开始迭代。

（3）适应性值评估检测

适应性函数表明个体或解的优劣性。不同的问题，适应性函数的定义方式也不同。

（4）选择

选择的目的是为了从当前群体中选出优良的个体，使它们有机会作为父代为下一代繁殖子孙。遗传算法通过选择过程体现这一思想，进行选择的原则是适应性强的个体为下一代贡献一个或多个后代的概率大。选择实现了达尔文的适者生存原则。

（5）交换

交换操作是遗传算法中最主要的遗传操作。通过交换操作可以得到新一代个体，新个体组合了其父辈个体的特性。交换体现了信息交换的思想。

（6）变异

变异首先在群体中随机选择一个个体，对于选中的个体以一定的概率随机地改变串结构数据中某个串的值。同生物界一样，遗传算法中变异发生的概率很低，通常取值在0.001~0.01。变异为新个体的产生提供了机会。

通过以下例子来深入了解该算法在物流配送中心选址中的应用。

［**例**5.7］　设有两个供应基地，用户大概分布在8个区域，初步规划要设立3处配送中心，即 $P=3$，现有5处配送中心候选地 $D_1,D_2,D_3,D_4$ 和 $D_5$。已知配送中心的单位可变成本依次为8,12,11,11,10,10，$\theta=1$，固定成本投资均为120，各供货基地的供货能力和用户的需求量、供应基地到配送中心和配送中心到用户的单位运费的具体数据见表5.19和表5.20。

表 5.19　各供货基地到配送中心的单位运费及供货能力

| 供应基地 | 供应能力 | 到配送中心的运费 | | | | |
|---|---|---|---|---|---|---|
| | | $D_1$ | $D_2$ | $D_3$ | $D_4$ | $D_5$ |
| $S_1$ | 40 | 7 | 7 | 8 | 12 | 11 |
| $S_2$ | 50 | 14 | 12 | 9 | 6 | 8 |

表 5.20　各配送中心到用户的单位运费及用户需求量

| 配送中心 | 最大容量 | 到需求城市的单位运费 | | | | | | | |
|---|---|---|---|---|---|---|---|---|---|
| | | $U_1$ | $U_2$ | $U_3$ | $U_4$ | $U_5$ | $U_6$ | $U_7$ | $U_8$ |
| $D_1$ | 30 | 5 | 11 | 3 | 8 | 5 | 10 | 11 | 11 |
| $D_2$ | 20 | 14 | 16 | 8 | 9 | 4 | 7 | 4 | 4 |
| $D_3$ | 35 | 10 | 11 | 3 | 5 | 1 | 5 | 9 | 5 |
| $D_4$ | 35 | 15 | 13 | 9 | 6 | 7 | 2 | 10 | 2 |
| $D_5$ | 25 | 9 | 7 | 3 | 2 | 6 | 5 | 12 | 8 |
| 需求量 | — | 10 | 10 | 10 | 15 | 5 | 15 | 10 | 15 |

以 Matlab7.0 为平台，在 Sheffield 大学开发的遗传算法工具箱基础之上，设计了相关基于基因位的遗传算子和适值函数，各项参数设置如下：最大迭代世代数 max_gen = 300，种群规模 pop_size = 50，杂交概率 $P_c = 0.5$，变异概率 $P_m = 0.1$。$D_1$，$D_4$ 和 $D_5$ 被选择，最优配送方案见表 5.21 和表 5.22，总成本为 2 220。

表 5.21　由供应基地到配送中心的调运方案

| 供应基地 | 供应能力 | 配送中心 | | |
|---|---|---|---|---|
| | | $D_1$ | $D_4$ | $D_5$ |
| $S_1$ | 40 | 30 | — | 10 |
| $S_2$ | 50 | — | 35 | 15 |
| 最大容量 | — | 30 | 35 | 25 |

表 5.22　由配送中心到用户的配送方案

| 配送中心 | 最大容量 | 用户 | | | | | | | |
|---|---|---|---|---|---|---|---|---|---|
| | | $U_1$ | $U_2$ | $U_3$ | $U_4$ | $U_5$ | $U_6$ | $U_7$ | $U_8$ |
| $D_1$ | 30 | 10 | — | 10 | — | 5 | — | 5 | — |
| $D_4$ | 35 | — | — | — | — | — | 15 | 5 | 15 |
| $D_5$ | 25 | — | 10 | — | 15 | — | — | — | — |
| 需求量 | — | 10 | 10 | 10 | 15 | 5 | 15 | 10 | 15 |

## 5.3.3　配送中心设计

### 1)配送中心的功能划分

配送中心按功能划分,可分为以下 4 种类型:

(1)储存型配送中心

这种类型的配送中心有很强的储存功能。一般而言,在买方市场下,企业成品销售需要有较大库存支持,其配送中心可能有较强的储存功能;在卖方市场下,企业原材料、零部件供应需要有较大的库存支持,这种供应配送中心也有较强的储存功能。大范围配送的配送中心,需要有较大库存,也可能是储存型配送中心。

(2)流通型配送中心

这种类型的配送中心基本上没有长期储存功能,仅以暂存或随进随出方式进行配货、送货的配送中心。这种配送中心的典型方式是,大量货物整进并按一定批量零出,采用大型分货机,进货时直接进入分货机传送带,分送到各用户货位或直接分送到配送汽车上,货物在配送中心里仅做稍许停留。

(3)加工型配送中心

这种类型的配送中心以加工产品为主,因此,在其配送作业流程中,储存作业和加工作业居主导地位。由于流通加工多为单品种、大批量产品的加工作业,并且是按照用户的要求安排的,因此,对于加工型的配送中心,虽然进货量比较大,但是分类、分拣工作量并不太大。此外,因为加工的产品品种较少,一般都不单独设立拣选、配货等环节。通常,加工好的产品可直接运到按用户户头划定的货位区内,并且要进行包装、配货。

(4)供应型配送中心

供应型配送中心是指专门为某个或某些用户组织供应的配送中心。例如,为大型连锁超级市场组织供应的配送中心;代替零件加工厂送货的零件配送中心。

### 2)配送中心的规模设计

对物流配送中心的功能进行分析,根据市场总容量、发展趋势以及该领域竞争对手的状况,确定目标份额,而决定该部分的规模。规模设定中应该注意两方面的问题:第一是要充分了解社会经济发展的大趋势,地区、全国乃至世界经济发展的预测,国际贸易发展状况。因为物流配送中心的设计不是短期行为,预测范围必须包含中、长期内容。第二是要充分了解竞争对手的状况,它们目前的生产能力、占有市场份额、经营特点、发展规划等。因为市场总容量是相对固定的,不能正确地分析竞争形势就不能正确地估计出自身能占有的市场份额。

在对各功能项进行逐个分析的基础上,再突出重点,统一协调,对物流中心的总体规模进行决策。规模设计和实施步骤没有必然的关系,可以一步到位,也可以分步实施,这要根据资金、市场等具体条件决定。

### 3)配送中心的内部布局设计

配送中心的内部布局设计,首先要求具有与装卸、搬运、保管等商品活动相适应的作业性质和功能。还要满足易于管理,提高经济效益,对作业量的变化和商品形状变化能灵活适应等要求。因此,配送中心的设计应满足以下3个基本原理。

(1)设计标准

配送中心的设计标准体现了实际的物流设施特征和储存商品的运动。在设计过程中要考虑的3个因素分别为:设施中的楼层数、利用高度和商品流程。

理想的配送中心设计应该是单一楼层,这样就不必将储存的商品上下搬动,因为利用电梯将储存的商品从一个楼层搬到另一个楼层费时费力。此外,由于有许多搬运设备都会竞相使用数量有限的电梯,而使电梯成为商品搬运流程中的一个瓶颈。

另外,不管配送中心的规模如何,配送中心设计应该利用每一层楼最大允许使用的高度,最大限度地利有效的立体空间。尽管现代的自动化多层仓库设施可以利用的有效高度达100英尺(1英尺=0.3048米),但大多数的高度一般在20~30英尺。通过使用高层货架,将商品放到建筑物的最高限度,但是配送中心的最大有效高度受到叉车升降机之类的材料搬运设备的安全升降能力的限制以及由架空的喷水系统强制实施的防火安全规章的限制。

配送中心在考虑商品流程时,不论是否存放货物,都应该使商品能够直接在整个配送中心流动。这种要求意味着配送作业应在建筑的一端接收商品,将其存放在中间,然后在另一端装运。一般而言,直线式的流程可以使配送中心的拥挤和混乱降低到最低程度。

(2)搬运技术

配送中心设计的第二条原理致力于搬运技术的效果与效率上。该原理的基本构成要素与移动连续性和移动规模经济有关。

移动连续性意味着用一辆搬运机或一部搬运设备进行更长时间的移动比用几辆搬运机对同样的移动做多次单独的、短距离的分割移动效率要高。因为,在搬运机之间交换商品,或者将商品从一个设备转移到另一个设备上去,将会浪费作业时间和增加货物损坏的可能性。因此,在配送中心首选的是次数少但移动距离长的移动。

移动规模经济是指所有的仓库活动要尽可能搬运和移动最大的数量。配送中心活动应旨在移动诸如托盘或集装箱之类的成组货物,而不是移动单票货物。这种成组或成批的货物移动意味着可能要在同一时间里移动或选择多种商品。尽管这种做法因必须考虑多种商品而可能增加单票货物移动的复杂性,但使用这种原理可以减少大量的活动,并因此降低储存成本。

(3)积载计划

根据第三条原理,配送中心设计应考虑商品特征,尤其是有关商品的流量、重量和积载因素。在确定仓库的积载计划时,主要关心的问题是商品流量。一般说来,销售量高的或吞吐量大的商品应该放在对它们进行移动时距离最短的位置,例如在主通道附近或堆存量低的装货架上。这种位置可以使移动时距离最短和所需的升降的高度最小,相反,低流量的商品可以安排在离主通道较远的位置上或在货架的更高层。

4)配送中心的设施规划与设计

配送中心的设施是保证配送中心正常运作的必要条件,设施规划是配送中心规划与设计中的重要工作。

(1)目的

在预定的区域内合理地布置好各功能块相对位置是非常重要的。合理布置的目的是:

①有效地利用空间、设备、人员和能源。

②最大限度地减少物料搬运。

③简化作业流程。

④缩短生产周期。

⑤力求投资最低。

⑥为职工提供方便、舒适、安全和卫生的工作环境。

据资料介绍,在制造企业的总成本中用于物料搬运的占20%~50%,如果合理地进行设施规划可以降低10%~30%。物流中心是大批物资集散的场所,物料搬运是最中心的作业活动,合理设施规划的经济效果将更为显著。

(2)软硬件设备系统的规划与设计

一般来说,软硬件设备系统的水平常常被看成是配送中心先进性的标志,因而为了追求先进性就要配备高度机械化、自动化的设备,在投资方面带来很大的负担。但是,以欧洲物流界为代表,对先进性定义的理解有不同的侧重。他们认为"先进性"就是合理配备,能以较简单的设备、较少的投资,实现预定的功能就是先进。也就是强调先进的思想、先进的方法,从功能方面来看,设备的机械化、自动化程度不是衡量先进性的最主要因素。

根据我国的实际状况,对于配送中心的建设,比较一致的共识是贯彻软件先行、硬件适度的原则。也就是说,计算机管理信息系统、管理与控制软件的开发,要瞄准国际先进水平;而机械设备等硬件设施则要根据我国资金不足、人工费用便宜、空间利用要求不严格等特点,在满足作业要求的前提下,更多选用一般机械化、半机械化的装备。

## 5.4 仓库系统的选址与设计

### 5.4.1 仓库与配送中心的区别

仓库是针对设施而言的词汇,配送中心是针对功能而言的词汇。仓库储存所有的物品,配送中心仅仅储存尽可能低的库存水平的高需求物品;仓库通过接收、储存、运输和分拣4个循环环节来处理大部分物品,配送中心则在接收和运输两个环节内处理物品;仓库所进行的活动附加值低,而配送中心具有高附加值,包括有可能的最终装配;仓库成批地收集信息数据,配送中心则实时地收集信息数据;仓库主要是在达到运输要求时实现运营成本最小化,而配送中心则主要是在达到客户要求时实现利润最大化。

仓库与配送中心的差异也体现在对储存活动的重视程度和货物储存时间的长短上。储存型仓库内的大部分空间用于半永久性或长期存储,相反,配送中心的绝大部分空间则只是暂时储存货物,注重的是使物品流动更快、更流畅。

保管仓库以提高商品的保管效率为目标,而配送中心设计的主要着眼点却放在如何提高拣货和分货等的效率上。如果把过去的仓库比喻为"蓄水池"的话,配送中心则可以比喻成"编组站"。当然,很多仓库的运作是两者兼而有之,只是程度不同而已,很难将两者完全独立分开。

## 5.4.2 仓库系统选址

仓库位置的合理程度对商品流转速度和流通费用产生直接的影响,并关系到企业对顾客的服务水平和服务质量,最终影响企业的销售量及利润。一旦作出仓库选址决定,再要改变,其耗费是巨大的。因此,必须充分考虑各种影响因素,进行科学的选址。

1)影响仓库选址的因素

(1)运输条件

运输距离的远近、运输环节的多少和运输手段的不同,对运输成本都有直接的影响。因此,通过合理选址,使运输距离最短,尽量减少运输过程中的中间环节,在靠近码头、铁路等交通网络比较发达的地方选址,可以使运输成本最低,服务最好。

(2)原材料供应

将仓库地址定位在原材料附近,不仅能够保证原材料的供应安全,而且能够降低运输费用,减少时间延迟,获得较低的采购价格。

(3)用工条件

仓库作业需要一定素质的人才,在不同的地区,劳动力的供给数量和供给质量是不同的,劳动力的生产效率也不一样。此外,不同地区的劳工工资水平也不尽相同,这些都是仓库选址决策时需要考虑的问题。

(4)建筑和用地条件

不同的仓库选址方案,对土地的征用、建筑条件等方面的要求不同,从而可能导致不同的成本开支,一般来说,在仓库选址过程中,应当尽量避免农业用地和环保用地。

(5)自然条件

主要指是否可能设置仓库,有无特殊的阻碍其建设的天文、地质、气候等自然条件。根据仓库对地基的一般技术要求,应选择地质坚实、平坦、干燥、承载力较高的地基。

(6)客户条件

首先要考虑客户的地理分布,其次也要考虑客户需要、人们的购买力水平及未来是否发生变化等情况。

(7)水电供应条件

仓库应选择靠近水源、电源的地方,保证方便和可靠的水电供应。

(8)法规制度条件

是否符合当地法律规定,当地的税收制度如何等。

### 2)仓库选址常用的方法

用于配送中心选址的方法同样也可以应用于仓库的选址,这里主要介绍以下两种方法。

(1)多重心法

该方法需确定要建立多少个仓库和每个仓库服务的市场范围,利用重心法为各个仓库确定最优选址,通过对仓库数量各种可能的选择进行考察,选出其中成本最小的方案。

[**例 5.8**] 已知 4 个区域市场 $M_1(3,3)$,$M_2(6,8)$,$M_3(11,9)$,$M_4(9,5)$,各市场的供货任务分别为 20 000 件、50 000 件、60 000 件和 30 000 件。现需要设置一些中转仓库,已知仓库到各市场的运输费率为 0.08 元/件 · 千米,每修建一个仓库每年需承担的固定成本(如折旧等)为 100 000 元,仓库的平均维持成本为 $500\,000n^{0.5}$ 元,其中 $n$ 为仓库的个数。假设产品由国外进口,无论中转仓库建在目标市场中的什么位置,产品从生产厂到仓库之间的运输费用都大致相等,因此这部分费用在求解时不予考虑。

**解:**仓库的个数最少为 1 个,最多为 4 个(分别建在每个市场中心)。对于每一种可能的仓库个数决策,分别用重心法求出最优选择,并计算物流总成本,然后从中选出总成本最小的方案。

以修建 3 个仓库为例。由于每个市场只能由某一个仓库供货,因此将 4 个市场的供货任务分配给 3 个仓库,共有 6 种可能的搭配方式。针对每一种搭配方式,利用重心法求出仓库的选址,其中运输总成本最低的方案就是 3 个仓库的最优选址决策方案。结果如表 5.23 所示。

**表 5.23 供货任务分配方案选择与运输成本比较**

| 方　案 | 供货任务分配 | | | 最小运输总成本 |
|---|---|---|---|---|
| | 仓库 1 | 仓库 2 | 仓库 3 | |
| 1 | $M_1,M_2$ | $M_3$ | $M_4$ | 932 953 |
| 2 | $M_1,M_3$ | $M_2$ | $M_4$ | 1 600 001 |
| 3 | $M_1,M_4$ | $M_2$ | $M_3$ | 1 011 931 |
| 4 | $M_2,M_3$ | $M_1$ | $M_4$ | 2 039 615 |
| 5 | $M_2,M_4$ | $M_1$ | $M_3$ | 1 018 235 |
| 6 | $M_3,M_2$ | $M_1$ | $M_2$ | 1 073 314 |

对仓库个数 $n=1,2,3,4$ 的情况,分别求出最优选址方案,见表 5.24。

表 5.24 供货任务最优配置条件下仓库个数与物流成本比较

| 仓库的个数 | 1 | 2 | 3 | 4 |
| --- | --- | --- | --- | --- |
| 供货任务最优配置 | $M_1,M_2,M_3,M_4$ | $M_1,M_2,M_3,M_4$ | $M_1,M_2,M_3,M_4$ | $M_1,M_2,M_3,M_4$ |
| 运输总成本最小时的仓库坐标 $(X,Y)$ | (8.09,7.44) | (6,8)<br>(11,9) | (6,8)<br>(11,9)<br>(9,5) | (3,3)<br>(6,8)<br>(11,9)<br>(9,5) |
| 运输总成本 | 4 156 042 | 1 951 193 | 932 953 | 0 |
| 库存维持费用 | 500 000 | 707 107 | 866 025 | 1 000 000 |
| 总固定成本 | 1 000 000 | 2 000 000 | 3 000 000 | 4 000 000 |
| 物流总成本 | 5 656 042 | 4 658 300 | 4 798 978 | 5 000 000 |

结论：修建两个仓库，仓库1(6,8)服务市场$M_1,M_2,M_4$，仓库2(11,9)服务市场$M_3$。

(2)混合——整数线性规划法

它是解决物流网络设计问题常用的数学方法。运用这种方法进行仓库选址，决策目标是在物流网络中确定仓库的数量、容量和位置，使得产品的物流总成本最小。假设$F$为网点布局方案的总成本，根据网点布局的概念，应使总成本最低，于是有目标函数：

$$\min F = \sum_{i=1}^{m}\sum_{j=1}^{n} c_{ij}X_{ij} + \sum_{j=1}^{n}\sum_{k=1}^{q} d_{jk}Y_{jk} + \sum_{i=1}^{m}\sum_{k=1}^{q} e_{ik}Z_{ik} + \sum_{j=1}^{n}\left(V_jU_j + W_j\sum_{i=1}^{m}X_{ij}\right) \tag{5.4}$$

在这个模型中，各个资源点调出的物资总量不大于该资源点的生产、供应能力，各个用户调运进来的物资总量不小于它的需求量，则有如下的约束条件存在：

$$\sum_{j=1}^{n} X_{ij} + \sum_{k=1}^{q} Z_{ik} \leqslant S_i \quad i = 1,2,\cdots,m \tag{5.5}$$

$$\sum_{j=1}^{n} Y_{jk} + \sum_{i=1}^{m} Z_{ik} \geqslant D_k \quad k = 1,2,\cdots,q \tag{5.6}$$

对于一个物流网点，由于它既不能生产物资，也不消耗物资，因此，每个物流网点调进的物资总量应等于调出物资的总量，即有如下的约束条件存在：

$$\sum_{i=1}^{m} X_{ij} = \sum_{k=1}^{q} Y_{jk} \quad j = 1,2,\cdots,n \tag{5.7}$$

此外，网点布局经过优化求解后的结果，可能有的备选地址被选中，而另外的一些被淘汰。被淘汰的备选网点，经过它中转的物资数量为零。这一条件可由下面的约束条件满足：$\sum_{i=1}^{m} X_{ij} - MU_j \leqslant 0 \quad j = 1,2,\cdots,n$ (5.8)

$$U_j = \begin{cases} 1 & j\text{点被选中} \\ 0 & j\text{点被淘汰} \end{cases} \tag{5.9}$$

$$X_{ij}, Y_{jk}, Z_{ik} \geqslant 0 \quad i = 1,2,\cdots,m; j = 1,2,\cdots,n; k = 1,2,\cdots,q \tag{5.10}$$

式中 $S_i$——资源点 $i$ 的产品供应量；

$D_k$——客户 $k$ 的产品需求量；

$X_{ij}$——从资源点 $i$ 到备选网点 $j$ 的货物量；

$Y_{jk}$——从备选网点 $j$ 到客户 $k$ 的货物量；

$Z_{jk}$——客户 $k$ 从资源点 $i$ 直达进货的数量；

$U_j$——备选网点 $j$ 是否选中的决策变量(0—1 变量)；

$c_{ij}$——备选网点 $j$ 从资源点 $i$ 进货的单位物资进货费率；

$d_{jk}$——备选网点 $j$ 向客户 $k$ 供货的单位物资发送费率；

$e_{ik}$——客户 $k$ 从资源点 $i$ 直接进货的单位物资进货费率；

$W_j$——备选网点 $j$ 每单位货物通过量的变动费(如仓库管理或加工费等,与规模相关)；

$V_j$——备选网点 $j$ 选中后的基建投资费用(固定费,规模无关的费用)；

$M$——是一个相当大的正数。

［例 5.9］ 某公司在全国有 3 个工厂 $F_1, F_2$ 和 $F_3$, 3 个工厂向全国 10 个地区供应产品,现计划在 6 个候选地 $D_1, D_2, \cdots, D_6$ 建成品中转仓库,问选择哪几个候选地使得总成本最小。在此,要考虑规模经济量,即运输费用与商品通过量呈非线性关系。已知条件如表 5.25,表 5.26 和表 5.27 所示。

**表 5.25 工厂到中转仓库候选地的单位运输成本($C_{ij}$)**

| 候选地 / 工厂 | $D_1$ | $D_2$ | $D_3$ | $D_4$ | $D_5$ | $D_6$ | 供应量 |
|---|---|---|---|---|---|---|---|
| $F_1$ | 7 | 12 | 15 | 28 | 20 | 30 | 100 |
| $F_2$ | 22 | 16 | 9 | 20 | 30 | 10 | 200 |
| $F_3$ | 10 | 30 | 12 | 30 | 25 | 20 | 100 |

**表 5.26 中转仓库候选地变动费($W_j Z_j^{\alpha}$)**

| 候选地 | $D_1$ | $D_2$ | $D_3$ | $D_4$ | $D_5$ | $D_6$ |
|---|---|---|---|---|---|---|
| 变动费 | $400Z_1^{\alpha}$ | $400Z_2^{\alpha}$ | $400Z_3^{\alpha}$ | $400Z_4^{\alpha}$ | $400Z_5^{\alpha}$ | $400Z_6^{\alpha}$ |

表 5.27　中转仓库候选地各中转站的单位配送成本($d_{jk}$)

| 候选地＼中转仓库 | $B_1$ | $B_2$ | $B_3$ | $B_4$ | $B_5$ | $B_6$ | $B_7$ | $B_8$ | $B_9$ | $B_{10}$ |
|---|---|---|---|---|---|---|---|---|---|---|
| $D_1$ | 15 | 8 | 15 | 24 | 28 | 35 | 9 | 41 | 23 | 27 |
| $D_2$ | 42 | 23 | 7 | 13 | 15 | 18 | 16 | 36 | 16 | 33 |
| $D_3$ | 25 | 15 | 30 | 18 | 10 | 27 | 28 | 52 | 28 | 24 |
| $D_4$ | 45 | 55 | 10 | 45 | 19 | 8 | 34 | 33 | 42 | 29 |
| $D_5$ | 32 | 40 | 26 | 27 | 35 | 15 | 46 | 24 | 43 | 16 |
| $D_6$ | 52 | 30 | 32 | 21 | 25 | 32 | 31 | 9 | 21 | 15 |
| 需求量 | 30 | 40 | 70 | 50 | 40 | 20 | 30 | 50 | 30 | 40 |

解:

(1)初始解

对于工厂到配送站的所有组合,找出使运输成本和配送成本之和为最小的中转中心,见表 5.28。并求解得到初始解,见表 5.29。

表 5.28　最小运输成本 $C_{ik}^0[C_{ik}=\min(c_{ij}+d_{jk})]$

| 工厂＼中转仓库 | $B_1$ | $B_2$ | $B_3$ | $B_4$ | $B_5$ | $B_6$ | $B_7$ | $B_8$ | $B_9$ | $B_{10}$ |
|---|---|---|---|---|---|---|---|---|---|---|
| $F_1$ | ($D_1$) 22 | ($D_1$) 15 | ($D_2$) 19 | ($D_2$) 25 | ($D_3$) 25 | ($D_2$) 30 | ($D_1$) 16 | ($D_6$) 39 | ($D_2$) 28 | ($D_1$) 34 |
| $F_2$ | ($D_3$) 34 | ($D_3$) 24 | ($D_2$) 23 | ($D_3$) 27 | ($D_3$) 19 | ($D_4$) 28 | ($D_1$) 31 | ($D_6$) 19 | ($D_6$) 31 | ($D_6$) 25 |
| $F_3$ | ($D_1$) 25 | ($D_1$) 15 | ($D_1$) 30 | ($D_3$) 18 | ($D_3$) 10 | ($D_4$) 27 | ($D_1$) 28 | ($D_6$) 52 | ($D_1$) 28 | ($D_6$) 24 |

表 5.29　初始解

| 工厂＼中转仓库 | $B_1$ | $B_2$ | $B_3$ | $B_4$ | $B_5$ | $B_6$ | $B_7$ | $B_8$ | $B_9$ | $B_{10}$ | 供应量 |
|---|---|---|---|---|---|---|---|---|---|---|---|
| $F_1$ | ($D_1$) 30 | ($D_1$) 40 | ($D_2$) 30 | | | | | | | | 100 |
| $F_2$ | | | ($D_2$) 40 | ($D_3$) 50 | ($D_3$) 40 | ($D_4$) 20 | | ($D_6$) 50 | | | 200 |

续表

| 中转仓库 / 工厂 | $B_1$ | $B_2$ | $B_3$ | $B_4$ | $B_5$ | $B_6$ | $B_7$ | $B_8$ | $B_9$ | $B_{10}$ | 供应量 |
|---|---|---|---|---|---|---|---|---|---|---|---|
| $F_3$ | | | | | | | ($D_1$) 30 | | ($D_1$) 30 | ($D_6$) 40 | 100 |
| 需求量 | 30 | 40 | 70 | 50 | 40 | 20 | 30 | 50 | 30 | 40 | 400 |

(2)第二次解

利用初始解,可以求出各候选地的通过量 $Z_j$,进而求出 $C_{ij}^1$。由于取 $\alpha = 0.5$,所以中转中心每单位量费用(变动费)按公式 $W_j/2Z_j^\alpha$ 计算。由于 $D_5$ 没有通过量,为了以后讨论中除掉这个候选地,设 $D_5$ 的变动费无穷大。各数据结果见表 5.30。

**表 5.30　中转仓库通过量和变动费用**

| 候选地 | $D_1$ | $D_2$ | $D_3$ | $D_4$ | $D_5$ | $D_6$ |
|---|---|---|---|---|---|---|
| 通过量 $Z_j$ | 130 | 70 | 90 | 20 | 0 | 90 |
| 变动费用 | 17.54 | 29.88 | 15.81 | 55.90 | $\infty$ | 31.62 |

再对工厂到中转仓库的所有组合,选择运输成本、配送成本与变动费用之和的最小值,见表 5.31。

**表 5.31　最小运输成本 $C_{ik}^1$**

| 中转仓库 / 工厂 | $B_1$ | $B_2$ | $B_3$ | $B_4$ | $B_5$ | $B_6$ | $B_7$ | $B_8$ | $B_9$ | $B_{10}$ |
|---|---|---|---|---|---|---|---|---|---|---|
| $F_1$ | ($D_1$) 39.54 | ($D_1$) 32.54 | ($D_1$) 39.54 | ($D_1$) 48.54 | ($D_3$) 40.81 | ($D_3$) 57.81 | ($D_1$) 33.54 | ($D_1$) 65.54 | ($D_1$) 47.54 | ($D_1$) 51.54 |
| $F_2$ | ($D_3$) 49.81 | ($D_3$) 39.81 | ($D_2$) 52.88 | ($D_3$) 42.81 | ($D_3$) 34.81 | ($D_3$) 51.81 | ($D_1$) 48.54 | ($D_6$) 50.62 | ($D_3$) 52.81 | ($D_3$) 48.81 |
| $F_3$ | ($D_1$) 42.54 | ($D_1$) 35.54 | ($D_1$) 42.54 | ($D_3$) 45.81 | ($D_3$) 37.81 | ($D_3$) 54.81 | ($D_1$) 36.54 | ($D_6$) 60.62 | ($D_1$) 50.54 | ($D_3$) 51.81 |

然后求解得到第二次解,见表 5.32。

表 5.32　第二次解

| 工厂＼中转仓库 | $B_1$ | $B_2$ | $B_3$ | $B_4$ | $B_5$ | $B_6$ | $B_7$ | $B_8$ | $B_9$ | $B_{10}$ | 供应量 |
|---|---|---|---|---|---|---|---|---|---|---|---|
| $F_1$ | ($D_1$) 30 | ($D_1$) 40 | ($D_1$) 30 | | | | | | | | 100 |
| $F_2$ | | | | ($D_3$) 50 | ($D_3$) 40 | ($D_3$) 20 | | ($D_6$) 50 | | ($D_3$) 40 | 200 |
| $F_3$ | | | ($D_1$) 40 | | | | ($D_1$) 30 | | ($D_1$) 30 | | 100 |
| 需求量 | 30 | 40 | 70 | 50 | 40 | 20 | 30 | 50 | 30 | 40 | 400 |

(3)第三次解

利用第二次解,可以求出各候选地的通过量 $Z_j$,进而求出 $C_{ij}^2$。由于 $D_2$,$D_4$ 和 $D_5$ 没有通过量,为了以后讨论中除掉这 3 个候选地,设 $D_2$,$D_4$ 和 $D_5$ 的变动费为无穷大,见表 5.33。以此为基础,对工厂到中转仓库间所有组合求出总成本最小值,然后求解得到第三次解,见表 5.34 和表 5.35。

表 5.33　中转仓库第二次的通过量和变动费用

| 候选地 | $D_1$ | $D_2$ | $D_3$ | $D_4$ | $D_5$ | $D_6$ |
|---|---|---|---|---|---|---|
| 通过量 $Z_j$ | 200 | 0 | 150 | 0 | 0 | 50 |
| 变动费用 | 14. 14 | ∞ | 12. 25 | ∞ | ∞ | 42. 43 |

表 5.34　最小运输成本 $C_{ik}^2$

| 工厂＼中转仓库 | $B_1$ | $B_2$ | $B_3$ | $B_4$ | $B_5$ | $B_6$ | $B_7$ | $B_8$ | $B_9$ | $B_{10}$ |
|---|---|---|---|---|---|---|---|---|---|---|
| $F_1$ | ($D_1$) 36. 14 | ($D_1$) 29. 14 | ($D_1$) 36. 14 | ($D_1$) 45. 14 | ($D_3$) 37. 25 | ($D_3$) 54. 25 | ($D_1$) 30. 14 | ($D_1$) 62. 14 | ($D_1$) 44. 14 | ($D_1$) 48. 14 |
| $F_2$ | ($D_3$) 46. 25 | ($D_3$) 36. 25 | ($D_1$) 51. 14 | ($D_3$) 39. 25 | ($D_3$) 31. 25 | ($D_3$) 48. 25 | ($D_1$) 45. 14 | ($D_6$) 61. 43 | ($D_3$) 49. 25 | ($D_3$) 45. 25 |
| $F_3$ | ($D_1$) 39. 14 | ($D_1$) 32. 14 | ($D_1$) 39. 14 | ($D_3$) 42. 25 | ($D_3$) 34. 25 | ($D_3$) 51. 25 | ($D_1$) 33. 14 | ($D_1$) 65. 14 | ($D_1$) 47. 14 | ($D_3$) 48. 25 |

表 5.35　第三次解(最终解)

| 工厂＼中转仓库 | $B_1$ | $B_2$ | $B_3$ | $B_4$ | $B_5$ | $B_6$ | $B_7$ | $B_8$ | $B_9$ | $B_{10}$ | 供应量 |
|---|---|---|---|---|---|---|---|---|---|---|---|
| $F_1$ | ($D_1$) 30 | ($D_1$) 40 | ($D_1$) 30 | | | | | | | | 100 |
| $F_2$ | | | | ($D_3$) 50 | ($D_3$) 40 | ($D_3$) 20 | | ($D_6$) 50 | | ($D_3$) 40 | 200 |
| $F_3$ | | | ($D_1$) 40 | | | | ($D_1$) 30 | | ($D_1$) 30 | | 100 |
| 需求量 | 30 | 40 | 70 | 50 | 40 | 20 | 30 | 50 | 30 | 40 | 400 |

由于第三次解的通过量与第二次解的通过量相同,所以第三次解便是最终解。由最终解可以看出,在6个候选地址中,选取 $D_1$,$D_3$ 和 $D_6$ 三处设置中转仓库为宜。

## 5.4.3　仓库系统设计

仓库是根据人们从事物资储存活动的功能需要,按照物资对储存环境的要求而建立的储存场所,仓库设计与仓库安全有着紧密的联系。仓库设计所涉及的内容很多,这里主要从安全角度考虑仓库平面设计问题。

### 1)仓库的规模与数量

影响仓库规模的主要因素包括:客户服务水平、所服务市场的产品数目、投入市场的产业数目、产品大小、所用的物料搬运系统、吞吐率、生产提前期、库存布置、通道要求、仓库中的办公区域、使用的支架和货架类型以及需求的水平和方式等。

企业确定仓库规模时,一般根据存货周转率以及送货率来计算仓库所需的面积,再在每种主要产品的基本储存空间基础上增加通道、站台以及垂直和水平储存提供的场地的面积。通过处理计划销售量、存货周转以及直接运输给客户的流经存货,可以精确地计算出将来所需的仓库空间。

在确定仓库数量时,常常面临两难的选择,一方面,仓库数量越多,就越有能力向更多的顾客提供更快的送货服务;另一方面,仓库数量增多也会增加运营成本,进而降低边际利润和投资回报率,因此仓库的数量选择必须实现顾客服务水平和分销成本间的平衡。

2)仓库平面设计

(1)仓库平面设计原则

在进行仓库总平面布置设计时为了达到安全、经济、合理的要求,必须按照以下原则进行布置设计。

第一,满足仓储功能要求,尽量减少土地占用。

第二,交通运输路线布置应符合仓储作业工艺,尽量避免不同运输路线的交叉和干扰。

第三,库区设计应满足防火、防爆、防震等安全方面的要求。

第四,库区应有一定的绿化空间,以净化空气,降温防噪。

(2)库区的布置

仓库一般分为仓库作业区、辅助生产区和行政生活区,这3个区域应分区布置设计。职工住宅必须与库区分开,并应有单独的出入口,不得通过库区;办公场所是仓库工作人员办公的地方,是仓库生产管理的中心,应布置在主要出入口处并与作业区分开,这样既方便工作人员与作业区的联系,又避免一般接洽业务的人员进入作业区。

仓库作业区又可分为装卸作业区、储存作业区和货场等。储存作业区应布置在库内主要干道与装卸作业区之间,使得装卸作业区与储存作业区的联系密切,保证储存作业区的物资出入库方便顺畅。但需要注意的是,周转性库房与储备性库房应分组均衡布置,避免周转性库房过分集中而造成车辆阻塞和相互干扰。

在库区的布置设计中,要充分利用零星地布置次要建筑物,提高库房耐火等级,隔离危险性大的设施。

(3)运输路线的布置

库内道路布置应满足以下几个方面的要求:

第一,库房所存物资的周转快慢和储量大小的要求。

第二,库内货流组织要合理,尽可能减少货流的混杂、交叉和迂回,不同的货流最好组织在不同的道路上运行。

第三,充分利用地形。

第四,满足防火要求,进入库区的道路不宜少于两条,以便火灾发生时的安全疏散和尽快扑灭。

(4)库区安全防护设计

首先,根据库房所储物资的火灾危险性类别和周围建筑物的耐火等级,确定其必要的防火间距;其次,在库房平面布置时要选择有利风向,把有明火作业的场所布置在经常排放可燃蒸汽和可燃粉尘地区的下风或侧风方向。

(5)绿化布置

仓库平面布置时，要考虑库区的绿化。在库区内，除道路、作业场所外，凡适于绿化的地方，应大量种植树木，覆盖草皮。

# 5.5 物料搬运系统的分析与设计

## 5.5.1 物料搬运系统概述

无论在生产领域还是在流通领域，物料搬运都是影响物流速度和物流费用的重要因素，在物流系统中发挥着重要的作用。

物流系统技术作业过程中，离不开物资的装卸搬运作业，它是物流系统中承上启下的重要环节，在物流系统中各环节的前后或同一环节的不同活动之间都有装卸搬运活动的发生。在企业生产中，物料装卸搬运虽然是制造企业生产过程中的辅助生产过程，但它是工序之间、车间之间、工厂之间物质流不可缺少的环节。在中等批量的生产车间里，95%的时间消耗在原材料、工具、零件的搬运、等待上；物料搬运的费用占全部生产费用的30%～40%。在流通领域，物料装卸搬运作业起到连接物流各节点的纽带作用，因此，设计一个合理、高效、柔性的物料搬运系统，对压缩库存资金占用、缩短物料搬运所占时间是十分必要的。

## 5.5.2 物料搬运系统的分析

1)物料搬运工具

(1)叉车系列

叉车主要用于举高和搬运货物，它常用于港口、码头、机场、车站和工厂等，对成件货物进行装卸搬运。一般来说，根据叉车的举高能力又可将叉车划分为低提升和高提升两类。

(2)手推车系列

手推车一般由人力推行，承载能力较低，一般在500 kg以下。手推车类型大概有平板推车、箱型推车、物流笼车等。

(3)输送机系列

输送机设备主要用于固定路径连续输送,输送机的连续作业可以提高作业效率,它可分为水平搬运和垂直搬运,也有整箱搬运和托盘搬运之分。一般来说,决定输送机的主要参数是搬运货物的最大宽度、长度、重量以及单位时间内的搬运量。

2)物料搬运系统的定位

企业物料搬运系统的定位是一个比较复杂的问题。物料搬运系统具有多样性,既有由无人自动搬运小车、自动化立体仓库、自动化输送机等组成的无人化物料搬运系统,也有较原始的物料搬运输送线,但不论何种水平,物料搬运系统都要与企业的经济状况、产品质量要求、劳动力水平、产品的市场竞争力等相匹配,因此,在物料搬运系统选择上应主要考虑其经济性和合理性。

输送机搬运系统在两点之间连续搬运大量物料,搬运成本低廉,搬运时间比较准确,因而适用于大批量生产的流水线、装配线。这种搬运系统要求物料型式单一、量大、品种单调。无人化物料搬运系统输送效率较高,适用于多样化生产方式,因此,在家电、轻工、电子、汽车制造、卷烟工业等领域得以广泛应用。

3)物料搬运作业路线

合理安排装卸搬运路线,以缩短搬运距离,减少搬运次数,提高搬运效率。一般来说,搬运路线可分为直达运行型和间接移动型。

(1)直达运行型

直达运行型是指不同物料由原点直接向终点移动。直达型适用于物料流程密度较高,且移动距离短或适中的情况,尤其在处理紧急订单时最有效。

(2)间接移动型

间接移动型是指对不同区域的各类物料进行统一,运用统一的设备依照一定的路线移动,对物料进行装卸搬运。它还可以细分为渠道型和中间转运型。

①渠道型。渠道型是指货物在预定路线上移动,与来自其他不同地点的货物一起运到同一个地点。渠道型适用于物流量中等或较少而距离为中等或较长的情况。尤其当作业现场的平面布局不规则并较为分散时,也适于采用这种方法。

②中间转运型。中间转运型是指各种货物从起点移动到一个中心分拣处或分发处,然后再运往终点。中间转运型适用于物流量较小且距离中等或较远的情况。尤其是作业现场的平面布局基本是正方形且管理水平较高时,采用这种路线能取得较好的效果。

#### 4)物料搬运系统分析方法

常用的物料搬运系统分析方法有以下几种。

(1)流程分析

流程分析是对物料由进货到出货的整个过程中有关的资料,或是一项作业进行过程中所有相关的信息的分析。

(2)起讫点分析

起讫点分析是对货物从起点到终点的搬运情况的分析,可以用路线图或流入流出图表示。路线图表示法是指记录货物流通路线,并分析其在每一路线上的流通情况;流入流出表示法是指观察并记录流入或流出某一地区的不同货物的移动情况,并对其进行分析。

(3)物料流量分析

物料流量分析是将整个移动路径概略绘出,来观察物料移动的流通形态。物料流量分析方法有直线搬运法和最短路径搬运法。直线搬运法是假设各装卸搬运节点的直线流通并无阻碍,以直线距离来作流量分析,该方法与实际有一定的差距;最短路径搬运法是力求使各装卸搬运间的搬运路径最短,使各路径的物料流通量和配送计划下的总搬运量平衡协调。

(4)现状展开图分析

这是一种对搬运高度进行分析的方法。搬运活动在高度不平的作业场所作业,很容易导致时间与能量的消耗,因而,厂房、建筑屋、设备等的配置,应尽可能水平地规划。在搬运高度分析时,可以先进行搬运作业时的设备、设施、搬运用具等的配置,画出现状的展开图表,并将各有关事项逐一记载,然后再将展开图进行调整改善,施予水平配置计划,让物料能按照大体上一致的高度移动,使上下坡的搬运情况减少。

### 5.5.3 物料搬运系统的设计

各种搬运设备组成一个搬运系统,一个良好的搬运系统是提高物流运作效率的基础。

#### 1)物料搬运系统设计的目标

物料搬运系统设计的目标是:降低搬运成本、增加物流效率及确保适时适地搬运物料、改善设施利用率、提高安全性。

### 2)物料搬运系统的设计原则

在对物料搬运系统进行设计时,须遵循以下几个原则:

(1)系统性原则

系统性原则是指使物料搬运系统与物品种类、物品作业流程、设施相适应。

(2)整合原则

整合原则是指将设施与信息结合起来,整合系统中的收货、搬运、存储、检验等不同作业流程。

(3)符合作业原则

符合作业原则主要包括作业的标准化、机械化、人性化、弹性化、简单化和平衡化。

(4)单元负载原则

单元负载原则是指物料搬运系统的设计要考虑货品的性质,由此决定搬运单位。

(5)搬运简单原则

搬运简单原则是要求在进行物料搬运系统设计时,尽量避免搬运路线的交叉、迂回、重复。

(6)其他原则

除了上述提到的几个原则外,还需要考虑重力原则和安全原则等。

### 3)物料搬运系统设计程序

(1)确定系统的目标

根据物料的种类及特性、作业区域布局、作业流程特征、单元负载状况进行分析,确定搬运系统的功能目标。

(2)制作平面布置方案

在对物料搬运系统作充分分析和图表化之前,先要有一个平面布置方案,即把所有的厂房布置、通道设置等都画在纸上,确定搬运方案,主要包括各部门之间的物流关系和相互空间布置,经过不断调整,找出一种最优方案。

(3)收集有关影响物料搬运系统设计的资料

收集如货物特征、单元负载、货物数量、内部布局、作业流程、搬运设备种类与性能、货物出入库特征等资料。

(4)提出初步设计方案

把收集到的全部资料数据汇总并进行分析,在汇总分析过程中,要具体到每项移动,可列出移动一览表,对每项移动充分分析,确定移动的起点和终点,然后提出一个或几个可行方案。

(5)确定最终方案

对初步设计方案进行修正,并作出调整,最终确定最佳方案。

## 案例　沃尔玛的配送中心

沃尔玛1945年诞生于美国。在它创立之初,由于地处偏僻小镇,几乎没有哪个分销商愿意为它送货,于是不得不自己向制造商订货,然后再联系货车送货,效率非常低。在这种情况下,沃尔玛的创始人山姆·沃尔顿决定建立自己的配送组织。1970年,沃尔玛的第一家配送中心在美国阿肯色州的一个小城市本顿维尔建立,这个配送中心供货给4个州的32个商场,集中处理公司所销商品的40%。

沃尔玛配送中心的运作流程是:供应商将商品的价格标签和UPC条形码(统一产品码)贴好,运到沃尔玛的配送中心;配送中心根据每个商店的需要,对商品就地筛选,重新打包,从"配区"运到"送区"。

由于沃尔玛的商店众多,每个商店的需求各不相同,这个商店也许需要这样一些种类的商品,那个商店则有可能又需要另外一些种类的商品,沃尔玛的配送中心根据商店的需要,把产品分类放入不同的箱子当中。这样,员工就可以在传送带上取到自己所负责的商店所需的商品。那么在传送的时候,他们怎么知道应该取哪个箱子呢?传送带上有一些信号灯,有红的,绿的,还有黄的,员工可以根据信号灯的提示来确定箱子应被送往的商店,来拿取这些箱子。这样,所有的商店都可以在各自所属的箱子中拿到需要的商品。

在配送中心内,货物成箱地被送上激光制导的传送带,在传送过程中,激光扫描货箱上的条形码,全速运行时,只见纸箱、木箱在传送带上飞驰,红色的激光四处闪射,将货物送到正确的卡车上,传送带每天能处理20万箱货物,配送的准确率超过99%。

20世纪80年代初,沃尔玛配送中心的电子数据交换系统已经逐渐成熟。到了20世纪90年代初,它购买了一颗专用卫星,用来传送公司的数据及其信息。这种以卫星技术为基础的数据交换系统的配送中心,将自己与供应商及各个店面实现了有效连接,沃尔玛总部及配送中心任何时间都可以知道,每一个商店现在有多少存货,有多少货物正在运输过程当中,有多少货物存放在配送中心等;同时还可以了解某种货品上周卖了多少,去年卖了多少,并能够预测将来能卖多少。沃尔玛的供应商也可以利用这个系统直接了解自己昨天、今天、上周、上个月和去年的销售情况,并根据这些信息来安排组织生产,保证产品的市场供应,同时使库存降低到最低限度。

由于沃尔玛采用了这项先进技术,配送成本只占其销售额的3%,其竞争对手的配送成本则占到销售额的5%,仅此一项,沃尔玛每年就可以比竞争对手节省下近8亿美元的商品配送成本。20 世纪 80 年代后期,沃尔玛从下订单到货物到达各个店面需要 30 天,现在由于采用了这项先进技术,这个时间只需要 2~3 天,大大提高了物流的速度和效益。

从配送中心的设计上看,沃尔玛的每个配送中心都非常大,平均占地面积大约有 11 万 $m^2$,相当于 23 个足球场。一个配送中心负责一定区域内多家商场的送货,从配送中心到各家商场的路程一般不会超过一定行程,以保证送货的及时性。配送中心一般不设在城市里,而是在郊区,这样有利于降低用地成本。

沃尔玛的配送中心虽然面积很大,但它只有一层,之所以这样设计,主要是考虑到货物流通的顺畅性。有了这样的设计,沃尔玛就能让产品从一个门进,从另一个门出。如果产品不在同一层就会出现许多障碍,如电梯或其他物体的阻碍,产品流通就无法顺利进行。

沃尔玛配送中心的一端是装货月台,可供 30 辆卡车同时装货,另一端是卸货月台,可同时停放 135 辆大卡车。每个配送中心有 600~800 名员工,24 小时连续作业;每天有 160 辆货车开来卸货,150 辆车装好货物开出。

在沃尔玛的配送中心,大多数商品停留的时间不会超过 48 小时,但某些产品也有一定数量的库存,这些产品包括化妆品、软饮料、尿布等各种日用品,配送中心根据这些商品库存量的多少进行自动补货。到现在,沃尔玛在美国已有 30 多家配送中心,分别供货给美国 18 个州的 3 000 多家商场。

沃尔玛的供应商可以把产品直接送到众多的商店中,也可以把产品集中送到配送中心,两相比较,显然集中送到配送中心可以使供应商节省很多钱。所以在沃尔玛销售的商品中,有 87% 左右是经过配送中心的,而沃尔玛的竞争对手仅能达到 50% 的水平。由于配送中心能降低物流成本 50% 左右,使得沃尔玛能比其他零售商向顾客提供更廉价的商品,这正是沃尔玛迅速成长的关键所在。

### 案例分析与讨论题

从沃尔玛的配送中心系统来看,我们可以很清晰地看到以下几点:

1. 物流现代化

采用传送带、UPC 条形码、电子信息系统等,提高了物流运作效率。

2. 物流信息化

配送中心信息化实现了信息的自动化处理,实现了物流、资金流乃至整个企业的管理科学化,降低了资源配置成本。

3. 物流社会化

实行商品供货的配送中心化,整合了物料信息、运输、仓储、配送等物流职能,将供应商、销售商乃至最终用户有机地联系在一起,实现了物流社会化。

## 复习思考题

1. 简述物流系统选址的类型和方法。
2. 影响配送中心选址的因素有哪些?
3. 配送中心选址的方法有哪些? 并简要描述一下。
4. 仓库布置与设计的原则有哪些?
5. 物料搬运系统的分析方法有哪些?
6. 简述物料搬运系统的设计原则和程序。

# 第6章

## 物流系统仿真技术

**学习目标：**

- 了解系统仿真的发展历程
- 理解系统仿真的基本概念、类型及其特点
- 熟悉系统仿真的相关技术及其在物流领域中的应用
- 掌握物流系统仿真的基本步骤、常用仿真技术、典型的物流仿真模型以及仿真结果的分析方法

## 6.1 物流系统仿真概述

### 6.1.1 系统仿真定义及其发展历程

系统仿真是利用系统模型在仿真的环境和条件下,对系统进行研究、分析和试验的方法。系统仿真的目的在于利用人为控制的环境条件,改变某些特定的参数,观察模型的反应,研究真实系统的现象或过程,系统仿真方法是一种间接的研究方法。

仿真方法的发展过程,大体经历了3个阶段。

1)直观模仿

在这个阶段,人们通过模仿自然物的外部几何形状和由几何形状产生的某种功能,以达到研究自然物的某种优点,将其移植到人工工具上的目的。直观模仿主要关注于发展模型本身,为发展科学提供一些条件,因此,不会对科研产生根本性变革。

2)仿真实验

在这个阶段,人们将仿真方法用于科学实验,通过仿真原型来认识、研究和改造原型。仿真实验阶段常采用以几何相似或物理相似为基础的物理仿真和以数学关系为基础的数学仿真的方法。仿真实验的结果必须在实践中得到检验。

3)功能仿真

功能仿真是以不同对象的功能和行为相似为基础的仿真方法。功能仿真可以利用不同的结构实现相同的功能。电子计算机可以仿真人脑思维功能,是系统仿真的主要工具。

### 6.1.2 系统仿真的类型

通常系统仿真可以从以下方面进行分类:

1)根据仿真的手段分类

系统仿真可分为:手工仿真和计算机仿真。仿真通常被认为是一种数值计算技术,从概念上来说,可以通过手工来完成,但对于大多数实际系统,需要存储和处理的数据相当大,因此必须借助于计算机。

2)根据仿真实验的方法分类

系统仿真可分为物理仿真、数学仿真和半实物仿真。物理仿真是对真实系统进行简化或按比例处理得到的复制品,因而仿真直观、形象。但是,模型改变困难,实验限制多,投资大。数学仿真是通过构建数学模型对系统的特性、规律进行描述,比较抽象,其主要问题是系统的数学模型不易建立。半实物仿真是将数学模型与物理模型甚至实物结合起来进行实验,根据特点将系统分成几个部分分别用不同模型描述,取长补短,仿真时将两者连接起来完成整个系统的实验。

3)根据系统中事件出现的特性分类

系统仿真可以分为:随机性仿真和确定性仿真。如果在系统中,事件的出现是随机的,那么对这种系统所进行的仿真为随机性仿真,反之,如果事件的出现是确定的,那么对这种系统所进行的仿真为确定性仿真。

4)根据系统中实体或活动的动态形式分类

系统仿真可以分为:连续系统的仿真和离散事件系统的仿真。连续系统是指系统状态随时间连续变化的系统。连续系统的模型按其数学描述可分为:集中参数系统模型,一般用常微分方程描述;分布参数系统模型,一般用偏微分方程描述。离散事件系统是指系统状态在某些随机时间点上发生离散变化的系统。离散事件动态系统模型可采用数学方程、曲线、图表、计算机程序等多种形式表征。基于仿真系统的模型,可分析系统的行为性能及其与系统结构和参数的关系,研究系统的控制和优化。

### 6.1.3 系统仿真的特点

系统仿真是运筹学的一个重要分支,它与线性规划和网络技术一起被称为运筹学在应用领域的三大支柱。通过系统仿真可以解决许多传统方法难以解决的问题,特别是在求解复杂系统时,系统仿真更是显示出了不可忽视的优越性。

1)系统仿真的优点

①仿真的过程也是实验的过程,而且还是系统地收集和积累信息的过程。尤其是对一些复杂的随机问题,应用仿真技术是提供所需信息的唯一令人满意的方法。

②对一些难以建立物理模型和数学模型的对象系统,可通过仿真模型来顺利地解决预测、分析和评价等系统问题。

③通过系统仿真,可以把一个复杂系统降阶成若干子系统以便于分析。

④通过系统仿真,能启发新的思想或产生新的策略,还能暴露出原系统中隐藏着的一些问题,以便及时解决。

2)系统仿真的缺点

①仿真模型一般费用较为昂贵,而且开发一个仿真模型要花很多时间。

②随机仿真模型每运行一次,仅对一组特定的输入参数产生模型的真实特性的估计。因此,对每组研究的输入参数可能需要几组独立的模型运行。另一方面,解析模型通常容易产生模型的真实特性(对于各种输入参数组)。因此,如果经过证实的解析模型可以应用且容易开发,则解析模型比仿真模型更为可取。

③仿真研究产生大量数据使人们产生一种更信任仿真研究结果的趋向。如果模型的表示是没有证实的系统,则仿真结果对实际系统提供的有用信息是很少的。

### 6.1.4 系统仿真的相关技术

系统仿真的主要过程是建立模型、模型试验和结果分析。系统仿真的建模是以控制理论、相似理论和数理统计为理论基础的。实际构造系统的模型则是借助了计算机和其他专用的物理效应设备,利用所建立的系统模型对真实的或假想的系统进行试验。其试验结果的分析研究和做出决策的过程是运用了统计分析的数学方法、专家经验知识以及相关的系统资料。因此,系统仿真是一门综合性和试验性的学科。

目前常用的系统仿真的相关技术有:

1)建模与仿真方法学

建模与仿真方法学即如何确定模型的结构和参数。对内部结构和特性清楚的系统,可以经过分析和演绎推导出系统模型。对内部结构和特性不清楚的系统可假设模型并通过试验验证和修正建立模型,也可以用辨识的方法建立模型。对部分清楚、部分不清楚的系统,则可采取以上两种方法相结合的方式。

2)仿真算法

仿真算法是将系统模型转换成仿真模型的一类算法,经历了从串行算法到并行算法的发展过程。目前,连续系统与离散事件系统的非实时串行算法已相当完善,其成果包括处理线性、非线性、刚性、间断右函数等连续系统算法，各类分布参数系统算法，各种随机统计算法及基于系统分割、方法分割和时间分割的部分并行算法。当前研究的重点是实时连续系统算法、各类系统的并行算法及定性系统算法，其中并行系统算法的效率将是并行仿真计算机发展中的关键课题。

3）仿真软件

近40年来，仿真软件充分吸收了仿真方法学、计算机、网络、图形/图像、多媒体、软件工程、自动控制、人工智能等技术所取得的新成果，从而得到了很大的发展。

4）仿真计算机/仿真器

装配有面向问题仿真软件的通用高性能微机、工作站及并行机已成为仿真机的主流。目前，超大规模的并行计算机、工作站以及高性能微机的运算速度已有很大提高。基于高速、宽带、异步、多媒体网络通信及分布计算技术的发展，使分布计算环境成为仿真计算机平台的重要发展方向。高性能仿真计算机研究的主要课题包括处理机技术与节点结构、并行程序设计模型与并行化编译器、支持自动并行化的新的框架与概念等。

5）虚拟现实技术

虚拟现实技术是在综合系统仿真技术、计算机图形技术、传感技术、显示技术等多种学科技术的基础之上发展起来的，它以仿真的方式使人置身于一个虚拟世界中。三个“I”是虚拟现实的基本特征，即沉浸（Immersion）、交互（Interaction）、构思（Imagination），我们可以沉浸到一个由计算机系统所创造的虚拟环境中，与虚拟环境发生交互作用，并得到与实际的物理参与联试所能获得的相同或相似的感受。进一步的研究包括分布式虚拟环境、虚拟环境建模、分布式可交互环境数据库、虚拟环境显示、虚拟测试、分布式多维人机交互及标准化等。

6）分布仿真技术

分布仿真技术作为仿真技术的最新发展成果，它在经历了 SIMNET，DIS2. X 和 ALSP 各个阶段后，最近又提出了高层体系结构（High Level Architecture，HLA）。HLA 的基本思想就是使用面向对象的方法，设计、开发及实现系统不同层次和粒度的对象模型，来获得仿真部件和仿真系统高层次上的互操作性与可重用性。HLA 建立了一个在广泛的应用领域内，分布在不同地域上的各种仿真系统实现互操作和重用的框架及规范。

### 6.1.5 系统仿真在物流领域的应用

物流系统是一个多目标、多层次、多因素的复杂系统。它是由仓储、运输、装卸搬运、流通加工、包装、配送等诸多子系统构成的。各子系统之间及各子系统内各要素的相互协调是保证物流系统能正常发挥效用的重要因素。

在计算机没有具备现在这样的发展水平和普及程度以前,对于研究的物流系统不是十分复杂或经过简化,降低系统的复杂程度时,可以利用数学方法,如线性代数、微积分、运筹学、计算数学等方法去求解问题。进行物流系统仿真,普遍采用数学方法建立数学模型。数学模型研究系统通常分为4个步骤:

①对所研究的物流系统进行观测;

②在一些假设下拟定一个数学模型,用来对观测结果加以解释;

③通过数学演算或逻辑推理,按所建立的物流系统数学模型预测实际系统的运动状态,即求数学模型的解;

④通过试验来检验所建立数学模型的正确性。

随着物流理论和实践的不断深入,所提出的研究问题日益复杂,非确定因素、不可知因素、模糊因素众多,因果关系复杂,应用数学方法难以进行描述或无法求解及很难求解,使我们的研究需要采用计算机仿真的方法解决。

计算机仿真是现代数学方法、数理逻辑、语言形式化、人工智能与计算机技术相结合的产物,是当代软技术的主要方法与手段。计算机仿真可将数学难以描述的规则、思维方法、逻辑判断与分析,转换成计算机程序语言,并利用控制论中的信息、调节和反馈技术,进行功能的、动态的描述。通过计算机数学与逻辑运算,给出所需要的信息。

随着计算机的普及发展,计算机仿真方法在物流系统分析的应用越来越普遍,它在以下几方面有着广泛应用前景。

(1)物流过程的仿真研究

物流过程是指运输、仓储、装卸搬运、包装等物流的功能过程。研究目的主要是明确:在时间的进程中,相关物流过程是如何推进的?推进过程中发生了哪些事件?这些事件引起系统状态发生了哪些状态变化,等等问题。用仿真工具研究这类物流的问题,归结为物流过程的仿真研究。

例如,通过公路运输系统过程的仿真研究,可以分析运输过程中运输的规划与效率、交通事故的影响、迂回路线的选择等问题。通过自动化物流过程仿真可以分析自动化物流系统设备布局的合理性、设备运行的效率、系统的生产率、系统中设备的利用率等。

(2)物流管理的仿真研究

物流管理的仿真研究是为物流管理决策分析服务的。例如,交通运输网络的布局规划、自动化物流系统的策略运用、供应链库存控制策略等。

(3)物流成本的仿真研究

物流成本的计算是一件极其细致、复杂的事情。传统的制造业中,往往将物流成本与供应或销售的成本混在一起计算。因此无法准确掌握物流的成本,也就无法根据物流成本的核算改进物流的流程和操作。

在物流管理中有物流成本管理法,即以降低物流成本为评价指标,不断改进物流流程,改进物流管理的方法。可见准确的物流成本计算对于改进物流作业与管理十分重要。

物流成本计算有许多方法。运用系统仿真方法主要是在物流系统运行过程中动态地记录其物流成本的消耗,最终准确统计各项物流作业的成本。这一计算是利用了系统仿真以时间为基准的特点。当系统运行时,计算机仿真可以将各种动态过程的时间过程准确记录下来,将时间的消耗转换为工时的计算,对应就可以计算出其成本。目前还很少利用计算机仿真进行物流成本计算的案例。应该说在统计作业状态的同时,统计其成本的仿真,是事半功倍的。

(4)物流战略的仿真研究

应用计算机仿真可以对从过去到未来的国家、地区或者企业的物流系统的发展规律进行仿真运算。研究系统的因果关系,得出结论,以促进物流系统的改进和发展。

综上所述,通过建立物流系统的仿真模型,扩展了物流系统研究的边界,有助于描述物流系统的各种现象,加强直观感,从而能够更深刻地理解和分析物流系统。

## 6.2 物流系统仿真的方法

系统仿真的基本方法是建立系统的结构模型和数学模型,并将其转换为适合在计算机上编程的仿真模型,然后对模型进行仿真实验。由于连续系统和离散事件系统的数学模型有很大差别,所以系统仿真方法基本上分为两大类,即连续系统仿真方法和离散事件系统仿真方法。

连续系统的仿真主要通过常微分方程求解的方法,利用改变系统的边界条件与初始值以研究系统的变化。离散(事件)仿真则是建立系统的概率模型,采用数值方法“执行”仿真模型。系统的变量是反映系统各部分相互作用的一些确定或者随机事件,系统模型则反映这些事件和状态的值集，仿真结果，也就是“执行”的结果是产生处理这些时间的时间历程。

连续系统与离散事件系统相比较，两者存在以下几方面的区别：

①时间基：连续系统的时间基是一个确定的值。例如研究一个液压系统一般是在一个确定的时间间隔内对共液体压力、流量等进行实验研究。这个时间间隔的起始点是系统初始启动的时刻，而中止时刻可以选择系统达到稳态后的任何时刻。离散（事件）的时间基则是可变的，而且随着时间基的变化，仿真结果也各不相同。例如仿真一个仓库时，时间基可以定为仓库开门的时刻至下班的时刻；也可以定为开门后一小时至下班的时刻。显然，这两种仿真系统的初始状态不同，仿真的结果也不相同。这是因为离散事件系统仿真的结果是一个统计的结果，它与统计的区段大小有关。

②输入变量：连续系统的输入变量通常是一个确定性变量。而离散事件系统的变量往往带有随机性。因此离散事件系统的模型也被称为随机模型。输出变量与输入变量情况相同。

③状态变量：连续系统的状态变量一般也是一个连续变量。而离散事件系统的状态变量则可能是非连续的，例如仓库货位的状态是空或非空。

④状态转移函数：在连续系统中，存在一个状态转移函数，可通过其推算出状态变量的变化过程。而离散事件系统则不存在状态转移函数，人们无法找到一个函数来表达状态变量变化的规律。

⑤状态空间：状态空间是状态变量的集合所表述的空间。对于一个被研究的连续系统，引进不同组合的状态变量，可以构造不同的状态空间模型。这一点与离散事件系统是相同的。

从上述分析可知，离散事件系统与连续系统最主要的区别在于离散事件系统输入、输出变量的随机性以及状态变化的不确定性，由此，连续系统与离散事件系统仿真方法有很大的差别。

由于物流领域的大多数系统为离散事件系统，因此本章主要介绍离散事件系统仿真的方法。

### 6.2.1 离散事件系统仿真中的基本概念

离散事件系统中，系统状态变量只在一些离散的时间点上发生变化，这些离散的时间点称为特定时刻。在这些特定时刻由于有事件发生所以才引起系统状态发生变化，而其他时刻系统状态保持不变。下面首先介绍离散事件系统仿真中的一些基本概念。

1)实体(单元)

在离散事件系统中的实体可分为两大类:临时实体和永久实体。在系统中只存在一段时间的实体叫临时实体。这类实体由系统外部到达系统,通过系统,最终离开系统。例如在仓储系统中,仓储的物品从外部进入仓库,又根据用户提货的需要被出库,离开了仓库,所以仓储的物品是临时实体。凡是在系统仿真期间自始至终停留在系统中的实体称为永久实体,例如仓储的货位、搬运的机器和车辆等。显然流经系统的临时实体是系统活动的外部驱动,有了这些实体源源不断地流入,系统才被激活。而永久实体则是系统活动的基础和必要条件。永久实体为临时实体提供了活动的条件,从而保持系统动态过程的持续进行。

2)属性

实体所有的特性称为实体的属性。需要强调的是,实体可能具有若干特征,但是并不是所有的特征都被称为仿真系统的实体属性。只有那些与系统仿真相关的特征,才称其为属性。如存入仓库的物品其有大小、形状、颜色、重量等固有的几何和物理特征,同时它们在作为出入库存放对象时,又具有到达时间间隔、到达批量等动态特征。显然在对库存系统进行仿真时,我们所关心的是后面所列举的特征。因此,在库存系统仿真时,物品到达时间间隔、到达批量等动态特征被称为物品实体的属性。

3)事件

"事件"是描述离散事件系统的另一个重要概念,它是引起系统状态发生变化的行为。从某种意义上说,离散事件系统是由事件来驱动的。如在物流系统中,"货物到达"为一类事件,因为由于货物到达,系统的状态——仓库货位的"状态"可能从空闲变到占用,或者另一系统状态——排队等待入库的货物数量发生变化。

4)活动

离散事件系统中的活动,通常用于表示两个可以区分的事件之间的过程,它标志着系统状态的转移。显然事件是系统状态转变的起因,而活动则是系统状态转移的标志。如在仓储系统中,"货物到达"为一类事件,从物品到达直至这一物品从该货位取出,物品都是处于在货位中存储的状态,也可以说是处于"存储"活动中。存储活动的开始或结束标志着物品的到达和离去,也标志着货位的空闲与非空闲的转变。

5)进程

进程由若干个有序事件及若干有序活动组成,一个进程描述了它所包括的事件及活动间的相互逻辑关系及时序关系。例如一种物品进入仓库,经过在货位的存储,直到从仓库中被出库,物品经历了一个进程。

事件、活动、进程3个概念之间的关系如图6.1所示。可以看出,事件是发生在某一时刻的行为。活动和进程则是发生在某个时间段的过程。

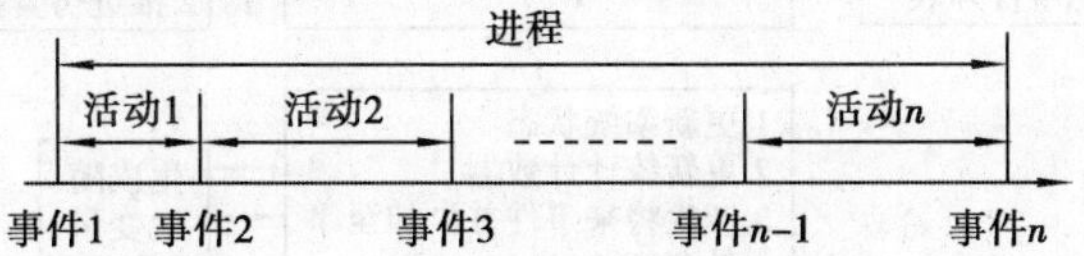


图6.1　事件、活动与进程的关系

### 6)离散事件系统仿真模型

仿真可以用来研究千差万别的现实世界,但是不同实际系统的离散事件仿真模型却具有一些相同的组成部分和这些组成部分之间的逻辑组织关系。对于大多数采用变步长时钟推进机制的离散事件系统仿真模型中,通常都包含有以下几个组成部分:

①系统状态:某特定时刻,用来描述系统的一组必要的状态变量。

②仿真钟:提供当前仿真时刻的变量。

③事件列表:列出当前或下一时刻将要发生的各种类型的事件。

④统计计数:一组用来记录系统运行的统计信息的变量。

⑤初始化程序:在系统时间为0时,用来初始化仿真模型的子程序。

⑥时间推进程序:用来推进时间的子程序,它根据事件列表确定下一时刻要发生的事件,并将系统时钟推进到要发生这一事件的时刻。

⑦事件发生程序:用来更新系统状态的子程序,当某类型的特定事件发生后,根据该事件的类型,进行相应的系统状态更新。

⑧随机观测生成程序库:是一组用来根据概率分布产生随即观测值的子程序。

⑨报告生成器:用来计算由某种方法对系统运行绩效进行的评估结果,并在仿真结束时生成仿真报告。

⑩主程序:用来唤醒时间推进子程序来确定下一发生事件,然后将控制转向相应的事件程序,并对系统状态进行相应的更新,主程序还可以检查仿真的终止并在仿真结束时激活报告生成器。

这些组成部分之间的逻辑关系可以用仿真的控制流程来描述。图6.2给出了一个变步长时间推进机制下的离散事件系统仿真的控制逻辑。

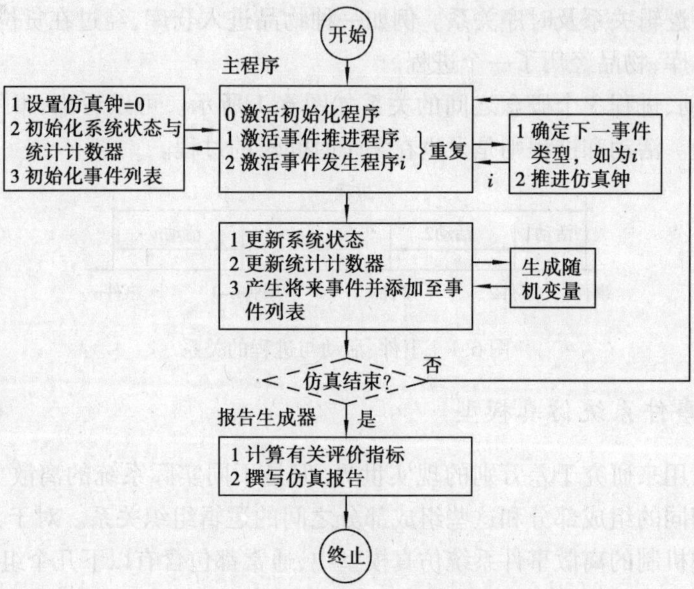


图 6.2　变步长时间推进法的控制流程

## 6.2.2　离散事件系统仿真的基本步骤

离散事件系统仿真基本步骤为：确定仿真目标；系统调研；建立系统模型；确定仿真算法；建立仿真模型；运行仿真模型；仿真结果分析；仿真结果输出。

### 1）确定仿真目标

对一个系统的仿真目的可以各不相同。例如，研究一个物流配送中心，可以提出各种不同的问题，如管理调度策略问题、设备配置问题、运作流程协调问题等。所关心的问题不同，建立的系统模型、设定的输入变量、输出变量等都各不相同。因此在进行系统仿真时，首先要确定仿真的目标，也就是仿真要解决的问题。这是系统调研和建模的依据。

### 2）系统调研

系统调研的目的是为了深入了解系统的总体流程、各种建模参数，以便建立系统模型。系统调研是了解系统运行状况和采集系统数据资料的过程。系统调研所期望获取的资料一般有以下几类：

①系统结构：系统结构参数是描述系统结构的物理或几何的参数。例如对于一个

自动化立体仓库系统的调研,首先要了解自动化立体仓库的平面布局、设备组成、存放的物品形状、尺寸等静态的参数。

②系统工艺参数:系统工艺参数是系统运行的工艺流程,各流程之间的相互逻辑关系。如自动化立体仓库每种工件入出库经过的设备、工序,在每个工序滞留的时间等。

③系统动态参数:系统动态参数是描述系统在运行过程中动态变化的一些参数。例如自动化立体仓库中堆垛机、运输机的加速度、速度,出入库物品的到达时间间隔,运输车的装卸时间等。

④系统逻辑参数:系统逻辑参数描述了系统运行过程中各种流程和作业之间的逻辑关系。例如立体化自动仓库系统中堆垛机 3 个方向运行之间的互锁关系,运输机与堆垛机之间的衔接关系,立库与分拣系统运作之间的时序关系等。逻辑参数还包括各种优先级的约定、排队规则的设定、各种解结的原则(如出现死锁的应对措施)等。

⑤系统状态变量:系统状态变量是描述状态变化的变量。例如自动化仓库中堆垛机的工作状态是"闲"还是"忙",货位的状态是"空"还是"满",物品排队的队列长度等。

⑥系统输入、输出变量:系统仿真的输入变量分为确定性变量和随机变量。如果是随机变量则需要确定其分布和特征值。输出变量是根据仿真目标设定的,仿真目标不同,输出变量也不同。

⑦事件表:事件表列举了系统运行过程所发生的各种事件的类型与描述、事件发生的时间及其相关属性。

### 3)建立系统模型

系统模型由模型和模型参数两部分组成。模型参数是对系统调研结果的整理。由于系统仿真的专业性特点,仿真建模和运行模型的工作一般由专业的仿真人员来做。但是对系统的分析常常需要仿真需求方的密切配合。为了使仿真需求方了解仿真的一般过程,以配合仿真前期的调研工作,可以将上述调研所需获取的数据和参数整理并列表,由仿真需求方进行针对性的填写,以保证资料的完整性和准确性。

系统模型的形式可以是多样的,有文字叙述型、流程图型、图表型、数学表达式型。离散事件系统仿真模型最常用的是建立系统的流程图模型,也被称为流程模型。流程模型中应包含有:临时实体到达模型、永久实体服务模型和排队规则。

### 4)确定仿真算法

仿真算法是控制仿真钟推进的方法,是系统仿真的核心。目前最为常用的有事件调度法、活动扫描法和进程交互法 3 种。事件调度法是面向事件的,记录事件发生的过程,处理每个事件发生时系统状态变化的结果;活动扫描法是面向活动的,记录每个活动开始与终止的时间,从而记录了实体从一种状态变为另一种状态的过程;进程交互法是面向进程的,它记录着每个进程推进的过程。

5)建立仿真模型

前面建立的系统模型仅仅是对系统的抽象化描述,是仿真者对系统深入了解的必经过程。然而这种模型仅仅能够被人脑所接受和理解,还无法使其在计算机上运行。为此,还需建立计算机可运行的模型,即仿真模型。也有人称建立仿真模型为二次建模。

仿真模型是将系统模型规范化和数字化的过程,同时也需要根据计算机运行的特点增加一些必要的部件。仿真模型主要部件有初始化模块、输入模块、仿真钟、随机数发生器、状态统计计数器、事件表、事件处理子程序和输出模块等。

6)模型验证与模型确认

对建立的仿真模型必须进行验证,保证通过仿真软件或者仿真语言所建立的仿真模型,能准确地反映所描述的系统模型。模型的验证主要检验所建立的仿真模型(包括系统组成的假设、系统结构、参数及其取值、对系统的简化和抽象)是否被准确地描述成可执行的模型(如计算机程序)。

模型的确认则是考察所建立的模型及模型的运行特征是否能够代表所要研究的实际系统。实际上,没有哪个模型能够完全地代表所研究的实际系统,总是存在这样或那样的简化或者抽象。只要一个模型在研究关注的问题上能够代表实际系统,就是有效的。

7)运行仿真模型

运行仿真模型时需要确定终止仿真的时间。一般有两种终止方法,一是确定一个仿真时间长度,如仿真100小时。系统仿真钟推进100小时后将自动终止仿真,并输出仿真结果。另一种方式是确定仿真事件的数量。以工件到达仓库为例,可以设定100批物品到达后终止仿真。选择哪种方式可依仿真系统的具体情况定。

8)仿真结果分析

关于仿真结果可以有两种角度的分析:一种是从系统优化的角度考虑问题,即对照仿真目标考察仿真结果是否满意,如果满意,表明系统的参数无需再做改动;另一种分析是仿真结果是否可信,也就是说仿真结果以多大的可信度和精度能够反映我们所研究的真实系统。由于离散事件系统大多数是随机系统,输入变量带有随机性,因此每一次输入一组随机变量所得到结果只是系统的一个随机抽样的仿真结果，不能全面反映系统的统计特性。因此它并不是真正意义上的仿真结果。为了得到真正意义上的仿真结果，需要对随机变量的所有可能的取值都进行仿真，然后进行统计分析。显然，这是不可能的。那么究竟取多少个随机抽样进行仿真就可以信任其为系统仿真结果了呢?这是一个概率统计的问题。必须对多次的仿真结果进行统计分析才能得到答案。

常见的系统有稳态型和终止型两类，其情况有所区别。稳态系统是指系统运行时间足够长的系统，例如1个24小时连续开业的超级市场，其仿真时间可以足够长。终止型系统是指系统运行时间是确定的，例如1个每天仅10小时开业的超级市场，其每次仿真的时间不超过10小时，但需要对每天的运营进行多次仿真。对稳态系统来说，面临的问题是选择多长的时间仿真比较恰当；而终止型仿真则是如何确定恰当的仿真次数。

仿真结果分析是采用统计学方法，对仿真结果的可信度和精度进行分析，不断增加仿真次数(或仿真时间)以提高统计结果的可信度和精度，直至令人满意为止。

9)仿真结果输出

仿真结果输出有实时在线输出和在仿真结束时输出两种方式。当对系统进行动态分析时，往往需要了解各种中间变量或输出变量的实时变化情况。对于这些变量可以设定在仿真钟推进的每一或某一时刻输出该变量的瞬时值，即实时在线结果输出，输出的是仿真阶段性的结果。最后在仿真结束后，需要输出最终的仿真结果。目前成熟的仿真软件一般都可以提供多种仿真结果输出形式，如表格输出、直方图、饼图、曲线图等图形以及数据文件等输出。

### 6.2.3 随机变量的产生

复杂的现实系统常常包含有随机的因素。在物流系统中工件的到达、运输车辆的到达和运输时间等一般都是随机的。这些复杂的随机系统很难找到相应的解析式来描述和求解。系统仿真技术成了解决这类问题有效的方法。

对于有随机因素影响的系统进行仿真时，首先要建立随机变量模型。即确定系统的随机变量并确定这些随机变量的分布类型和参数。对于分布类型是已知的或者是可以根据经验确定的随机变量，只要确定它们的参数就可以了。无论是确定随机变量的分布类型还是确定其参数，都要以调研观测的数据为依据。

建立了随机变量模型后还必需能够在计算机中产生一系列不同分布的随机变量的抽样值来模拟系统中的各种随机现象。随机变量的抽样值产生的实际做法通常是，首先产生一个[0,1]区间的、连续的、均匀分布的随机数,然后通过某种变换和运算产生其所需要的随机变量。

下面介绍随机数和随机变量的产生。

1)产生[0,1]区间的随机数

产生[0,1]区间的随机数有许多种方法。一种是将随机数制成表,再把随机数表输入到计算机中。这种方法往往要占用大量的计算机内存。目前已很少被使用。另一种是用物理的方法在计算机上产生随机数。例如放射粒子计数器、电子管或晶体管噪声发生器等。物理随机数发生器可以产生任意多个随机数。且所产生的随机数均匀性较好。其缺陷在于随机数不能重复,无法对系统的某种状态重复仿真。第三种常用的方法是采用某种递推算法得到随机数。这种方法的优点是,产生速度快,占用内存少,可以重复产生相同的随机数序列。但是由于这样产生的随机数是依赖于某种算法得到的,因此所得的并不是真正的概率论意义的随机数。也有人称之为伪随机数。为了适应仿真运行的需要,必须选择好的算法以便得到性能良好的随机数。

目前常用的随机数发生器为线性同余随机数发生器、组合随机数发生器、Tausworthe 随机数发生器等。下面重点介绍线性同余随机数发生器。

2)线性同余随机数发生器

线性同余随机数发生器的递推算法公式是

$$Z_i = (\alpha Z_{i-1} + C)(\text{Mod } M) \tag{6.1}$$

式中 $Z_i$ 是第 $i$ 个随机数,$\alpha$ 为乘子,$C$ 为增量,$M$ 为模数,它们均为正整数。$Z_i$ 的初值 0 称为种子。

式(6.1)中,$Z_i$ 是$(\alpha Z_i + C)$被 $M$ 除所得的余数。

显然,如果两个正整数 $A$,$B$ 被 $M$ 除,只要余数相同,则 $A$ 与 $B$ 对模 $M$ 同余,可记作 $A \equiv B(\text{Mod } M)$。式(6.1)还表明,$Z_i$ 只取小于 $M$ 的数。由式(6.1)得到的[0,1]区间的随机数 $U_i$:

$$U_i = Z_i / M \tag{6.2}$$

从上述递推算法可知,有几个问题是需要注意的。

(1)随机序列的周期

由于 $M$ 只能取有限位数,$Z_i$ 又是小于 $M$ 的数。因此,产生的随机数序列的周期一般要求至少大于仿真的时间长度。式(6.1)可以看出,随机数序列周期的长短与 $C$,$Z_0$ 和 $M$ 的值有关。为了得到较长的周期,$M$ 应取得足够大,对于 32 位机可选 $M = 2^{31}$,64 位机取 $M = 2^{63}$。

$C$ 的选取：一般选择 $M=2^k$，$C$ 为奇数，$\alpha$ 可被 4 整除，将能得到满周期。

(2)种子值 $Z_0$ 的选取

通常的随机数发生器对 $C,M,\alpha$ 值的选取需要通过检验，确定其性能满足要求后，在仿真过程中就取为定值。可以改变的只是 $Z_0$ 值。在进行仿真结果分析时，为了保证每次相同的状态下的仿真运行是相互独立的，必须使每次仿真运行所采用的随机数序列是相互独立的。为此，必须随时改变 $Z_0$ 值。只在需要重复上次运行时才选取相同的 $Z_0$ 值。为在计算机中自动实现 $Z_0$ 值的改变，可以用固定增量法，即每次仿真后在 $Z_0$ 上增加一个固定的增量值。

(3)均匀性

随机数发生器产生的随机数 $U_i$ 能否均匀地分布在[0,1]区间内，即随机数的均匀性如何是评价一个随机数发生器性能的重要指标。为了保证随机数发生器的均匀性，一般需要对其进行均匀性检验。分布的均匀性检验方法是检验随机数的经验频率和理论频率是否有明显的差异。

①理论频率。将[0,1]区间分为 $k$ 个等区间，每个子区间的长度为 $1/k$，由该随机数发生器产生 $N$ 个随机数 $U_i(i=1,2,\cdots,N)$，则随机数落在一个子区间的个数为 $n=N/k$。$n$ 称为理论频率。

②实际频率。实际上由随机数发生器产生的随机数 $U_i$，在每一个子区间上的个数为 $N_j(j=1,2,\cdots,k)$，称之为实际频率。采用 $\chi^2$ 检验，即

$$\chi^2 = \sum_{j=1}^{k}\left(\frac{n_j - N}{N}\right)^2 \tag{6.3}$$

当 $N_j=N$ 时，$\chi^2$ 等于零，即实际频率与理论频率完全一致，$\chi^2$ 的大小反映了偏差程度，也就是随机数的均匀性程度。

假设 $U_i$ 为独立同分布的，且在[0,1]区间均匀分布的随机变，$\chi^2$ 渐进服从自由度为 $(k-1)$ 得 $\chi^2$ 分布。规定显著度 $\alpha$，若 $\chi^2 > \chi^2{}_{k-1}$，则拒绝假设；否则接受 $U_i$ 为均匀分布的随机数假设。

(4)独立性

检验随机数的独立性在于判断该随机数序列中前后各数据的相关程度。独立性好是随机数序列性能的一个重要标志。随机数序列不仅要满足均匀性要求，还要独立性好，即相关程度弱。一般可用检验相关系数的方法来检验之。检验随机数 $U_i$ 独立性的方法是，计算 $U_i$ 中前后相隔为 $j$ 个数的随机数的相关系数

$$\bar{P}_j = \frac{\dfrac{1}{N-j}\displaystyle\sum_{i=1}^{N-j} U_i U_{i+1} - \left(\dfrac{1}{2}\right)^2}{S^2} \tag{6.4}$$

式中

$$S^2 = \frac{1}{N}\sum_{i=1}^{N}\left(U_i - \frac{1}{2}\right)^2 \tag{6.5}$$

如果各个随机数相互独立,则相关系数 $P_j$ 应为零。

当 $N-j$ 充分大(例如 $N-j>50$)时,统计量

$$\mu = \bar{P}_j\sqrt{N-j} \tag{6.6}$$

渐进服从 $N(0,1)$ 分布。给定显著度 $\alpha$。记 $Z_i-\alpha$ 为 $N(0,1)$ 上 $1-\alpha$ 临界点,则当 $|\mu|\leqslant Z_i-\alpha$ 时,随机数 $U_i$ 是独立的。

3)随机变量的产生

得到[0,1]区间均匀分布的、有良好的独立性、周期长的随机数后,下面的问题是如何产生与实际系统相应的随机变量。产生随机变量的前提是根据实际系统随机变量的观测值确定随机变量的分布及其参数。

反变换法是最常用的方法,反变换法以概率积分反变换法则为基础,设随机变量 $X$ 的分布函数为 $F(X)$;$U_i$ 是[0,1]区间均匀分布的随机数,利用反分布函数

$$X = F^{-1}(u) \tag{6.7}$$

就可以得到所需要的随机变量 $X$。

例:设 $X$ 是服从指数分布的随机变量,有密度函数

$$f(x) = \begin{cases}\lambda e^{-\lambda x}, & x>0 \\ 0, & x\leqslant 0\end{cases} \tag{6.8}$$

其分布函数

$$F(x) = 1 - e^{-\lambda x} \tag{6.9}$$

用随机数发生器发生 $U(0,1)$ 区间的随机变量 $U$,并令

$$u = F(x) = 1 - e^{-\lambda x} \tag{6.10}$$

由式(6.10)得

$$x = -\frac{1}{\lambda}\ln(1-u) \tag{6.11}$$

$X$ 即是所需的随机变量。

以上介绍了系统仿真中随机变量产生的原理。目前已有许多仿真软件提供了随机数发生器,并提供自动产生常用分布随机变量的功能。在经过独立性和均匀性测试后,实际仿真中用户只要根据观测值确定随机变量的参数就可以了。

目前已有的仿真程序大都带有自己的随机数发生器,仿真者应该了解选用的仿真程序所提供的随机数发生器是否经过严格的独立性和均匀性的检验。因为随机数发生器所产生的随机数序列性能如何直接关系到仿真结果的正确性。

在经过独立性、均匀性测试后，实际仿真中用户只要根据观测值确定了随机变量的参数，如均匀分布、指数分布、泊松分布的均值与方差等。也有些仿真程序，如 WITNESS 甚至已经提供用户自定义随机变量的功能。仿真者只要将所收集到的观测值按程序的要求依次输入，程序将自行计算，求出该随机变量的实验分布，并自动产生相应的随机变量。

### 6.2.4 仿真钟的推进与仿真算法

1）仿真钟的推进

为了实现对系统的动态仿真，必须跟踪仿真过程中时间的推进，同时也必须给模型一个从某一时刻推进到下一时刻的时间推进机制。这就首先需要记录模型中的系统时间，我们把一个仿真模型中用来记录仿真当前时刻的变量叫做仿真钟。仿真钟所记录的时间，和我们运行模型所耗费的计算机运行时间没有必然的相关关系。仿真钟代表我们所要模拟的系统的时间，而仿真运行时间和模型的规模与复杂程度以及计算机性能有关。

仿真钟是用于表示仿真时间变化的时间标识。仿真钟的推进有两种经典的方法：固定步长推进法和变步长推进法（或称为下一事件推进法）。变步长推进法应用较多，目前大多数仿真软件都采用变步长推进法。

（1）固定步长推进法

选择适当的时间单位作为一个固定的增量，以此增量逐步推进仿真钟。每推进一个增量，就在被推进的时刻观察有无事件发生，如没有事件发生，则继续以相同的增量推进仿真钟；如果有事件发生，则根据事件类型进入事件处理程序，对事件发生后的状态变化进行相应处理，然后再推进仿真钟。如果恰好在推进的增量中间时刻有事件发生，一般采取简化的方法，把该事件假定为是在增量推进的时刻发生的。

这种方法的缺点是，仿真钟每推进一步，均要检查事件表以确定是否有事件发生，增加了执行时间；其次，该步任何事件的发生均认为发生在这一步的结束时刻，如果固定增量选择过大，则会引入较大的误差，而且要求用户事先确定各类事件的处理顺序，增加了建模的复杂性。

固定步长推进法主要用于系统事件发生时间具有较强周期性的模型，如定期订货的库存系统，以年、月为单位的经济计划系统等。

（2）变步长推进法

变步长推进法即事先没有确定时钟推进步长，而是根据随机事件的发生而进行随机步长的推进，推进的步长为最后已发生事件与下一事件之间的时间间隔。仿真模型中的时间控制部件用于控制仿真钟的推进，事件表按事件发生时间先后顺序安排事件。

时间控制部件始终从事件表中选择具有最早发生时间的事件记录，然后将仿真钟修改到该事件发生时刻。对每一类事件，仿真模型有相应的事件子程序。每一个事件记录包含该事件的若干个属性，其中事件类型是必不可少的，要根据事件类型调用相应的事件子程序。在事件子程序中，处理该事件发生时系统状态的变化，进行用户所需要的统计计算，如果是条件事件，则应首先进行条件测试，以确定该事件是否能发生。该事件子程序处理完后返回时间控制部件。

这样，事件的选择与处理不断地进行，仿真钟不断地从一个事件发生时间推进到下一最早发生事件的发生时间，直到终止仿真的条件或程序事件发生时停止仿真。

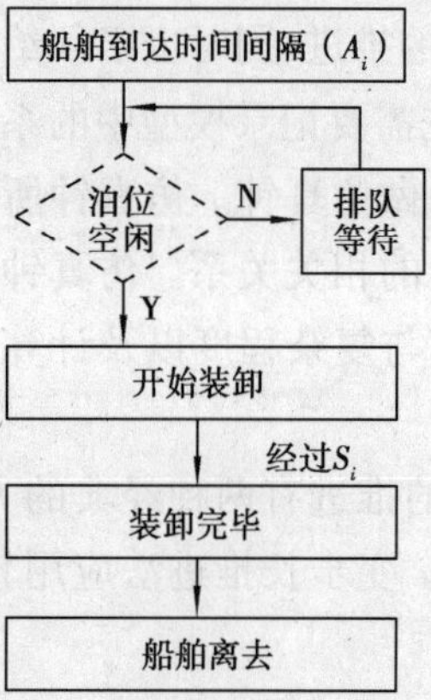


图 6.3　单泊位码头仿真流程图

[例 6.1]　对于一个单泊位码头系统，可设：

$t_i$：第 $i$ 条船舶到达类事件发生的时间；

$b_i$：第 $i$ 个任何一类事件发生的时间；

$q_i$：第 $i$ 个事件发生时的队长；

$A_i = t_i - t_{i-1}$：第 $i-1$ 条与第 $i$ 条船舶到达之间的间隔时间；

$S_i$：第 $i$ 条船舶在码头装卸的时间长度；

$D_i$：第 $i$ 条船舶排队等待的时间长度；

$C_i = t_i + D_i + S_i$：第 $i$ 条船舶离去的时间；

$Z_i$：第 $i$ 个事件发生时码头设备的状态，其中 $Z_i = 1$ 表示忙，$Z_i = 0$ 表示闲。

定义如下系统事件类型：

类型 1：船舶到达事件；

类型 2：船舶接受服务事件；

类型 3：船舶接受服务完毕并离去事件。

定义程序事件为：

仿真运行到 9 000 个时间单位（例如分钟）结束。

该系统的模型可用如图 6.3 所示的流程来描述。一般来说，$A_i$，$S_i$ 是随机变量，要根据其分布函数来产生，为了便于解释，假定我们已经得到了这些随机变量的样本值为：

$A_1 = 900, A_2 = 1\,920, A_3 = 1\,440, A_4 = 2\,400, A_5 = 1\,320, \cdots$

$S_1 = 2\,580, S_2 = 2\,160, S_3 = 2\,040, S_4 = 1\,680, \cdots$

系统初始状态：$q_0 = 0, Z_0 = 0$

表 6.1 列出了单泊位码头系统的事件表，以加深对事件表的理解。

表 6.1　单泊位码头系统的事件表

| 时　间 | 事　件 | 泊位状态 | 排　队 |
|---|---|---|---|
| 0 | 仿真开始 | 0 | 0 |
| 900 | 船舶 1 到达 | 1 | 0 |
| 2 820 | 船舶 2 到达 | 1 | 1 |
| 3 480 | 船舶 1 服务完毕 | 0 | 1 |
| 3 480 | 船舶 2 接受服务 | 1 | 0 |
| 4 260 | 船舶 3 到达 | 1 | 1 |
| 5 640 | 船舶 2 服务完毕 | 0 | 1 |
| 5 640 | 船舶 3 接受服务 | 1 | 0 |
| … | … | … | … |
| 9 000 | 仿真结束 | | |

结合表 6.1 的事件表，按变步长推进法单泊位码头系统模型的仿真钟推进过程如图 6.4 所示。

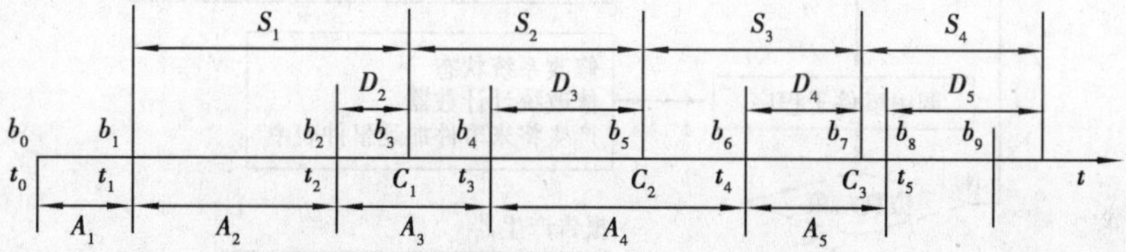


图 6.4　变步长推进法仿真钟推进过程

依次下去，直到下一事件为仿真结束的程序事件为止。由此可以看出，由于离散事件系统的状态多数是随时间离散变化的，在仿真时不需要考虑那些没有发生状态变化的时段。因此，这种变步长的推进方法，其节奏性与系统状态变化更加吻合。

## 2) 仿真算法

系统仿真是系统运行过程真实的再现。在复杂系统中，每一时刻都有若干事件发生，有多个系统状态变量在变化，如何推进仿真钟，使仿真能完整、准确地记录这一复杂过程？仿真钟的推进算法是其关键。仿真算法是确定仿真钟推进的策略的控制方法，是仿真控制的核心。目前为止，最常用的仿真算法有：事件调度法（Event Scheduling）、活动扫描法（Activity Scanning）和进程交互法（Process Interaction）。

（1）事件调度法

事件调度法是面向事件的,记录事件发生的过程,处理每个事件发生时系统状态变化的结果。例如当有工件到达生产系统时,生产线状态会发生由闲变忙,或者排队长度增加等状态变化。

①事件调度法的基本步骤。事件调度法的仿真钟采用变步长的推进方法。每推进一次仿真钟,对每一个事件发生所引起的系统状态变化进行处理和记录。因此事件调度法的基本部件包括事件表、事件控制程序和事件处理子程序。事件表按时间的顺序存放所发生的事件,以及这些事件的相关属性。事件控制程序根据事件发生的间隔推进仿真钟。事件处理子程序处理每种事件发生时系统状态所发生的变化,事件调度法的程序结构如图 6.5 所示。

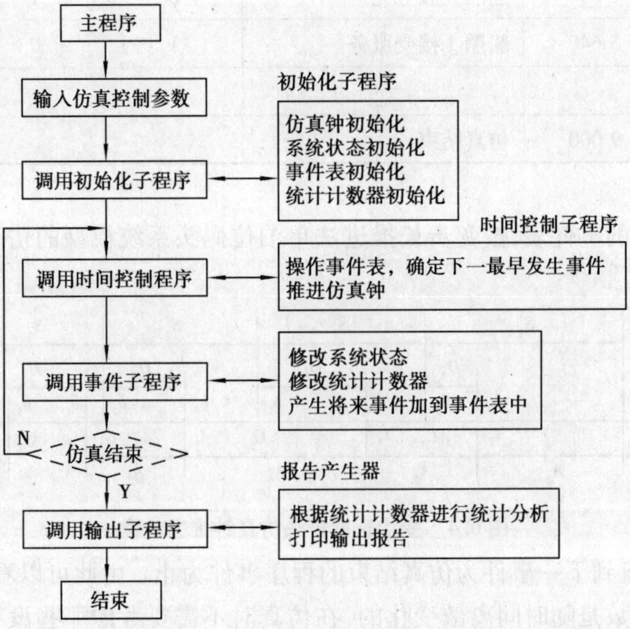


图 6.5　事件调度法程序结构图

②事件调度法的参数。事件调度法的有关参数有:

a. 成分集合。

成分集合:$C=\{a_1,a_2,\cdots,a_n\}$;

主动成分:$C_A=\{a_1,a_2,\cdots,a_m\}$;

被动成分:$C_P=\{a_{m+1},a_{m+2},\cdots,a_n\}$。

b. 描述变量。

描述每个主动成分 $a\in C_A$ 的变量:$a$ 的状态 $s_a$,值域 $S_a$,下一时刻的时间变量 $t_a$;

描述每个被动成分 $a\in C_P$ 的变量:$a$ 的状态 $s_a$,值域 $S_a$;

描述所有成分属性的变量:参数集合 $P=\{p_1,p_2,\cdots,p_r\}$。

c. 描述成分间的关系。

事件处理流程;

成分状态变化的描述;

处理优先级,解结规则。

③事件调度法算法。

a. 初始化:需要初始化的对象包括时间、事件表、系统初始事件、成分状态和操作事件表;

b. $t(s)=\min\{t_a \mid a\in C_A\}$ 的事件记录;

c. 修改事件表;

d. 推进仿真钟 TIME $=t(s)$;

e. 执行事件子程序;

f. 选择下一时刻仿真钟推进的事件时刻推进仿真钟。

上述过程用程序流程表示为:

```
While(TIME≤T∞)则执行
    Case 根据事件类型
      i=1 执行 1 类事件
      i=2 执行 2 类事件
      ……
      i=m 执行 m 类事件
    end case
    取出具有 t(s)=min{tₐ|a∈C_A}的事件记录
    置仿真时间 TIME=t(s)
end while
```

④事件表处理。复杂系统运行中事件表规模巨大,如果采用传统的处理方式,每处理完一个事件要将事件表中的所有项向上平移一行。这样的处理显然需要占用时间。为了提高处理效率,采用链表法是可取的。图 6.6 描述了用“链表分配法”对事件表存储和操作的过程。

图 6.6 中,(a)表示 TIME=25,队伍中已有 3 个顾客;(b)表示 TIME=40,有一个顾客到达;(c)表示 TIME=50,有一个顾客被服务完成离开。

(2)活动扫描法

活动扫描法是面向活动的,记录每个活动开始与终止的时间,从而记录了实体从一种状态变为另一种状态的过程。例如,当加工工件进入生产系统时,由于机床忙,工件

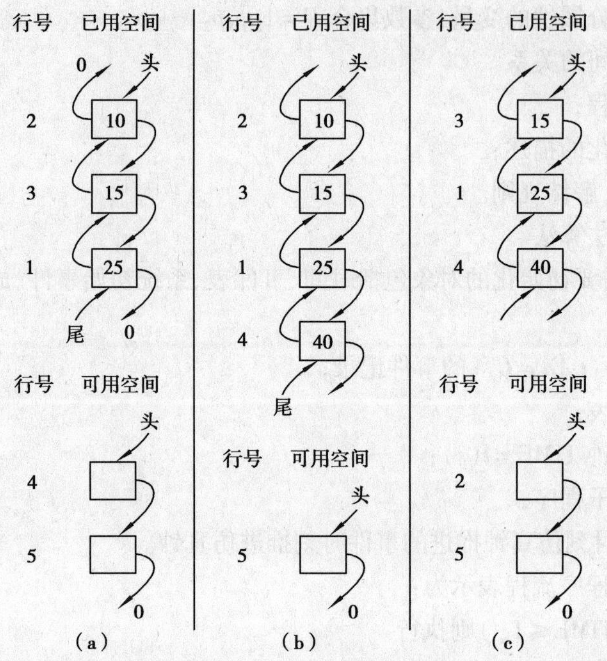


图 6.6　链表法处理事件表的原理图

暂时排在队列中等待。当机床上的工件加工完毕，工件离开后，等待加工的工件结束排队进入机床被加工。从开始排队到结束排队，这一过程是排队活动。

①活动扫描法的设置。活动扫描法的方法是建立在设立系统仿真钟、成分仿真钟和条件测试模块的基础上的。

a.系统仿真钟 TIME。和事件调度法一样，活动扫描法也需要设置一个系统仿真钟 TIME，用以标识仿真的进程时刻。

b.成分仿真钟。与事件调度法不同的是，活动扫描法不仅要设置系统仿真钟，同时还设置了成分仿真钟 $t_a$。$t_a$ 是成分 $a$ 的仿真钟。这里的成分就是系统模型中的临时实体，只是在仿真模型中取了不同的名称。成分仿真钟是标识每个成分活动发生的时刻。由于成分的进程包含若干活动，因此，$t_a$ 是一个变量。在仿真的每一时刻，成分仿真钟与系统仿真钟的关系可以归结为 3 种：

当 $t_a>\text{TIME}$ 时，成分的集合为 FUTURE(S)，有 $\text{FUTURE(S)}=\{a \mid t_a>\text{TIME}\}$；

当 $t_a=\text{TIME}$ 时，成分的集合为 PRESENT(S)，有 $\text{PRESENT(S)}=\{a \mid t_a=\text{TIME}\}$；

当 $t_a<\text{TIME}$ 时，成分的集合为 PAST(S)，有 $\text{PAST(S)}=\{a \mid t_a<\text{TIME}\}$。

c.条件测试模块。条件测试模块是对每一仿真钟时刻的成分活动是否可以开始或结束进行测试的模块。用 $D_a(S)$ 表示。当活动可以开始或结束时。定义为 $D_a(S)=$ true；若 $D_a(S)=$ false 则活动不能开始或结束。

d. 活动处理子程序。活动处理子程序用来处理活动发生时状态变量的变化，并将变化的结果输出到统计模块中。

②活动扫描法的步骤。

a. 初始化操作。

仿真钟初始化：$TIME = T_0$；

置初始事件 $t = t_0$，结束时间 $T_\infty = t_e$；

设置主动成分的仿真钟：$t_0(i), i = 1, 2, \cdots, m$；

成分状态初始化：$S = ((S_{a1}, t_{a1}), (S_{a2}, t_{a2}), \cdots, (S_{an}, t_{an}))$；

b. 设置条件处理模块，并将满足下列条件的成分置于成分集合中。

$a \in PRESENT(S) \cup PAST(S) \quad D_a(S) = true$，即

$$ACTIVABLE(S) = \begin{cases} a \in PRESENT(S) \cup PAST(S) \\ D_a(S) = true \end{cases}$$

c. 逐一处理可激活成分中的各成分的活动，直至可激活成分集合中的活动全部被处理完为止。

d. 将系统仿真钟推进到下一最早发生的活动时刻，即：

$$TIME = \min(t_a \mid a \in FUTURE(S))$$

上述过程用程序流程表示为：

```
初始化时间和成分状态
设置系统仿真钟 TIME = t0
  While(TIME ≤ T∞)则执行扫描
    for j = 最高优先数到最低优先数
    将优先数为 j 的成分置成 I
    if ta(i) ≤ TIME 且 Da(S) = true
      执行活动子程序 I
      退出重新扫描
    end for
    TIME = min(ta | a ∈ FUTURE(S))
  end while
```

图 6.7 是活动扫描法的程序框图。

(3)进程交互法

进程交互法是面向进程的，它记录着每个进程推进的过程。由于各进程是并行进行的，为了便于计算机处理，进程交互法采用交叉推进的方法，推进每个进程，最终完成全部进程的推进，即完成系统的全部运行过程。

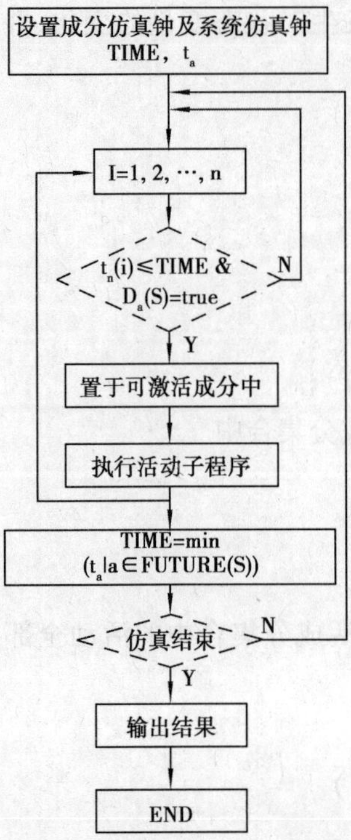


图 6.7　活动扫描法程序框图

①进程交互法的设置。

a. 系统仿真钟 TIME。和事件调度法与活动扫描法一样，进程交互法也需要设置一个系统仿真钟 TIME，用以标识仿真的进程时刻。

b. 成分仿真钟。与活动扫描法相同，进程交互法不仅要设置系统仿真钟，同时还设置了成分仿真钟 $t_a$。$t_a$ 是成分 a 的仿真钟。在仿真的每一时刻，成分仿真钟与系统仿真钟的关系也可以归结为 3 种：$t_a > TIME$；$t_a = TIME$；$t_a < TIME$。

c. 条件测试模块 $D_a(S)$。与活动扫描法类似的是，进程交互法也设置了条件测试模块，当系统仿真钟推进到某时期时，对每一成分事件进行条件判断。如果该事件发生的条件已满足，即，$D_a(S)$ = true 则对该事件进行处理，并记录事件发生的状态变化。如果条件不满足，则不对该事件处理，该事件仍留在当前事件表中，等待下一次仿真钟推进时再进行条件判断。

d. 将来事件表（Future Events List，FEL）。将来事件表是将来某个时刻发生的事件的事件记录。所谓事件记录是指该事件全部属性的记录。当仿真钟开始推进时，将所有成分的事件记录放到将来事件表中。仿真钟推进过程中逐渐将其中的某些成分事件移到当前事件表中。

e. 当前事件表（Current Events List，CEL）。当前事件表是当前时间点开始有资格执行的事件的事件记录。当仿真钟推进过程中不断将所有条件满足 $t_a$ = TIME 和 $t_a$ < TIME 的成分事件从将来事件表移到当前事件表中，然后依次处理之。

f. 进程表。将时间与活动按时间顺序进行组合，一个成分一旦进入进程，在条件允许的情况下，它将完成该进程的全部过程。这种处理方法有别于活动扫描法。活动扫描法是每推进系统仿真钟一步，对所有的活动进行扫描，对每一个条件满足的活动仅进行一次处理。因此所有进程的推进是步步为营，齐头并进的；而进程交互法的各进程推进则是交替进行的，进程结束的时间将参差不齐。这种推进法符合思维逻辑，但是需要特别注意记录每个由于条件暂时不满足而必须暂时推进的进程的断点，以便在后续的仿真时刻对其进行处理。当系统复杂，进程较多时，断点的记录十分复杂。

②进程交互法的步骤。

a. 初始化。

时间初始化；
事件表初始化：设置初始化事件并置于 FEL 中；将 FEL 中有关事件记录置于 CEL；
成分状态初始化；
系统仿真钟初始化：令 TIME = $t_0$

b. CEL 扫描。

```
While(TIME≤T∞)则执行
While(CEL 中最后一个记录未处理完),则
  While(Da(S) = true 且当前成分未处理完)则
    执行该成分活动
    确定该成分的下一事件
  end while
end while
```

c. 推进仿真钟。

```
TIME = FEL 中安排的最早时间
  if(TIME≤T∞)则
    将 FEL 中所在 TIME 时刻发生的事件记录移到 CEL 中
  end if
end while
```

图 6.8 是进程交互法的程序框图。

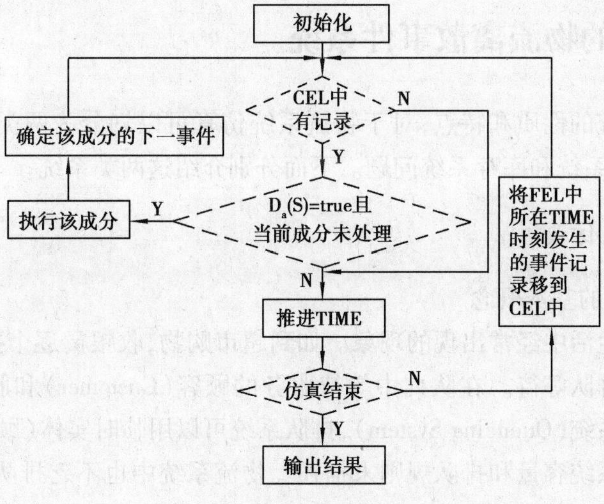


图 6.8 进程交互法程序框图

(4)三种算法的比较

三种算法在系统描述、建模要点、仿真钟推进和执行控制方面各有优缺点,表6.2列出了三种算法的比较情况。

表6.2 三种算法的比较

| | 事件调度法 | 活动扫描法 | 进程交互法 |
|---|---|---|---|
| 系统描述 | 主动成分可施加作用 | 主动成分、被动成分均可施加作用 | 主动成分、被动成分均可施加作用 |
| 建模要点 | 对事件建模,事件子程序 | 对活动建模,条件子程序 | 进程分步,条件测试与执行活动 |
| 仿真钟推进 | 系统仿真钟 | 系统仿真钟,成分仿真钟 | 依据CEL最早发生事件时间执行活动 |
| 执行控制 | 选择最早发生事件记录 | 扫描全部活动,执行可激活成分 | 扫描CEL,执行 $D_a(S)$ = true 记录断点 |

事件调度法建模灵活,应用范围广,但是只适用于成分相关性小的系统仿真。活动扫描法对于各成分相关性很强的系统来说模型执行效率高,但是,用户建模时除了要对各成分的活动进行建模外,仿真执行程序结构比较复杂,流程控制要十分小心。进程交互法建模直观,模型接近实际系统,特别适用于活动可以预测,顺序比较确定的系统,但是其流程控制复杂,建模灵活性不及事件调度法。

## 6.2.5 典型的物流离散事件系统

根据物流系统的性质和特点,对于物流系统仿真可以划分为两类典型的离散事件系统问题,即排队系统和库存系统问题。下面分别介绍这两类系统。

### 1)排队系统仿真

(1)排队系统的基本概念

排队是日常生活中经常出现的现象。如到超市购物,收银员逐个接待顾客,当顾客较多时就会出现排队等待。在队列中等待服务的顾客(Customer)和服务台(Server)就构成了一个排队系统(Queueing System),排队系统可以用临时实体(顾客)的数目、到达模式、服务模式、系统容量和排队规则来描述。物流系统中也不乏排队系统的例子。如等待装运的物料与运输车辆之间、等待包装的商品与包装设备之间、等待入库的成品与堆垛机之间等,都是排队系统的实例。

排队系统的本质是研究服务台与客户之间服务与接受服务的效率问题。服务台与客户之间存在相互依存又相互矛盾的关系。系统设计的总体目标是以最少的服务台满足最多的客户服务需求。

排队系统的 3 个基本组成部分是：

①到达模式(Arrival Model),指临时实体的到达规律；

②服务模式(Service Model),指同一时刻有多少服务机构可以接纳临时实体,需要多少服务时间；

③排队规则(Queueing Discipline),指服务机构对下一个临时实体进行服务的选取规则。

(2)排队系统的主要特征

顾客到达模式、服务模式、服务流程和排队规则(FIFO/LIFO)是排队系统的 4 个主要特征。顾客到达模式主要是指顾客到达的时间间隔,通常到达时间间隔是一个随机变量。服务模式是指服务台为顾客服务的时间,一般也是一个随机变量。服务流程是指顾客在系统中接受服务的过程,需要经过哪些服务台,经过的顺序如何。

排队规则是系统规定的各个顾客接受服务要遵循的排队的顺序规定。排队规则一般有先入先出(FIFO),后入先出(LIFO)和按优先级排队等。为了加快物料的流动,减少由于物品积压造成的浪费和资金呆滞,先入先出是物流系统中最提倡的方式。在优先级相同的情况下,一般采用先入先出的原则处理各种客户的服务。后入先出最典型的例子是堆栈。优先级的设定是排队系统中最为灵活也十分重要的特征。例如物流配送中心客户订单排序,一般都要为每个客户制定一个优先级,以保证达到系统预定的客户服务水平和系统运行效率。

(3)排队系统常用的输出参数

①平均等待时间。即

$$d = \lim_{T\to\infty} \sum_{i=1}^{n} \frac{D_i}{n} \tag{6.12}$$

②平均通过系统时间。即

$$w = \lim_{T\to\infty} \sum_{i=1}^{n} \frac{D_i + S_i}{n} \tag{6.13}$$

③平均排队长度。即

$$Q = \lim_{T\to\infty} \frac{\int_0^T Q(t)\,\mathrm{d}t}{T} \tag{6.14}$$

④系统中平均滞留的实体数。即

$$L = \lim_{T \to \infty} \frac{\int_0^T (Q(t) + S(t))\mathrm{d}t}{T} \tag{6.15}$$

式中 $T$——系统仿真运行时间；

$n$——实体数量；

$D$——等待时间；

$S$——接受服务时间。

上述4个参数指标存在的条件是服务台的利用率$\rho<1$,$\rho$的定义是平均服务时间与平均到达时间间隔之比。

### 2)库存系统仿真

(1)库存系统的基本概念

离散事件系统仿真的另一类研究对象是库存系统,不仅包括一般的物品库存、资源库存,还包括人才储备及管理这样广义的库存系统。如同排队系统中的"到达"与"服务",库存系统中,由于需满足需求和订货行为的不断发生,使库存量呈现动态变化。

根据需求与订货的规律,库存系统分为确定型和随机型库存系统。确定型库存系统的需求量、需求时间、订货量、订货时间等都是确定性的,可以用解析法精确求解。而随机库存系统中,由于需求时间、需求量、订货时间及订货量等都有可能是随机的,无法精确求解,通过仿真技术进行研究是一种有效的方法。

研究库存系统的目的是比较各种订货策略,以降低原材料成本,保证供应,防止缺货,减少流动资金积压。

(2)库存系统的主要特征

补给模式、需求模式和成本代价是库存系统最主要的特征。

补给模式是指物品补给的数量、时间特点。例如一般企业的原材料库,原材料的补给与供应商的生产批量和时间有关,与运输的批量、方式、距离等也有关系。如果批量大,单件成本会降低,但是可能会造成库存积压。

需求模式是指用户对物品出库的数量、频率和时间等的要求。

不同的仓库表现出不同的补给和需求特征,因此就有各种不同的库存系统。例如大型配送中心仓库一般出库频率高、批量大、周期性较强;而大型企业的原材料库则是完全按照生产节奏,小批量、快节奏的出库。

成本代价是指当库存欠缺或盈余时,需要付出的代价,以一个企业的原材料库为例,由于库存缺货,直接影响到产品按计划完成,不仅会在生产过程中造成损失,如工序等待的损失,更重要的是影响客户服务和企业信誉。为了不影响生产,紧急订货的价格要高于正常订货的价格等都是仓库面临的代价。但是库存的盈余同样也要付出代价,那就是资金的积压和库房的空间占用,库存管理工作量的增加等。

(3)库存系统仿真的主要参数

①保管费。即

$$C_1 = \frac{\int_0^n hI(t)\mathrm{d}t}{n} \tag{6.16}$$

式中 $h$——单位货物的单位时间保管费;

$I(t)$——$t$ 时刻的库存量。

②订货费。即

$$C_2 = K + mZ \tag{6.17}$$

式中 $m$——单位数量的订货费用;

$Z$——订货量;

$K$——固定订货费。

③缺货损失费。即

$$C_3 = \frac{\int_0^n p\left|Q(t)\right|\mathrm{d}t}{n} \tag{6.18}$$

式中 $p$——单位缺货损失;

$Q(t)$——$t$ 时刻的缺货量。

3)两类离散事件系统仿真比较

排队系统和库存系统是两类具有代表性的离散事件系统。它们的模型不同,仿真的目标也不尽相同。表6.3是两类系统仿真的比较。

表6.3 排队系统和库存系统仿真的比较

| 评价项目 | 排队系统 | 库存系统 |
|---|---|---|
| 要素 | 服务台、顾客 | 订货、需求 |
| 目标 | 提高服务台、顾客效率 | 保证供应的前提下降低库存 |
| 主要性能指标 | 排队长度、平均等待时间、平均滞留时间、平均实体数 | 订货费、月平均保管费、月平均缺货损失费 |
| 评价 | 效率指标(时间) | 效益指标(费用) |

## 6.2.6 仿真结果分析

离散事件系统中事件的发生带有随机性,其仿真结果也是随机的一次仿真的结果,只能是系统性能的一次抽样分析,不能完全代表系统"真正"的性能。这就要求通过多次观察随机变量,用统计方法对输出结果进行分析。需要指出的是,仿真结果分析,是对有限次仿真结果的抽样分析,即通过分析抽样误差,判断结果的可靠性和精度。这种分析并不能判断输入的采样值是否正确,也不能说明模型是否正确。

目前,系统仿真中一般采用区间估计方法来估计抽样误差。区间估计时,有两个假设前提:①所有的测量值是彼此独立的,一次抽样不受其他采样的影响;②总体分布是稳定的,即随机变量的总体分布不受采样次数的影响,也不受采样长度的影响。

但是,在仿真过程中采集到的随机变量值常常不满足上述条件。例如,一个加工系统,由于工件的等待时间与前一工件的等待时间有关,所以测得的工件等待时间并非相互独立。另外,实际系统从启动到达到稳定工作状态需要经过一个过渡阶段,在过渡阶段的采样值不具有稳定的分布。如果要得到系统的稳态性能,必须消除初始状态的影响。基于这种分析,仿真结果分析就归结为如何根据系统的实际情况合理地控制估计值的偏差,提高输出结果的可靠性。

从仿真结果分析的观点来看,仿真运行方式分为终止型仿真和非终止型仿真两大类。其中,对于非终止型仿真,又主要考虑的是稳态仿真。下面分别介绍两类仿真的结果分析。

### 1)终止型仿真的结果分析

终止型仿真是由一个"固有事件"来确定仿真运行时间长短的一类仿真,因此这种仿真的运行长度是事先确定的。固有事件 $E$ 发生的时刻记为 $T_E$。被仿真的系统满足一定的初始条件,在零时刻开始运行,在 $T_E$ 时刻结束运行。终止型仿真具有以下特点:

①在零时刻的系统初始条件相同;

②必须定义结束事件或结束时刻;

③在 $T_E$ 时刻系统被"清零",或在该时刻以后的数据均没有意义。

终止型仿真有明确的终止事件,保证每次仿真运行的初始条件相同,重复运行仿真模型 $n$ 次,根据输出结果研究系统的性能指标。如果在每次仿真运行时采用不同的随机数,那么每次仿真运行都是独立的,所输出的仿真结果也是独立的,用相应的统计分析方法可以给出系统性能指标的值。这里介绍终止型仿真主要采用的固定样本数量法(Fixed-sample-size Procedure)和序贯法(Sequential Procedure)。

(1)固定样本数量法

固定样本数量法也称为复演法。用固定样本数量法进行仿真试验时,采用相同的初始条件,每次仿真运行使用不同的随机数,将终止型仿真重复执行 $N$ 次,每次重复运行是独立的。

固定样本数量法实际上就是由用户自己规定独立运行的次数 $N(N>2)$。如果每次运行时采样次数为 $P$，第 $j$ 次运行中第 $i$ 次的观测值为 $X_{ij}$，则：

$$\bar{X}_j(P)=\frac{1}{P}\sum_{i=1}^{P}X_{ij}$$

$$S_j^2(P)=\frac{1}{P-1}\sum_{i=1}^{P}[X_{ij}-\bar{X}_j(P)]^2$$

重复运行 $N$ 次可以得到容量为 $N$ 的样本 $\{X_j\}$，样本均值和方差分别为：

$$\bar{X}(N)=\frac{1}{N}\sum_{j=1}^{N}\bar{X}_j$$

$$S^2(N)=\frac{1}{N-1}\sum_{j=1}^{N}[\bar{X}(N)-\bar{X}_j]^2$$

假设 $N$ 次运行的结果 $X_1,X_2,\cdots,X_N$，满足独立同分布的条件，且是正态分布，则对随机变量 $X$ 的期望值 $E(X)$ 的区间估计 $\mu$ 为：

$$\mu=\bar{X}(N)\pm t_{N-1,1-\alpha/2}\sqrt{S^2(N)/N}$$

上式给出的是 $\mu$ 的置信度为 $100(1-\alpha)\%$ 的置信区间，或者说，估计该区间值的可靠度为 $100(1-\alpha)\%$。对于该公式，应注意：必须使 $X_1,X_2,\cdots,X_N$，满足独立同分布，且正态分布的条件。根据中心极限定理的要求，仿真运行的次数 $N$、以及每次运行时的采样次数 $P$ 均不能太少；否则，均值估计的偏差大，会导致区间估计的可靠度显著降低。因此，需要合理确定 $P$ 和 $N$。

［例 6.2］ 一个机床加工系统，工件到达与加工时间服从指数分布，对其独立运行 10 次，每次长度为 200，初始条件是初始队长 $L(0)=0$，加工机床状态为空，仿真运行结果见表 6.4。

**表 6.4 仿真运行结果**

| $J$ | 1 | 2 | 3 | 4 | 5 | 6 | 7 | 8 | 9 | 10 |
|---|---|---|---|---|---|---|---|---|---|---|
| $D_j(200)$ | 10.427 | 14.469 | 12.780 | 8.703 | 12.727 | 9.206 | 8.053 | 28.039 | 6.228 | 13.931 |
| $Q_j(200)$ | 2.098 | 2.718 | 2.389 | 1.596 | 2.585 | 1.755 | 1.724 | 6.523 | 1.227 | 2.679 |

由表可以计算出：

$$\bar{D}(10)=\frac{1}{10}\sum_{j=1}^{10}\bar{D}_j(200)=12.456$$

$$\bar{Q}(10)=\frac{1}{10}\sum_{j=1}^{10}\bar{Q}_j(200)=2.539$$

$$S_D^2(10)=\frac{1}{9}\sum_{j=1}^{10}[\bar{D}(10)-\bar{D}_j(200)]^2=37.270$$

$$S_Q^2(10)=\frac{1}{9}\sum_{j=1}^{10}[\bar{Q}(10)-Q_j(200)]^2=2.296$$

从而可得平均排队等待时间的期望值 $D(200,L(0)=0)$，平均队长的期望值$Q(200,L(0)=0)$。

在 $\alpha=0.10$ 时的估计值为：

$$\bar{D}(10)\pm t_{9,0.095}\sqrt{S_D^2(10)/10}=12.456\pm3.537$$

$$\bar{Q}(10)\pm t_{9,0.095}\sqrt{S_Q^2(10)/10}=2.539\pm0.878$$

因而可以认为，$D(200,L(0)=0)$ 以将近 90% 的置信度位于区间(8.919,15.993)上；$Q(200,L(0)=0)$ 以将近 90% 的置信度位于区间(1.661,3.417)上。

(2)序贯法

如果希望置信区间不要过宽或者事先给定了系统参数均值的误差限制，则需要采用序贯法运行仿真模型。定义均值的绝对误差为 $|\bar{X}-\mu|=\beta$，序贯法的基本原理是选择合适的重复运行次数，在 $1-\alpha$ 的置信水平下，使得置信区间的半长小于绝对误差，即：

$$1-\alpha=P(|\bar{X}-\mu|\leqslant half-lenght)\leqslant P(|\bar{X}-\mu|\leqslant\beta)$$

采用序贯法进行仿真试验的步骤如下：

①预定重复运行的次数 $N>2$，建议 $N=5$；

②由 $N$ 次运行的观测值 $X_1,X_2,\cdots,X_N$，计算相应的均值 $\bar{X}(N)$及方差 $S^2(N)$；

③计算置信区间半长 $\beta_N=t_{N-1,1-\alpha/2}\sqrt{S^2(N)/N}$；

④若 $\beta_N\leqslant\beta$，则置信区间满足预定的绝对误差，在置信水平 $1-\alpha$ 下的置信区间为$[\bar{X}(N)-\beta_N,\bar{X}(N)+\beta_N]$，结束仿真；

⑤若 $\beta_N>\beta$，假定 $S^2(N)$不随仿真运行次数的增加而变化，按照下面的公式估算达到绝对误差要求所需的仿真运行次数，

$$N_r(\beta)=\min\left\{i\geqslant N:t_{i-1,1-\alpha/2}\sqrt{S^2(N)/i}\leqslant\beta\right\}$$

将仿真模型重复运行 $N_r(\beta)-N$ 次；

⑥回到第③步重新计算置信区间半长，直到满足绝对误差要求为止。

[例 6.3]　已经知道单服务台、单队列排队系统的服务时间为均值 1.0 分钟的指数分布，每次到达 1 名顾客，顾客到达的间隔时间为均值 1.5 分钟的指数分布，系统服务时间为 8 小时，用仿真方法来预测顾客的平均排队等待时间，给出显著水平 $\alpha=0.05$ 的置信区间。要求统计出的顾客平均等待时间的绝对误差小于 0.60 分钟，用序贯法进行仿真，则仿真运行次数应为多少。

首先执行 5 次仿真运行，得到样本的方差为 $S^2(5)=1.0758$，置信区间半长为 1.29，不满足绝对误差要求。估算达到绝对误差要求所需的仿真运行次数：

$$N_r(0.6)=\min\{i\geqslant5:t_{i-1,0.975}\sqrt{1.0758/i}\leqslant0.6\}=14$$

在应用序贯法时，也可以设置相对误差 $\gamma = \frac{|\bar{X}(N) - \mu|}{\mu}$ 作为仿真运行的控制条件。如何从相对误差来估算仿真运行次数，可以参考上述公式得出结论。

如何确定仿真运行次数，对于终止型仿真问题来说，如果系统仿真的主要目的是了解系统运行特征，对置信区间的精度没有特别要求，建议采用固定样本数量法。不论系统有多么复杂、系统仿真的开销有多大，建议至少进行 3 ~ 5 次仿真运行，否则无法了解由于随机因素所带来的仿真结果的分散程度。在了解系统运行特征的基础上，给出绝对或相对误差限制，再来估算所需要的仿真运行次数。

### 2)稳态型仿真的结果分析

相对终止型仿真而言，另一类仿真为非终止型仿真。非终止型仿真是没有可以确定运行时间长短的固有事件的一类仿真。仿真对象是连续运行的系统，或至少在很长时间内运行的系统。

稳态仿真(Steady-state Simulation)是研究非终止型系统稳态行为的仿真，这类系统行为不受零时刻的初始条件的影响。为了使系统的行为不受初始条件影响，稳态仿真需要满足以下条件：

①足够长的仿真时间；

②如果必要，需要规定仿真的预热(Warm Up)时间。

在稳态系统仿真中，如果初始条件引起的偏差能被减少到可以忽略的程度，那么就采用固定样本数量法来统计系统变量。但是，初始条件引起的偏差往往是系统由初始状态向稳定状态过渡的固有特征，不受仿真运行次数的影响。在终止型系统仿真中，可以用增加仿真运行次数的方法来提高置信区间的精度，但是在稳态系统仿真中，不能通过单纯增加仿真运行次数来减小初始条件的影响。需要综合考虑系统仿真运行的长度和采样方式对仿真结果的影响。稳态仿真主要采用重复/删除法(Replication/deletion Approach)和批均值法(Distribution Mean)。

(1)重复/删除法

对于稳态仿真来说，只要运行时间足够长，初始条件对仿真结果的影响可以被忽略。但在仿真运行的初期，初始条件对仿真结果的影响十分显著。把仿真运行分成两个时段：

第一时段从时刻 0 到时时刻 $T_0$ 为“预热时段”(Warm-up Period)；

第二时段从时刻 $T_0$ 到停止时刻 $T_E$ 为数据收集时段。

如图 6.9 所示。重复/删除法就是在采样时删除那些处于“预热时段”的数据，只统计处于数据收集阶段的数据。

观测某个变量的变化曲线是常用的确定预热时段长短的方法。当曲线波动过大

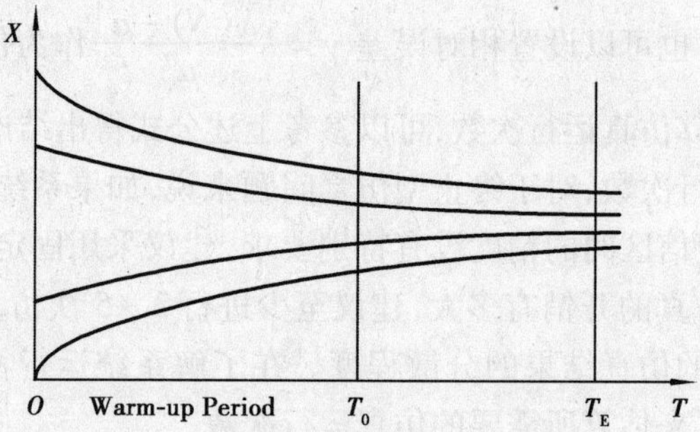


图 6.9　初始条件对仿真的影响

时,可以主要采用移动平滑措施来确定预热时段的长度。

采用重复/删除法获得输出参数的点估计和置信区间的方法与固定样本数量法相似。假设仿真运行的总长度为 $M$,预热时段长度为 $L$,独立仿真运行的次数为 $N$。

系统输出变量的点估计为,

$$\bar{X}_j = \frac{1}{M-L}\sum_{i=L+1}^{M} X_{ij}, \bar{X}(N) = \frac{1}{N}\sum_{j=1}^{N}\bar{X}_j \tag{6.19}$$

构造置信水平 $1-\alpha$ 下的置信区间:

$$\bar{X}(N) \pm t_{N-1,1-\alpha/2}\sqrt{S^2(N)/N} \tag{6.20}$$

重复/删除法与固定样本数量法区别在于,"预热时段"内的观测值被剔除,不用来做统计。减少初始条件所引起偏差的方法是,增加"预热时段"长度和每次仿真运行的长度。

(2)批均值法

批均值法是把仿真运行划分为长度(采样次数 $P$)相等的 $M$ 段。每一段看作一次独立的仿真运行。得到样本平均值 $X_1, X_2, \cdots, X_N$,$X$ 可以近似为相互独立的同一分布的随机变量,然后利用与固定样本数量法相同的统计方法来构造仿真结果的置信区间,即如果运行的总采样次数为 $N$,分为 $M$ 批,每批采样次数为 $P=N/M$。

与固定样本数量法相类似,可以看作重复运行 $N$ 次,每次采样 $P$ 次,则可以利用固定样本数量法的相关公式构造 $X$ 的置信区间。批均值法对 $M$,$P$ 值有一定的要求,即分段数量足够大,且每段长度 $P$ 也要足够大,需要合理的选择 $M$,$P$ 值。

批均值法和固定样本数量法尽管在原理上和方法上是相同的,但是,由于它们对同一样本空间作了不同的处理,前者是每次运行都从初始状态开始;后者是每次运行的结束作为下一次运行的开始。因此,它们各自有不同的特点。

固定样本数量法每次仿真运行都经过初始空载状态,空载状态的影响会导致较大的均值估计偏差。但是每次仿真运行之间独立性较好。批均值法有利于消除初始状态的影响,但需要特别注意消除各批之间的相关性。

显然在仿真对象方面固定样本数量法适合于仿真长度事先确定的、可以仿真多次的系统。例如，一个仓库每天工作 8 h，其仿真长度定为 8 h，仿真次数可以任意确定。这类系统可称为终止型仿真。

而批均值法则适合于仿真长度足够长，但仿真运行只有一次的系统。例如，一个每天连续 24 h 运行的装配生产线，一旦投入生产可持续数日或数年，这类系统可称为稳态型仿真。

综上，终止型仿真所需解决的，是如何消除初始状态对系统性能估计造成的影响。从统计学的观点来看，理论上要对仿真模型独立运行多次。而实际仿真中则是要确定一个合适的运行次数，以便得到较好的性能估计。稳态型仿真的目的是估计系统的稳态性能。由于仿真长度不限，系统初始状态对仿真结果的影响可以忽略。所需要解决的主要是确定一个合适的运行长度。

## 6.3 基于 WITNESS 软件的物流系统仿真设计

### 6.3.1 WITNESS 仿真软件应用基础

WITNESS 是由英国 Lanner 公司推出的仿真软件系统。它可以用于离散时间系统的仿真，同时又可以用于连续流体（如液压、化工、水力）系统的仿真。它采用面向对象的建模（O-O）的编程方法，打破以往仿真软件面向过程的方式，因而建模灵活、使用方便。

1）WITNESS 提供的基本单元

WITNESS 提供了一系列用于构造系统仿真模型的基本单元。这些基本单元可分为两类：物理单元和逻辑单元。物理单元用于描述实际存在的工具、设备等。有：

①零部件（Part）表示在系统中被其他单元加工或处理的、可移动的工件或物品。

②缓冲区（Buffer）存放物品的工位。

③机器（Machine）对零部件进行加工和处理。

④输送链（Conveyor）用于两个固定点之间的零部件传送。

⑤劳动者（Labor）操作机器者。

⑥车辆（Vehicle）沿轨道运行，运物品。

⑦轨道(Track)定义车辆运行的路径。

⑧流体(Fluid)流经处理器、容器的液体。

⑨处理器(Processor)它和机器的作用类似,只是其加工、处理的对象是流体,而不是零部件。

⑩容器(Tank)用于存储流体。

⑪管道(Pipe)用于连接容器和处理器。

逻辑单元用于表示模型中概念性、逻辑性方面的关系。有:

①属性(Attribute)可以为零部件定义一些属性。系统提供10种标准属性。

②变量(Variable)可以被引用、赋值或计算,提供了Time,M,N等5种系统变量。

③分布(Distribution)提供了Erlan,Gamma等14种典型的分布,每种分布都有100个种子值。如果用户需要某些特殊分布,则可以利用Distribution自行定义。

④文件(File)用于输入或输出有关的数据。

⑤函数(Function)可以定义类似于高级语言中的调用函数。系统提供了92个常用函数。用户还可根据需要自行定义。

⑥班次(Shift)用于灵活地定义各种工作、休息时间的作息表。

⑦时间序列图(Timeseries)以图形方式来画出仿真随时间变化的值。

⑧直方图(Histogram)用竖条式的图形来表示仿真的结果。

⑨饼状图(Pie chart)以饼状图形式表示输出值。

⑩零部件文件(Part file)以ASII文件形式定义零部件的类型、到达时间和批量等。

2)WITNESS的主要功能模块

①定义(Define)定义模型基本元素的名称、数量、类型。

②显示(Display)构造元素的形象并显示在屏幕上。

③详细定义(Detail)详细定义模型基本元素的逻辑关系。如结构类型、工作方式、工作参数、规则等。

④设计者(Designer)提供用户一种作为缺省条件下的、快速与简捷的建模过程。

⑤报告(Report)显示统计结果报告。并可以根据用户的需要查询特定单元的统计性能的报告。

⑥运行(Run)运行或停止运行仿真模型。并在屏幕上动画显示系统运行的过程。运行可以是单步的、连续的或定时的。定时运行时无屏幕动画显示或半动画显示。

⑦实验(Experiment)允许定义和运行一个实验模型,也可以从该实验模型中提取数据。

⑧窗口(Windows)可同时开启若干窗口显示系统仿真运行情况。并有专门的窗口

用于显示仿真时间。其中交互窗口(Interact)专门跟踪显示系统运行的状态变化。

⑨帮助(Help)提供使用 WITNESS 的各种帮助信息。

### 3) WITNESS 建模与仿真过程

使用 WITNESS 软件包进行物流系统的建模与仿真,同样要遵循建模与仿真的一般步骤。在运用它进行计算机模型的建立时,有其特定的步骤:

(1)定义系统元素

可以通过在布置窗口中点鼠标右键,选定快捷菜单中的“define”菜单项,来定义模型基本元素的名称、类型、数量。

(2)显示系统元素

WITNESS 软件是一套优秀的可视化建模与仿真工具,它可以将被仿真系统的可视实体以二维或三维的图形显示出来;在仿真运行时,它可以显示原材料、零部件、人员、运输车辆在系统中的运动状况。所以在定义了元素的基础上,要定义元素在各种状态下的现实图形。本步骤可以通过右击要定义显示特征的元素,通过选定弹出式菜单中的“display”菜单项,来进行设定。各种元素的平面布置可以在 WITNESS 的布置窗口中设定,也可以通过导入被仿真系统设施布置图的.dwg 文件来设定。

(3)详细定义

本步骤详细定义模型基本元素工作参数以及各元素之间的逻辑关系,如系统结构、被加工对象在各台机器上的加工时间分布、加工对象的工艺路线以及其他规则等。可以双击鼠标左键,通过弹出的“detail”对话框来设定。

(4)运行

通过试运行和修改模型,重复前三步得到正确的计算机仿真模型之后,对系统进行一定时间范围的运行,并在屏幕上动画显示系统运行的过程,运行方式可以是单步的、连续的和设定时间的。本步骤通过 WITNESS 提供的“run”工具栏来进行操作。

(5)报告

系统运行一段时间后,显示系统中各元素的运行状态统计报告。通过该报告,可以分析系统中可能存在的各种问题;或通过某项指标,来比较可选方案的优缺点。如机器的利用率、产品的通过时间、在制品库存等。该操作通过使用“reporting”工具栏来实现。

(6)归档

WITNESS 还提供了归档“documentor”模块,可以让我们提取计算机模型的各种信息,生成 word 文档或直接打印出来。主要是生产报告模块没有包含的有关元素的说明型文字、规则、活动、中断和基本信息。

(7)优化

WITNESS 还提供了系统优化"optimizer"模块。如果一个系统的绩效将因为其构成元素的配置不同,而得到不同的结果,并不需要建立多种配置的计算机模型。可以直接使用同一个计算机模型,然后通过"optimizer"模块来设定每一元素的可变属性值的取值范围,得到一个取值范围集合,并设定表示绩效的目标函数是取最大值还是最小值,进行优化仿真运行,就可以得到前 $n$ 个最优绩效的系统配置($n$ 可自行设定)。

## 6.3.2 装卸中心人员调度系统仿真设计

### 1)背景介绍

某装卸中心,有 5 个装卸点位于圆形服务中心区周围,每个装卸点之间有一位装卸工人。该中心有两位清理工人负责清理车辆。该中心每 10 min 来一辆货车需要服务,每辆货车在中心进行一次装卸和一次清理服务。具体要求:

①装卸货物时不许清扫工人对该货车进行清扫。

②清扫货车时不许装卸工人对该货车装卸货物。

③任何一辆货车在装卸点时要么处于清扫状态,要么处于装卸货物状态,要么处于等待工人的状态。

④当某辆货车要装卸货物时,必须接受靠近它的两位装卸工人,当不够两位装卸工人时,他处于等待工人的状态,工人一旦被某辆货车占用,就处于被占用状态,直到该货车的装卸完成后才被释放。

⑤任何一位装卸工人,均可被靠近他的货车占用,也只能被靠近他的货车占用,按先进先出(FIFO)规则。

⑥货物充足,两次服务完毕后,货车离开。

⑦设每辆货车每次接受清理服务的时间(min)长度服从正态分布 N(10,8),每次装卸的时间长度服从均匀分布 u(15,35)。初始状态为:装卸点的货车 1、3 和 5 为先接受清理服务状态,2 和 4 先接受装卸服务。

仿真任务:以 Witness 软件为平台,采用事件调度法对装卸中心的人员调度进行建模与仿真,并对运行结果进行分析,找出该中心的瓶颈资源以及解决人工约束的策略。

### 2)仿真模型的设计

(1)元素定义(Define)

本系统的元素定义如表 6.5 所示。

表 6.5　实体元素定义

| 元素名称 | 类　型 | 数量 | 说　明 |
|---|---|---|---|
| Truck | Part(零部件) | 1 | 货车 |
| Station1 | Machine(机器) | 1 | 装卸点 1 |
| Station2 | Machine(机器) | 1 | 装卸点 1 |
| Station3 | Machine(机器) | 1 | 装卸点 1 |
| Station4 | Machine(机器) | 1 | 装卸点 1 |
| Station5 | Machine(机器) | 1 | 装卸点 1 |
| Entrance | Conveyor(输送链) | 1 | 装卸中心入口 |
| Exit | Conveyor(输送链) | 1 | 装卸中心出口 |
| Dustman | Labor(劳动者) | 2 | 清洁工人 |
| Stevedore1 | Labor(劳动者) | 1 | 装卸工人 1 |
| Stevedore2 | Labor(劳动者) | 1 | 装卸工人 2 |
| Stevedore3 | Labor(劳动者) | 1 | 装卸工人 3 |
| Stevedore4 | Labor(劳动者) | 1 | 装卸工人 4 |
| Stevedore5 | Labor(劳动者) | 1 | 装卸工人 5 |

(2)元素可视化(Display)设置

各个实体元素的显示特征定义设置如图 6.10 所示。

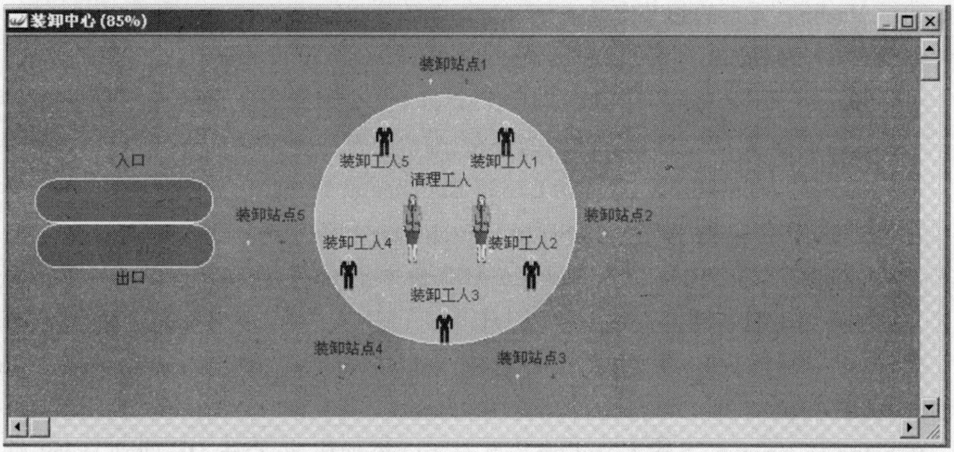


图 6.10　各个实体元素的显示特征

①Part 元素可视化的设置。在元素选择窗口选择 Truck 元素，鼠标右键点击 Display，跳出 Display 对话框，设置它的 Style。

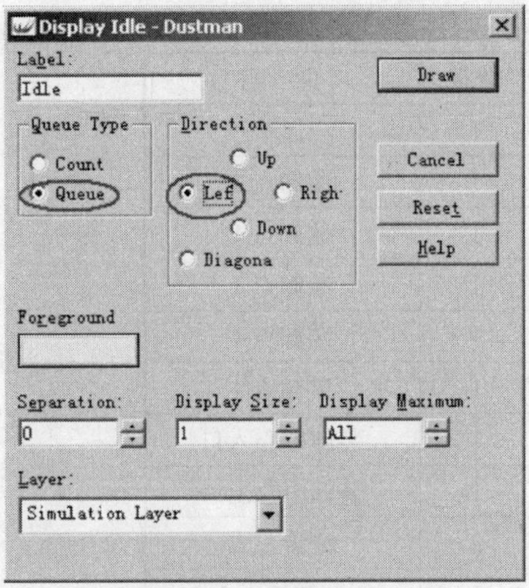


图 6.11 Display Idle 对话框

②Machine 元素可视化的设置。在元素选择窗口分别选择 Station1 ~ Station5 元素，鼠标右键点击 Display，跳出 Display 对话框，设置它们的 Text 和 Queue 形式的 Part Queue 和 Labor Queue。

③Conveyor 元素可视化的设置。在元素选择窗口分别选择 Entrance 和 Exit 元素，鼠标右键点击 Display，跳出 Display 对话框，设置它们的 Path。

④Labor 元素可视化的设置。在元素选择窗口分别选择 Dustman 和 Stevedore1 ~ Stevedore5 元素，鼠标右键点击 Display，跳出 Display 对话框，设置它们的 Text，Idle（见图 6.11）和 Queue 形式的 Part Queue 和 Style。

（3）各个元素细节（Detail）设计

①对 part 元素 Truck 的细节定义。

- Type：Active
- Inter Arrival：10.0
- TO…：PUSH to Entrance at Rear

②对 Machine 元素的细节定义。

在 Station1 的 Detail 对话框 General 页面（见图 6.12）设置如下：

- Station1. Crcle Time：UNIFORM（15，25，1）！在装卸点 1 的货车每次装卸需要的时间服从 15 ~ 25 min 的均匀分布，随机整数流为 1。
- Station1. Input（From…）：PULL from Entrance at Front。
- Station1. Output（To…）：PUSH to Exit at Rear。
- Station1. Labor Rule…：Stevedore1 AND Stevedore5 ！在装卸点 1 的货车每次装卸要用 1 号装卸工人和 5 号装卸工人。

在 Detail 对话框 Setup 页面（图 6.13）点击 Add/Remove…，跳出 Add/Remove…Steps 对话框（见图 6.14）。

在 Setup Description 下输入“rid up”，点击 Add 添加成功，点击 OK 回到 Detail 对话框 Setup 页面，进行如下设置：

- Station1. Setup Interval（No. of）：1 ！货车接受一次清理服务。
- Station1. Setup Interval（Ops to Firs）：0 ！装卸点 1 初始状态先为货车清理。

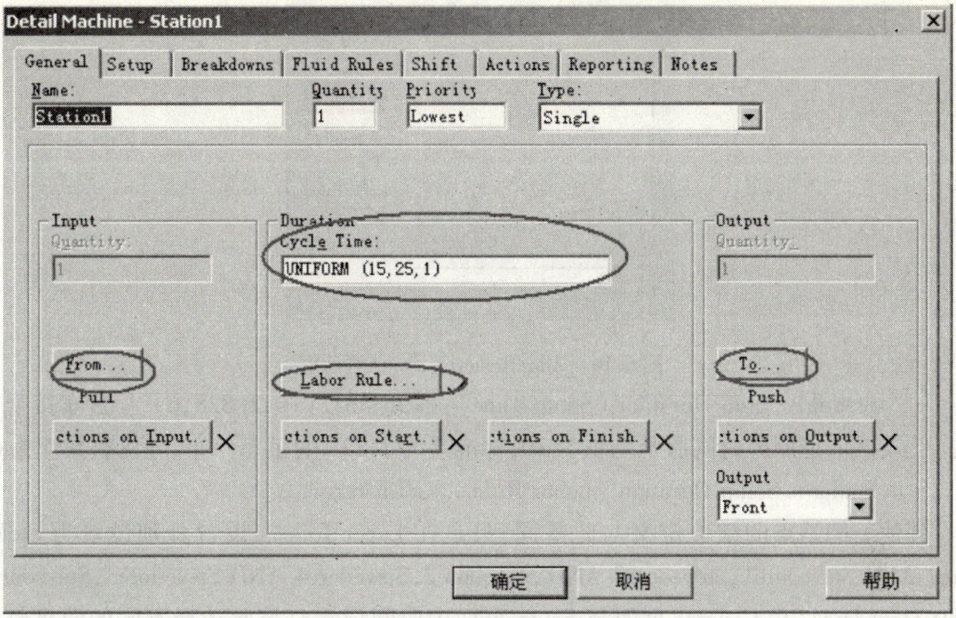


图 6.12 Detail Machine 对话框 General 页面

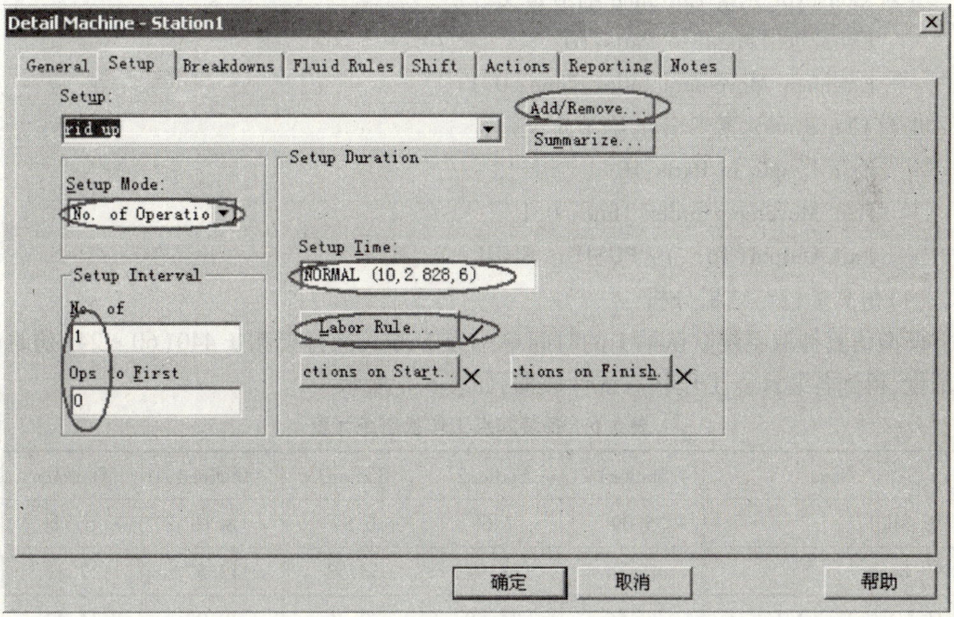


图 6.13 Detail Machine 对话框 Setup 页面

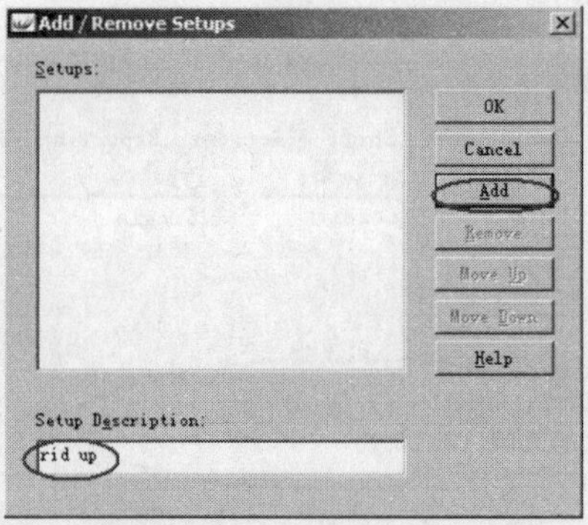


图 6. 14　Add/Remove…Steps 对话框

- Station1. Setup Duration（Setup Time）：NORMAL（10,2. 828,6）！ 货车接受一次清理服务时间服从均值为10,标准差为2. 828 的正态分布,随机整数流为6。
- Station1. Setup Duration（Labor Rule…）：Dustman。

其他装卸站点的细节定义与此雷同,只是在 Labor Rule…设置分别设置为 Stevedore2 AND Stevedore1,Stevedore3 AND Stevedore2,Stevedore4 AND Stevedore3,Stevedore5 AND Stevedore4,在 General 页面与 Setup 页面中时间设置时彼此选择不同的随机整数流;在 Setup Interval（Ops to Firs)设置中分别设置为 1,0,1,0。

③对 Conveyor 元素 Entrance 细节定义。

- Entrance. Length in Parts:10
- Entrance. Movement Index Time：0. 1

④对 Conveyor 元素 Exit 的细节定义。

- Exit. Length in Parts:10
- Exit. Movement Index Time：0. 1
- Exit. Output(To…)：PUSH to SHIP

(4)仿真运行与结果分析

模型仿真钟取系统默认的 1 的时间单位为 1 min,运行模型 1 440(60 * 24)仿真时间单位,得到各装卸点工作状态统计数据,如表 6.6 所示。

**表 6.6　各装卸点工作状态统计表**

| Name | Station1 | Station2 | Station3 | Station4 | Station5 |
|---|---|---|---|---|---|
| % Idle | 5.09 | 7.68 | 5.87 | 8.16 | 6.71 |
| % Busy | 41.74 | 38.97 | 33.53 | 42.57 | 37.81 |
| % Cycle Wait Labor | 33.56 | 34.50 | 39.36 | 30.20 | 34.42 |
| % Setup | 19.60 | 18.86 | 19.25 | 19.07 | 21.05 |

续表

| Name | Station1 | Station2 | Station3 | Station4 | Station5 |
|---|---|---|---|---|---|
| % Setup Wait Labor | 0.00 | 0.00 | 0.00 | 0.00 | 0.00 |
| No. Of Operations | 29 | 28 | 24 | 29 | 28 |

表6.6中统计数据的含义,如表6.7所示。

**表6.7　各装卸点工作状态统计表**

| 名　称 | 装卸点1 | 装卸点2 | 装卸点3 | 装卸点4 | 装卸点5 |
|---|---|---|---|---|---|
| 空闲率 | 5.09 | 7.68 | 5.87 | 8.16 | 6.71 |
| 装卸用时百分举 | 41.74 | 38.97 | 33.53 | 42.57 | 37.81 |
| 等待装卸工用时百分率 | 33.56 | 34.50 | 39.36 | 30.20 | 34.42 |
| 清理用时百分率 | 19.60 | 18.86 | 19.25 | 19.07 | 21.05 |
| 等待清理工人用时百分率 | 0.00 | 0.00 | 0.00 | 0.00 | 0.00 |
| 完成服务次数 | 29 | 28 | 24 | 29 | 28 |

通过对表6.6分析可以发现,到达每个装卸点的货车耗用相当一部分时间用于等待装卸工人的到达,这不仅影响了工作点的实际利用率,同时降低了客户对该装卸中心的满意度。

该装卸中心可以通过调整调度计划或者提高装卸工人工作效率的方法来解决装卸工人对整个装卸中心的约束,从而提高工作点的实际利用率,同时提高了客户对该装卸中心的满意度。

## 6.3.3　垃圾回收物流系统仿真设计

1)背景介绍

某城镇共有7个居民小区,每个小区有一个固定垃圾投放处,两个垃圾箱分别投放完全废弃垃圾和可回收利用垃圾;每天有专门公司(垃圾处理公司)派运输车收集垃圾,将垃圾从居民区运送至中转站,再由中转站运至目的地——垃圾处理中心。

仿真任务:研究如何设计物流系统,能够使收集系统在满足时间约束、载重约束的条件下,使垃圾处理公司的物流总成本最低。系统配置的项目主要有车辆载重量、随车工作人员数、客户满意度。

(1)地理及需求信息

各个收集点所有的人口数、距离垃圾转运站、公司停车场的距离信息如表6.8所示。

**表6.8　收集点信息**

| 收集点名称 | 收集点居民数 people(i)/千人 | 距离停车场距离 distance(ip)/km | 距离垃圾转运站距离 distance(it)/km |
|---|---|---|---|
| Dump001 | 1.5 | 6 | 16 |
| Dump002 | 1.45 | 16 | 27 |
| Dump003 | 1.65 | 26 | 24 |
| Dump004 | 1.85 | 38 | 36 |
| Dump005 | 1.4 | 28 | 26 |
| Dump006 | 2.05 | 16 | 14 |
| Dump007 | 1.6 | 10 | 8 |

各收集点之间以及停车场和转运站之间的距离信息如表6.9所示。

**表6.9　各收集点之间**

| 路径起点 | 路径终点 | 距离/km | 符　号 |
|---|---|---|---|
| Tran_station | Corp park | 11 | Distance(pt) |
| Dump001 | Dump002 | 10 | Distance(12) |
| Dump002 | Dump003 | 10 | Distance(23) |
| Dump003 | Dump004 | 12 | Distance(34) |
| Dump004 | Dump005 | 10 | Distance(45) |
| Dump005 | Dump006 | 12 | Distance(56) |
| Dump006 | Dump007 | 6 | Distance(67) |

(2)与收集车辆有关的信息

与收集车辆有关的信息主要有:

①固定成本[price(i)]:收集车辆的购买费用;

②可变成本[cost(i)]:车辆的行驶费用、维护费用和雇员工资;

③行驶速度:分为空车行驶速度[unloadspeed(i)]和载重行驶速度[loadspeed(i)];

④收集时间[loadtime(i)]:在垃圾收集点收集垃圾所需的时间;

⑤卸载时间[unloadtime(i)]:在转运站卸载垃圾所需的时间。

具体信息如表6.10所示。

**表6.10 收集车辆信息**

| 车辆名称 | 载重/t | 固定成本/万元 | 可变成本/(元·$km^{-1}$) | 载重速度/($km \cdot h^{-1}$) | 空载速度/($km \cdot h^{-1}$) | 人员/人 | 人员工资/[元·(天·人)$^{-1}$] | 收集时间/min | 卸载时间/min |
|---|---|---|---|---|---|---|---|---|---|
| 车1 | $X_1$ | $2+X_1$ | $X_1$ | 60 | 72 | $P_1$ | 60 | $3+\gamma*6/P_1$ | $3+X_1*6/P_1$ |
| 车2 | $X_2$ | $2+1.2*X_2$ | $X_2$ | 60 | 72 | $P_2$ | 60 | $2+\gamma*8/P_2$ | $2+X_2*6/P_2$ |

说明:a.车1用来收集不可回收垃圾;车2用来收集可回收利用垃圾;

b. $X_1$,$X_2$ 为现有两种车的吨位数,$X_1$ 取值:3,4或5吨;$X_2$ 取值:1.5,2,2.5;

c. $\gamma$ 为每次收集的垃圾量,单位为吨;

d. $P_1$,$P_2$ 为两种车可配备的随车工作人员数(可以是1,2,3);

e.固定成本和可变成本与车辆的载重量有关。

(3)与垃圾相关的信息

与垃圾相关的信息主要有:

①人均垃圾量:平均每人每天产生的垃圾数量;

②垃圾比例:各种垃圾成分所占比例。

假设人均垃圾量服从均值为1.2kg/天的埃尔郎分布,垃圾成分分为两类:一类为可重复利用资源,一类为无用需销毁垃圾,两者比例为1:2。

现在假设仿真一年365天的垃圾回收工作,决定两种型号的车配置何种吨位以及随车工作人员数,垃圾回收物流成本(Total Logistic Cost,TLC)最低。

$$\text{TLC} = \text{车1成本} + \text{车2成本} \tag{6.22}$$

式中,车 $i$ 所耗成本为:

车 $i$ 所耗成本 = $i$ 的固定成本 + $i$ 的可变成本 + $i$ 的服务时间成本 + $i$ 的人员成本

即:

$$\text{TLC} = CC1 + CC2 \tag{6.23}$$

$$CC[i] = X[i] + V[i] + S[i] + P[i] * 365 * 60 \tag{6.24}$$

$$S[i] = (\text{runtime}[i] - 240) * m \tag{6.25}$$

式中 $S[i]$——垃圾回收的服务时间成本;

runtime[$i$]——垃圾车将垃圾全部回收完成的最终时间,即垃圾车每天的运行时间;

$m$——收集时间对服务时间成本的惩罚因子。

垃圾回收公司在12点之前收集完毕,社会效应好,给予奖励;在12点后完成,社会满意度低,影响公司信誉,成本增加。

### 2)系统逻辑结构设计

此垃圾回收物流系统的逻辑结构分为五个子模块:

(1)垃圾产生模块

每天收集工作开始时,系统根据小区的人数、人均垃圾量、两种垃圾量的比例,通过爱尔朗随机分布函数,随机产生各个小区的两种垃圾数量,分别存放入各个小区的两个垃圾箱内。

(2)叫车模块

在垃圾存放入各个小区的两个垃圾箱过程中,根据每种垃圾的总量以及每种垃圾车的载重量,生成叫车的次数。

(3)收集模块

叫车次数确定之后,车辆根据需求,沿着最短路径依次收集垃圾。在收集过程中,在一个垃圾点,如果垃圾车收集满了或当天的收集工作全部完成,车辆驶向垃圾中转站,进行卸载操作;如果垃圾车未满,则驶向下一最近垃圾收集点继续收集。

(4)收工模块

当天的收集工作全部完成之后,车辆驶向公司停车场,当天收集工作完毕。

(5)数据处理模块

每天车辆收工时,进行必要的数据处理。

### 3)仿真模型的建立

根据系统逻辑结构和数据信息,我们建立具有7个垃圾收集点、一个垃圾转运站的WITNESS垃圾回收仿真模型。具体步骤如下:

(1)元素定义

建立仿真模型时,首先定义仿真模型中所需的元素,并设计它们的可视效果。我们将设计的元素分为两类——实体元素和逻辑元素,名称如下。

**表6.11　实体元素列表**

| 元素名称 | 类型 | 说　明 |
| --- | --- | --- |
| dumpa(1)~dumpa(7) | Part | 7个小区不可回收的垃圾 |
| dumpb(1)~dumpb(7) | Part | 7个小区可回收利用的垃圾 |
| dumpcart(1) | Vehicle | 专门回收dumpa的垃圾回收车 |
| dumpcart(2) | Vehicle | 专门回收dumpb的垃圾回收车 |
| buffera(1)~buffera(7) | Buffer | 各小区不可回收垃圾的垃圾箱 |

续表

| 元素名称 | 类型 | 说　明 |
| --- | --- | --- |
| bufferb(1) ~ bufferb(7) | buffer | 各小区可回收利用垃圾的垃圾箱 |
| Corppark | Track | 公司停车场 |
| Transfer_station | Buffer | 垃圾转运站 |
| road(*i*,*j*) | Track | 由节点实体 *i* 向节点实体 *j* 方向的道路 |
| road(*j*,*i*) | track | 由节点实体 *j* 向节点实体 *i* 方向的道路 |
| Geta(1) ~ Geta(7) | Track | 车辆将通过它们来进行垃圾 a 的回收 |
| Getb(1) ~ Getb(7) | Track | 车辆将通过它们来进行垃圾 b 的回收 |

**表 6.12　逻辑元素——变量列表**

| 变量名称 | 类型 | 说　明 |
| --- | --- | --- |
| people(*i*) | integer | *i* 小区的居民数量;$i=1,2,\cdots,7$ |
| capacitycart(*j*) | integer | 第 *j* 种垃圾车每次可收集的垃圾数量,即载重量;$j=1,2$ |
| ndemand(*j*) | integer | 每天对第 *j* 种垃圾车的需求次数;$j=1,2$ |
| labor(*j*) | integer | 第 *j* 种垃圾车的随车工作人员数;$j=1,2$ |
| permilecost(*j*) | Real | 第 *j* 种垃圾车单位里程的成本;$j=1,2$ |
| salary | Real | 工作人员每天工资 |
| dump_interval(*i*) | integer | *i* 小区产生垃圾的时间间隔;$i=1,2,\cdots,7$ |
| price(*j*) | Real | 第 *j* 种垃圾车的购买价格;$j=1,2$ |
| costrate(*j*) | Real | 第 *j* 种垃圾车的运行费率;$j=1,2$ |
| unloadspeed(*j*) | Real | 第 *j* 种垃圾车的空载速度;$j=1,2$ |
| loadspeed(*j*) | Real | 第 *j* 种垃圾车的实载速度;$j=1,2$ |
| loadnum(*j*) | integer | 第 *j* 种车辆到达垃圾收集点可收集的垃圾数量;$j=1,2$ |
| loadindex(*j*) | integer | 第 *j* 种车辆的装货速度系数;$j=1,2$ |
| nfree(*j*) | integer | 第 *j* 种车辆剩余载重能力;$j=1,2$ |
| nparts(7) | integer | *i* 小区垃圾收集点在特定仿真时点剩余垃圾量 |
| loadtime(*j*) | Real | 第 *j* 种车辆收集垃圾所需的时间;$j=1,2$ |
| unloadtime(*j*) | Real | 第 *j* 种车辆卸载垃圾所需的时间;$j=1,2$ |

续表

| 变量名称 | 类型 | 说　明 |
|---|---|---|
| runtime($j,k$) | Real | 存储车辆的时间参数，runtime($j$,1)存储仿真钟的当前数值，runtime($j$,2)存储车辆 k 在当天的运行时间，runtime($j$,3)存储车辆 $k$ 在仿真过程中总的运行时间；$j=1,2$；$k=1,2,3$ |
| timeweigh | Real | 时间惩罚因子 |
| timecost($j$) | Real | 第 $j$ 种车辆的时间惩罚成本 |
| sumcost | Real | 目标函数 objfun 中用于统计系统运行的总费用 |

此外，模型中还应定义一个实数型逻辑函数 objfun( )，用于计算和统计系统运行一年 365 天所花费的总费用。

(2)元素显示

各个元素的显示设置如图 6.15 所示。

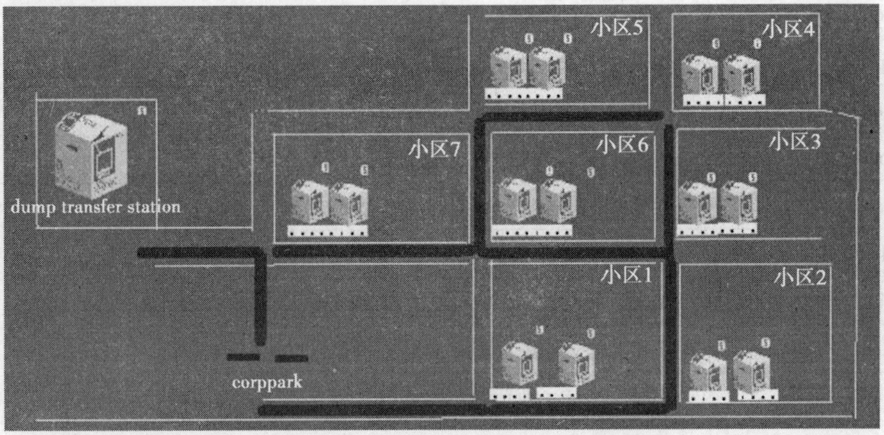


图 6.15　垃圾回收物流仿真系统可视化界面

(3)元素详细设计

该系统的工作班次制度采用每天工作 8 小时，每一仿真时间等价于现实时间一分钟。为了实现系统的仿真运行，需要对系统中的元素进行详细设计。具体分为：

①系统初始化程序设计(initialize actions)。系统初始化程序设计是通过选择系统菜单 model/initialize actions…菜单项，得到初始化程序编辑框，输入如下程序：

```
Dump_interval = 480                ！垃圾产生的时间间隔
personum (1) = 1.5
personum (2) = 1.45
```

```
personum（3）=1.65
personum（4）=1.85
personum（5）=1.4
personum（6）=2.05
personum（7）=1.6
！给各小区的人数赋初值,单位:千人
FOR num =1 TO 7
meandump（num）=1.2 * personum（num）* 1000
NEXT
！分别生成每天7个小区产生垃圾的均值
set capacity of dumpcart1 to capacitycart(1)
set capacity of dumpcart2 to capacitycart(2)
！分别设定两个车辆的载重量,由变量数组 capacitycart(1)和 capacitycart(2)决定。
unloadtime =5                        ！卸载时间
FOR num =1 TO 7
moddemanda（num）=0
moddemandb（num）=0                  ！决定叫车次数的变量
NEXT
FOR num =1 TO 4
roadchoicea（num）=0
roadchoiceb（num）=0                 ！最短路径控制变量
NEXT
FOR num =1 TO 3
runtimea（num）=0
runtimeb（num）=0                    ！车辆运行时间控制变量
NEXT
intervaltime =1440                   ！每天的分钟数
timeweigh =5                         ！时间惩罚因子
laborneeda =1
laborneedb =1                        ！两辆车随车工作人员数
loadindexa =10
loadindexb =12                       ！对变量赋初始值
```

②各个小区垃圾的详细设计。各个小区垃圾产生的详细设计表6.13所示。

表 6.13 垃圾元素详细设计列表

| 小区 | 首次到达时间 | 到达时间间隔 | 每天产生的垃圾数量 | 垃圾去向 |
|---|---|---|---|---|
| Dumpa1 | 0.000 1 | 1 440 | ERLANG (meandump (1) / 3,3,1) | PUSH to buffera1 |
| Dumpa2 | 0.000 2 | 1 440 | ERLANG (meandump (2) / 3,3,2) | PUSH to buffera2 |
| Dumpa3 | 0.000 3 | 1 440 | ERLANG (meandump (3) / 3,3,3) | PUSH to buffera3 |
| Dumpa4 | 0.000 4 | 1 440 | ERLANG (meandump (4) / 3,3,4) | PUSH to buffera4 |
| Dumpa5 | 0.000 5 | 1 440 | ERLANG (meandump (5) / 3,3,5) | PUSH to buffera5 |
| Dumpa6 | 0.000 6 | 1 440 | ERLANG (meandump (6) / 3,3,6) | PUSH to buffera6 |
| Dumpa7 | 0.000 7 | 1 440 | ERLANG (meandump (7) / 3,3,7) | PUSH to buffera7 |
| Dumpb1 | 0.000 1 | 1 440 | ERLANG (meandump (1) / 3,3,8) | PUSH to bufferb1 |
| Dumpb2 | 0.000 2 | 1 440 | ERLANG (meandump (2) / 3,3,9) | PUSH to bufferb2 |
| Dumpb3 | 0.000 3 | 1 440 | ERLANG (meandump (3) / 3,3,10) | PUSH to bufferb3 |
| Dumpb4 | 0.000 4 | 1 440 | ERLANG (meandump (4) / 3,3,11) | PUSH to bufferb4 |
| Dumpb5 | 0.000 5 | 1 440 | ERLANG (meandump (5) / 3,3,12) | PUSH to bufferb5 |
| Dumpb6 | 0.000 6 | 1 440 | ERLANG (meandump (6) / 3,3,13) | PUSH to bufferb6 |
| Dumpb7 | 0.000 7 | 1 440 | ERLANG (meandump (7) / 3,3,14) | PUSH to bufferb7 |

其中,表 6.13 中的 meandump(i)为各个小区每天产生的垃圾数量,是通过各个小区的居民数计算出来的,以便于生产叫车次数。

③运输车辆详细设计。

表 6.14 运输车辆详细设计列表

| 车辆名称 | 空载速度 /(km·min$^{-1}$) | 实载速度 /(km·min$^{-1}$) | 生成时,放入公司停车场的车位 |
|---|---|---|---|
| Dumpcart1 | 1.2 | 1.0 | PUSH to corppark(1) |
| Dumpcart2 | 1.2 | 1.0 | PUSH to corppark(2) |

④垃圾箱详细设计。设计垃圾放入垃圾箱时的活动,也即每个垃圾箱的"actions on input"中的程序。

```
buffera1. actions on input:
IF MOD (NPARTS (buffera1),cartcapacity(1)) = 1
   CALL dumpcart1,get1,road7_t,1
```

```
    VSEARCH road0_1, corppark, road1_2, road1_0, road2_3, road3_4, road4_5,
        road5_6, road6_5, road6_7, road7_t, roadt_7, road1_0, road3_6, road6_3,
        road7_0, road0_7, road2_1, geta1, geta2, geta3, geta4, geta5, geta6, geta7,
        getb1, getb2, getb3, getb4, getb5, getb6, getb7
ENDIF
moddemanda (1) = MOD (NPARTS (buffera1), cartcapacity(1))
```

程序解释:

第一行:判断当 buffera1 中的垃圾的数量同车辆 1 的载重量取余为 1 时,发生 if…endif 之间的活动;

第二行:叫车 dumpcart1,该车将在路径 get1 上装载垃圾,在路径 road7_t 上卸载垃圾,优先级为 1;

第三行至第五行:在所有路径上搜索车辆 dumpcart1;

第七行:汇总非整车垃圾的数量,带到 buffera2 中继续计算并叫车。

Buffera2 ~ buffera7 的 actions on input:

```
IF MOD (moddemanda (i-1) + NPARTS (buffera(i)), cartcapacity1) = 1
  CALL dumpcart1, geta(i), road7_t, 0
    VSEARCH road0_1, corppark, road1_2, road1_0, road2_3, road3_4, road4_5,
        road5_6, road6_5, road6_7, road7_t, roadt_7, road1_0, road3_6, road6_3,
        road7_0, road0_7, road2_1, geta1, geta2, geta3, geta4, geta5, geta6, geta7,
        getb1, getb2, getb3, getb4, getb5, getb6, getb7
ENDIF
moddemanda (i) = MOD (moddemanda (I - 1) + NPARTS (buffera (i)), cartcapacity1)
```

程序解释:

i 表示本垃圾箱的序号,为 2,3,4,5,6,7;

第一行:将其上一个垃圾箱的非整车垃圾数量同本垃圾箱中的垃圾数相加,然后与车辆一的载重量取余,当结果为 1 时,叫车。

垃圾箱 bufferb1 ~ bufferb7 的"actions on input"同垃圾箱 buffera1 ~ buffera7 的"actions on input"处理逻辑完全一样,只需要将 buffera 改为 bufferb、dumpcart1 改为 dumpcart2,moddemanda 改为 moddemandb,geta 改为 getb 即可。

⑤两点间运输路径上的程序设计。下面以 road2_3 为例,加以说明其逻辑流程。其他路径类似,可以在路径的 general detail 中的 output to 中加以查看。

```
IF VEHICLE (road2_3, 1) = dumpcart1
```

```
    IF NPARTS（buffera3） > 0
        PUSH to geta3(1)
    ELSE
        PUSH to road3_4
    ENDIF
ELSEIF VEHICLE（road2_3,1）= dumpcart2
    IF NPARTS（bufferb3） > 0
        PUSH to getb3
    ELSE
        PUSH to road3_4
    ENDIF
ELSE
    Wait
ENDIF
```

程序解释：

第一行到第六行：决定车辆 dumpcart1 到达路径 road2_3 末端时，它的运行路径。如果此时垃圾箱 buffera3 中有垃圾，则车辆 dumpcart1 驶向路径 geta3，进行垃圾收集（第二行到第四行）；如果垃圾箱 buffera3 中没有垃圾，则车辆 dumpcart1 驶向路径 road3_4。

第七行到第十二行：决定车辆 dumpcart2 到达路径 road2_3 末端时，它的运行路径。如果此时垃圾箱 bufferb3 中有垃圾，则车辆 dumpcart2 驶向路径 getb3，进行垃圾收集（第八行到第十行）；如果垃圾箱 bufferb3 中没有垃圾，则车辆 dumpcart2 驶向路径 road3_4。

第十三行到第十四行：如果是其他情况，等待。

⑥路径 get 系列的设置。在 Get 系列（Geta1 ~ geta7，Getb1 ~ getb7）路径中设置车辆的装载（loading）程序和条件，它们的设定以及程序的处理流程基本相同，下面举 geta2 加以说明。其中装载数量（loadnum）和装载时间（loadtime）在 general detail 页的 actions on front 中设定；装载程序和条件在 loading detail 页中进行设定。

General detail 页的 actions on front 程序如下：

```
IF NFREE（dumpcart1） > = NPARTS（buffera2）
    loadnum = NPARTS（buffera2）
ELSE
    loadnum = NFREE（dumpcart1）
ENDIF
loadtimea（1）= 3 + loadnum / 1000 * loadindexa / laborneeda
```

dayloadtimea = dayloadtimea + loadtimea (1)

程序解释:

第一行至第五行:如果车辆 dumpcart1 的空余容量 NFREE(dumpcart1)不小于垃圾箱 buffera2 中的垃圾数量,则收集数量 loadnum 为垃圾箱 buffera2 中的所有垃圾;否则,收集数量 loadnum 为车辆的空余容量。

第六行:计算本次收集所需的时间 loadtimea(1),它是本次垃圾收集量、随车工作人员数以及收集时间系数的函数。

路径 geta2 中的 loading detail 页框的设定如图 6.16 所示。

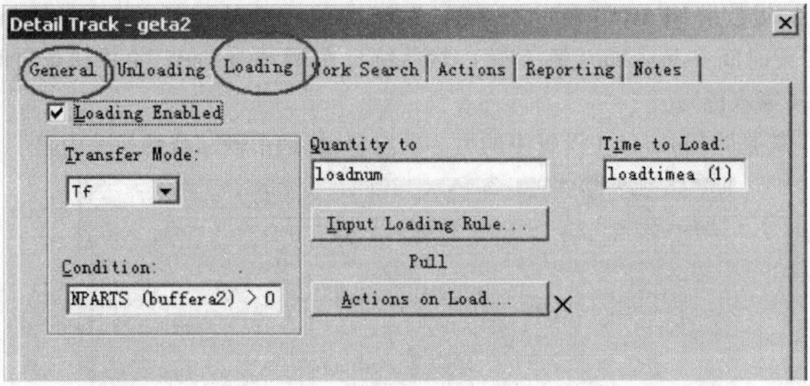


图 6.16 路径 geta2 中的 loading 详细设计图

在选中 loading enabled(能够装载)前的复选框后,将会出现该界面上的其他内容。Transfer Mode(装载模式)有三种:if、call、always。我们选择条件模式 if,在条件 condition:框中输入条件表达式 NPARTS(buffera2) >0,即当垃圾箱 buffera2 中的垃圾数量大于零时,能够装载;装载数量等于 Quantity to 框中的变量 loadnum 的值;装载的时间需要 Time to Load 框中的变量 loadtimea(1);装载的源在 Input Loading Rule 规则中进行设定,为"PULL from buffera2",从垃圾箱 buffera2 中收集。

⑦road7_t 的设定。车辆每次到达路径 road7_t 的末端时,都要进行卸载处理,所以对路径 road7_t 的详细设计项目包括卸载所需的时间,卸载模式等。

通过路径 road7_t 的 General detail 页的 actions on front 中设定卸载所需的时间,程序如下:

```
IF VEHICLE (road7_t,1) = dumpcart1
   unloadtime =3 + 6 * NPARTS (dumpcart1) / 1000 / laborneeda
   dayunloadtimea = dayunloadtimea + unloadtime
ELSE
   unloadtime =2 + 6 * NPARTS (dumpcart2) / 1000 / laborneedb
```

dayunloadtimeb = dayunloadtimeb + unloadtime

ENDIF

程序解释:

第一行至第三行,根据函数 VEHICLE( )的结果,如果到达车辆是 dumpcart1,就通过车辆 dumpcart1 中所装载的垃圾数量 NPARTS (dumpcart1)、车辆 dumpcart1 的随车工作人员数 laborneeda 来确定卸载时间 unloadtime (第二行),然后统计车辆 dumpcart1 的总的卸载时间 dayunloadtimeb (第三行)。

第四行至第七行,否则,也就是到达的车辆是 dumpcart2,就通过车辆 dumpcart2 中所装载的垃圾数量 NPARTS (dumpcart2)、车辆 dumpcart2 的随车工作人员数 laborneedb 来确定卸载时间 unloadtime(第五行),然后统计车辆 dumpcart2 的总卸载时间 dayunloadtimeb (第六行)。

图 6.17 是路径 road7_t 设置中的另一项内容,就是车辆卸载的相关内容。

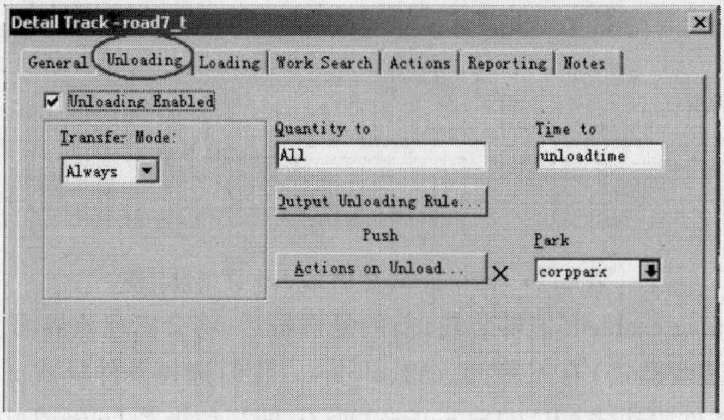


图 6.17　路径卸载 Unloading 页框界面

在选中 Unloading Enabled(能够卸载)前的复选框后,该页面上的其他选项将能够被用户设置。卸载模式(Transfer Mode)也有三种模式 if、call、always,我们选择模式 always,只要车辆到达路径 road7_t 的末端,就进行卸载活动。卸载数量 Quantity to 设定为 All,就是卸载车辆上的所有垃圾。卸载时间 Time to 设定为变量 unloadtime,决定本次卸载所需要的时间。停车 Park 设定为公司停车场 corppark,决定在当天回收任务完成后,车辆泊放的位置。卸载到什么地方,将由"output unloading rule"中的程序决定,程序为:push to ship,将所有垃圾送出系统。

(4)数据处理子模块

每天车辆完成收集工作完成后,驶向垃圾处理公司停车场停泊时,都将进行一些数据统计和处理活动。这些程序写在路径 road7_0 的"Actions on Front"中,程序及其说明如下:

```
IF VEHICLE (road7_0,1) = dumpcart1
    IF NDemands (dumpcart1) = 0
        runtimea (1) = TIME
        runtimea (2) = runtimea (2)  + 1
        runtimea (3) = runtimea (1)  - 1000 * (runtimea (2)  - 1)
        timecosta = timecosta  + timeweigh * (runtimea (3)  - 240)
        daydistance = DISTANCE (dumpcart1) / 10  - lastdaydistance
        lastdaydistance = DISTANCE (dumpcart1) / 10
        dayunloadtimea = 0
        dayloadtimeb = 0
    ENDIF
ELSEIF VEHICLE (road7_0,1) = dumpcart2
    IF NDemands (dumpcart2) = 0
        runtimeb (1) = TIME
        runtimeb (2) = runtimeb (2)  + 1
        runtimeb (3) = runtimeb (1)  - 1000 * (runtimeb (2)  - 1)
        timecostb = timecostb  + timeweigh * (runtimeb (3)  - 240)
        daydistancea = DISTANCE (dumpcart2) / 10  - lastdaydistancea
        lastdaydistancea = DISTANCE (dumpcart2) / 10
        dayunloadtimeb = 0
        dayloadtimeb = 0
    ENDIF
ENDIF
FOR num = 1 TO 4
    IF VEHICLE (road7_0,1) = dumpcart1
        roadchoicea (num) = 0
    ELSEIF VEHICLE (road7_0,1) = dumpcart2
        roadchoiceb (num) = 0
    ENDIF
NEXT
```

程序解释

第一行至第十一行，如果即将停泊的车辆是 dumpcart1，同时系统此时对车辆 dumpcart1 的需求是零（第三行）；先统计车辆 dumpcart1 在当天收集工作的完成时间，并判断是否超过了12点,然后计算当天的时间惩罚成本 timecost(第三至第六行);统计车辆的运行距离(第七至第八行);对两个变量置零(第九至第十行)。

第十二行至第二十二行,统计如果即将停泊的车辆是 dumpcart2 的一些数据,解释同 dumpcart1 一样。

第二十四行至第三十行,对路径选择变量数组置零。

(5)目标函数 objfun( )中的程序

```
sumcost =0! 统计总费用的变量置零
sumcost = initialcosta + initialcostb + sumcost
! 将车辆的购置成本加到总费用变量中
sumcost =(laborneedb + laborneeda) * 60 * (runtimea (2) + 1) + sumcost
! 将工作人员工资添加到总费用变量
sumcost = DISTANCE (dumpcart001) / 10 * permilecosta + DISTANCE
(dumpcart002) / 10 * permilecostb + sumcost
! 将车辆的运行费用添加到总费用变量
sumcost = timecosta + timecostb + sumcost
! 将时间惩罚成本添加到总费用变量
RETURN sumcost! 返回变量 sumcost 给目标函数
```

#### 4)仿真运行与结果分析

现在采用如表6.15所示的两种配置,来运行该仿真模型,仿真时间为一年(即365*1 440min)。

表6.15　两种配置方案的异样数据表

| 项目方案 | 车辆名称 | 载重量/t | 随车人员/人 | 时间惩罚因子 |
|---|---|---|---|---|
| 方案一 | Dumpcart(1) | 3 | 1 | 2 |
| | Dumpcart(2) | 1.5 | 1 | 2 |
| 方案二 | Dumpcart(1) | 5 | 3 | 2 |
| | Dumpcart(2) | 2.5 | 3 | 2 |

其他的元素与数值在两个方案中的值完全相同,参见前面的表格。通过仿真运行后,由方案一得到统计数据如表6.16所示,由方案二得到统计数据如表6.17所示。

表 6.16　垃圾回收仿真系统报表(方案一)

| 方案一 | 运行距离/km | 运行时间/h | 时间成本/万元 | 收集时间/h | 卸载时间/h | 可变成本/万元 | 固定成本/万元 | 人员工资/万元 | 成本/万元 |
|---|---|---|---|---|---|---|---|---|---|
| Dumpcart(1) | 73 691 | 2 310 | 10.2 | 744 | 407 | 22.1 | 5 | 2.2 | 39.5 |
| Dumpcart(2) | 74 336 | 2 263 | 9.6 | 813 | 217 | 9.2 | 3.8 | 2.2 | 26.8 |
| 两车数据总计 | 148 027 | 4 573 | 19.8 | 1557 | 624 | 31.3 | 8.8 | 4.4 | 66.3 |

表 6.17　垃圾回收仿真系统报表(方案二)

| 方案二 | 运行距离/km | 运行时间/h | 时间成本/万元 | 收集时间/h | 卸载时间/h | 可变成本/万元 | 固定成本/万元 | 人员工资/万元 | 成本/万元 |
|---|---|---|---|---|---|---|---|---|---|
| Dumpcart(1) | 54 657 | 1 366 | -1.1 | 342 | 157 | 27.3 | 7 | 6.6 | 39.8 |
| Dumpcart(2) | 54 489 | 1 292 | -2 | 332 | 86 | 13.6 | 5 | 6.6 | 23.2 |
| 两车数据总计 | 109 146 | 2 658 | -3.1 | 674 | 243 | 40.9 | 12 | 13.2 | 63 |

为了更清晰的比较两种方案的成本参数,将上表的数据绘制成直方图,如图 6.18、图 6.19 所示。

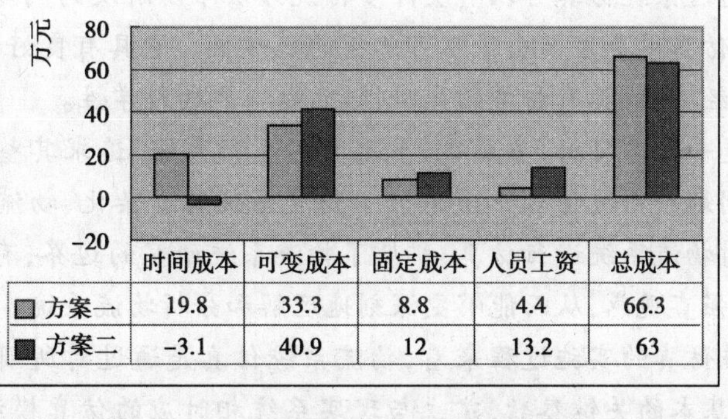


图 6.18　两种方案的成本参数比较图

从图 6.18 上可以看出,当采用方案二时,车辆吨位数和随车人员的增加,使得固定成本、人员工资都比方案一要大;同时,回收速度要比方案一快的多,使得可变成本和居民满意度较高;时间惩罚成本低于零,即取得了很好的市场评价和公司品牌效应。在这两种方案下,每年方案二的物流成本比方案一要少 3.3 万元。

从图 6.19 上可以看出,两种方案的物流成本差异收集时间、卸载时间、运行时间、运行距离的差异引起的。由于方案一的车辆吨位和随车人员都比方案二要少,所以同

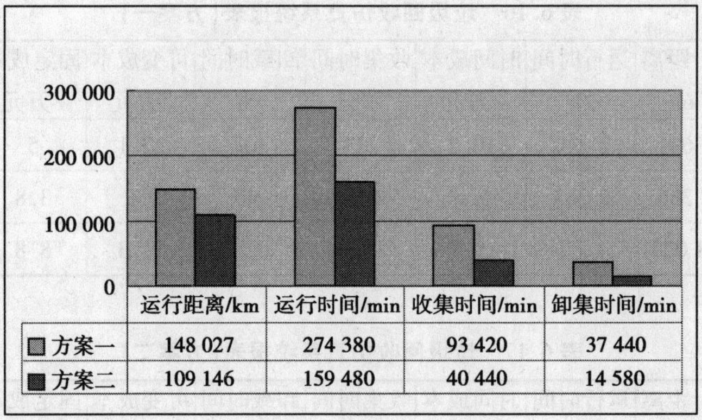


图 6.19　两种方案的运行参数比较图

是收集等量垃圾，它的收集时间和卸载时间都比方案二长，它的收集次数要比方案二多，即运行距离比方案二长。

## 本章小结

现代系统仿真是以系统理论、形式化理论、随机过程与统计学理论和优化理论为基础，以计算机为工具，对具有不确定性因素的现实系统或未来系统进行动态实验研究的理论和方法。通过系统仿真可以解决许多传统方法难以解决的问题。特别是在求解复杂系统时，系统仿真更是显示出了不可忽视的优越性。它具有良好的可控制性、无破坏性、可复现性和经济性，具有科学的先验性、问题求解的科学性。

物流系统是一个多目标、多层次、多因素的复杂系统，追求其整体的优化是一个复杂的系统分析问题。系统仿真正是适应了物流系统的复杂化、物流目标的多样化的发展需要。通过对物流系统进行仿真，扩展了物流系统研究的边界，有助于描述物流系统的各种现象，加强直观感，从而能够更深刻地理解和分析物流系统。

从物流系统仿真的实施过程来看，物流系统仿真是通过对所研究系统的认识和了解，抽取其中的基本的关键参数，建立与现实系统相时应的仿真模型，经过模型的确认和仿真程序的验证，在仿真实验设计的基础上，对该模型进行仿真实验，以模拟系统的运行过程。观察系统状态变随时间变化的动态规律性，并通过数据采集和统计分析，得到被仿真系统参数的统计特性，据此推断和估计系统的真实参数和性能测度，为决策提供辅助依据。

## ≫复习思考题

1. 系统仿真在系统分析中起什么作用？系统仿真方法的特点有哪些？

2. 试说明离散事件系统仿真与连续系统仿真的区别。

3. 试说明离散事件系统仿真的步骤。

4. 随机变量在离散事件系统仿真中起什么作用？如何生成随机变量？

5. 试说明仿真钟的推进过程以及对几种仿真算法进行比较。

6. 试说明几种典型物流仿真模型的特征。

7. 试列表比较终止型和稳态型仿真的应用条件、结果分析方法，包括运行次数、基本算法。

8. 有一个单服务台排队系统，顾客到达的时间间隔分别为 $A_i$ = 5,6,7,14,6（单位：min，$i$ 表示到达顾客的顺序号），为第 $i$ 个顾客服务的时间分别为 $S_i$ = 12,5,13,4,9（单位：min）。试画出系统中顾客排队的队长随时间变化的情况，并统计计算仿真运行长度为40 min时，系统中顾客排队的平均队长和平均等待时间。

9. 物流系统仿真项目设计：单服务台排队系统仿真

项目背景：

有一个单服务台排队系统，顾客到达的时间间隔分别为 $A_i$ = 5,6,7,14,6（单位：min，$i$ 表示到达顾客的顺序号），为第 $i$ 个顾客服务的时间分别为 $S_i$ = 12,5,13,4,9（单位：min）。

仿真任务：

试画出系统中顾客排队的队长随时间变化的情况。并以 Witness 软件为平台，构建仿真模型，统计计算仿真运行长度为 40 min 时，系统中顾客排队的平均队长和平均等待时间。

# 第7章

# 常用物流系统的分析应用

**学习目标：**

- 理解机电物流供应链优化模型案例
- 掌握物流系统评价的常用应用方法，能运用层次分析法等进行物流系统的综合评价
- 了解国际物流系统分析运营方法及其应用

# 7.1 机电物流供应链优化模型案例

## 7.1.1 机电行业面临的难题

近年来,机电企业的物流成本一直处于上升趋势,这就促使企业积极探求降低成本、提高效益的方法。通常,人们把提高销售额获得的利润称之为企业的第一利润源,把降低生产成本所获得的利润称为企业的第二利润源。但是,在企业的实际运营中,技术和资金的差异难以在短期内弥补,销售市场也难以在短时间内开拓发展。因此,机电企业必须寻找第三利润源。随着我国制造业的发展与物流技术的进步,机电企业已逐步把目光转向物流管理。通过降低物流成本,在整体上提高企业的竞争水平。

机电产品的交易与其他的消费品有所不同,其交易活动大多集中在机电交易市场或机电交易一条街进行。在运输环节上,机电生产企业习惯自已利用运输车队进行机电产品供应业务。在此种模式下,造成了物流成本居高,一方面机电物流利润微薄,另一方面由于各家公司业务隔绝,不成规模,企业无法发挥物流整合和规模效应的优势。最终影响到机电企业本身,造成供货不及时带来的收入损失,库存积压造成折价损失和资金滞压。因此对于销售物流活动控制力很差。这就导致了机电物流很难进行一体化的供应链管理。

从经销商处调查取得的资料来看,机电物流成本占销售物流成本的比例为8%左右。其库存周转时间、货损率、配送及时率、订单满足率与汽车行业物流相比还存在很大差距。在物流服务质量上,机电物流还存在物流运作成本较高、信息不及时及不准确、作业速度慢等突出问题。

机电物流属于行业物流范畴,它是研究机电产品产前、产中与产后过程中涉及的运输、仓储、配送、包装、信息处理、装卸搬运、流通加工和顾客服务等环节的活动,其目的是实现机电产品通畅、高效、低成本运营。对于机电物流的分类,常用的分类方法是将其分为供应物流、生产物流、销售物流、回收及废弃物流4个部分,需要完成的活动和制造业大多相同。这几个不同的部分之间互相协调和合作,形成一个完整的物流链状结构。

国内机电物流的整体运作情况还处于传统物流阶段,没有现代化的物流结点参与物流链的运作,这些导致了物流各个环节的各自进行,物流周转时间长,对客户需求反应慢等弊端。

### 7.1.2 机电行业导入现代物流

从机电物流的发展现状可以看出,机电行业的物流服务水平还很低,机电企业对现代物流的认识还不够、机电物流的基础设施建设还不足。为降低机电物流运作成本、提高机电产品的竞争优势,机电物流必须引入现代物流思想。

利用现代物流思想来分析目前存在的不合理的、落后的物流网状结构,减少不必要的链上节点和物流作业环节,改变传统的资源分散方式,优化网络布局,建立一种新型的基于合作与共享、集合与分布式的机电物流网络结构。

现代物流更加注重客户关系管理,把客户当作一种外部资源,注重维护与合作,达到双方的共同发展与提高。

现代物流通过使用先进的信息技术和信息化软件,如条形码技术、EDI 技术、GPS 技术、RFID 技术和 ERP、MIS 等系统来提供合理的物流解决方案。这些技术的运用将有效地改善机电企业的信息化,并带动行业的信息化发展。实际上,在机电行业就出现了物流信息化带动企业信息化发展的先例。

值得关注的是,一些大型机电企业正在进行这方面的尝试。哪里存在问题,就意味着那里存在机会;具备强大资金实力,网络资源,具备长远战略眼光的大型物流企业纷纷从不同的切入点进入这片尚未开发的物流服务市场。而其中某物流公司(简称 TxL 公司)的强势进入即为其中具有典型的案例之一。TxL 公司是大型第三方物流企业。TxL 公司作为国内大型物流企业,具备很强的物流服务能力,致力于为企业提供优质的第三方物流服务。

2004 年 6 月,TxL 公司通过投标的方式一举拿下某机电生产商(简称 JxD 公司)的产品销售业务整体的物流服务的大部分合同,占到综合业务量的 61%;对于 TxL 公司来讲,目前 JxD 公司项目给 TxL 公司带来的盈利并不大,但如果引入先进的管理模式,并成功实践,这个项目可能成为 TxL 公司未来潜在的巨大蛋糕。这个项目对于 TxL 公司的价值在于因此形成的覆盖全国的配送网络系统,而这正是类似 TxL 公司这样急需向全国网络化发展进军的物流企业需要迈出的第一步。一旦这个网络形成,其他的物流项目也可以利用该业务模式资源。其他公司的机电产品的运作也可以加入到这条线上。并线之后的操作成本上涨不多,但是利润有可能成倍增长;而一旦切入到机电物流这块巨大的市场后,TxL 公司将具备向其他相关物流领域冲击的能力;所以 TxL 公司非常看好这个项目的发展,成立了专门项目运作团队。今后这个平台上操作的将不局限于单独机电产品,而是所有机电及相关产品。

在此背景下，JxD 公司机电物流服务项目作为一个标志性项目，能否达到和超越客户的需求标准，在激烈的竞争中站稳脚跟，大大提高市场份额，就显得具有长期潜在意义；能否通过这个项目，摸索和建立起一套成熟的运作体系，通过管理和技术的创新，提供竞争对手不能提供的高端物流服务，构建核心竞争力；以 JxD 公司机电物流服务为契机，打开向更多机电产品厂商提供机电物流服务的大门，已经成为整个项目的首要任务。机电物流行业经过小型运输公司的多年恶性竞争，利润进入薄利阶段，简单的价格竞争显然不是 TxL 公司的强项和目标；TxL 公司必须站在更高的层面上参与竞争才有可能从众多的物流服务商中突围而出，成为行业领导者，成为物流供应链整合者。

### 7.1.3 TxL 公司面临的挑战

中国机电行业经历几十年的发展，发生了翻天覆地变化。市场从供不应求到产能过剩，行业利润从暴利到微利，产品从简单单一到丰富多样，变化更新面广、速度快。TxL 公司面临的压力主要来自以下 5 个方面。

1) 消费者需求的变化

随着消费者生活水平的不断提高，消费者需求也在发生着深刻变化，我国消费者的机电产品需求已从单一功能产品设备的需求演变至目前的适用型需求。

2) 产品与技术同质化

机电产品经过多年来的发展，不同企业产品质量差异逐渐缩小，通过物流的变革，使得成本领先，提供差异化服务，将最终建立竞争优势。

3) 机电销售渠道多元化

目前我国机电销售渠道具有多样化的特性，有代理专营店、批销中心、交易市场等。不同的销售业态，具有不同的采购策略，要求有不同的物流服务。多元化的流通渠道导致产品流量、流向的复杂，进而使得物流规划和运作难度增加。

4) 成本持续降低

机电产品价格逐年走低，价格战愈演愈烈，机电企业要承受巨大的成本压力，企业缓解成本压力的方法无外乎降低采购成本、降低物流总成本和提高生产效率。

5) 机电生产企业本身有较大的物流能力

目前广大机电生产企业中 60% 的企业拥有汽车运输队，70% 的企业拥有仓库，35%

的企业拥有机械化的装卸设备,3%的企业拥有铁路专用线。物流外包就意味着裁员和资产出售。

### 7.1.4 TxL 公司面临的机遇

随着商业连锁经营的快速推进,机电制造商和渠道商的集中趋势将会快速形成。因此,完全可以预见,在今后3~5年时间里,中国机电行业将面临巨大变化,而这些变化的核心和焦点,将是全行业的供应链整合。

国内机电供应链整体发展趋势是服务资源外包化和合作伙伴的高度协同化,就是要在高度集成的信息系统的支撑下,实现信息的同步共享,杜绝供应链上的信息失真、计划失控。实时的信息共享,必将缩短整体供应链中的物流等待,减少不必要的存货风险和物流周转。在高度集中的信息系统体系里,机电制造商、批发商要了解零售商的库存与销售,零售商也要了解制造商、批发商的库存结构,由此形成双方真正的供应链合作。

### 7.1.5 TxL 公司的优化供应链方案

在以往的物流服务中,TxL 公司仅仅是接收执行 JxD 公司物流部的发货指令。由于没有供应链的信息整合,JxD 公司的发货计划、补货计划缺乏对市场需求的预测。其结果表现为:一方面,大量的非热销产品补货,造成库存增加,从而增加了 JxD 公司自身的库存积压成本;另一方面,大量的二次调拨,大大增加了 TxL 公司的转库和二次运输成本,由于中间环节的增加,使缺货率上升。

在 JxD 公司的大力配合下,TxL 公司创造性地提出了为 JxD 公司提供全面物流服务的概念。在这种服务模式下,TxL 公司不是简单的按照 JxD 公司的指令进行商品的调拨或者配送,而是从产品生产开始,为 JxD 公司制订向全国物流网络的补货计划、配送计划,直送商家的计划;JxD 公司只需要关注制造和销售环节,产品一旦下线,就在 TxL 公司的协助下,像流水一样连续不断地流向全国销售网点,为各地营销机构提供更为贴切、及时的支持服务。在这种服务模式下,TxL 公司需要承担传统低端物流更多的责任,并直接通过 KPI 考核,决定 TxL 公司提供的服务带来的收入。

采用这种服务流程的优化革新,带来了业务操作模式上的大大改善。

1)提高响应及时性

不是指能否在指定时间内完成运输指令,而是指在分公司营销终端需要货物的时候，能否及时提供。

2)需求准确性

能否准确地预计和获取各地销售需求，并进行及时补货，否则，由于补货不及时或失误造成的相关调拨额外成本将由 TxL 公司承担。

3)改善库存水平

通过 TxL 公司的综合物流服务，改善 JxD 公司整体库存水平，减少资金占用和产品滞压的折价损失。

4)为 JxD 公司省钱

通过全面的物流服务，为 JxD 公司达到节约物流费用，从物流中挖掘最后的物流增值空间；高端物流必须能够提供比低端物流更好的成本结构体系，使得从 JxD 公司整体成本得到降低。

从一个侧面来看，TxL 公司承担了很大的责任和风险，并且还要为 JxD 公司节省成本，挖掘增值空间，TxL 公司付出的代价很大。但如果从另一个角度分析，TxL 公司在这种物流优化模式中获得的是长远的利益，从而实现双赢策略，达到供应链的整体优化的效果。

5)物流资源计划可控性

物流企业最怕的是无计划作业，在无计划的混乱应急管理模式下，其运作成本将大大增加，一旦 TxL 公司能够主动地控制 JxD 公司的补货计划时，TxL 公司能够从容地从市场上获得运力资源，以及更好的折扣，利润空间由此产生。

6)规模化业务资源整合

在此运作模式下，TxL 公司获得了整合业务的能力和自由度；这种优势当 TxL 公司如果只为 JxD 公司服务的情况下并不明显，而随着 TxL 公司获得更多的机电业务后，这种优势将越来越明显，并为 TxL 公司带来更多的业务盈利机会。

7)促进了供应链合作伙伴长期稳定协作

一旦客户享受到了全面物流服务带来的利益，节省了物流成本和管理费用，产品销售终端获得了更好的客户响应度，就很会形成很强的合作依赖度；这种服务是属于具备黏性的服务，增加了客户忠诚度。而相对的传统物流运输服务，客户要从一个供应商切换到另一个供应商付出的成本是不一样的,所以获得了竞争优势。

### 8)抢占了机电物流的市场先机

这种模式的成功,TxL公司就在服务层次上将领先竞争对手;并且可以向其他机电企业推出竞争对手难以模仿的服务产品,对于实现TxL公司的机电物流战略具备深远意义。

为了实现设计优化的业务服务模式,TxL公司在众多的IT服务商中,选择了荆艺软件作为合作伙伴,由TxL公司负责业务作业支持,荆艺软件提供咨询及IT支撑平台的建设。项目小组在详细分析了TxL公司构思的服务模式以及JxD公司的物流现状,结合荆艺多年从事物流软件服务和物流行业咨询积累的经验,提出了以下四大核心设计思路:

(1)供应链需求管理

现在供应链管理环境正在发生变化,这些变化源于客户的变化,客户要求在他们需要的时候,以他们最合适的价格得到他们确实满意的产品。如果不能快速响应客户的需求或达不到他们的满意程度,产品就不会得到客户的青睐,就会造成库存的积压,结果就会造成资金积压,无法实现企业的经营目标。因此企业在通过供应链优化,改善业务流程,制订出合理可行的计划时,就希望能够对客户的这种不确定需求具有可预见性,及时作出反应。这说明市场已经从由生产制造"推动"环境变为由零售商/客户"拉动"环境,这种趋势显示了"大规模定制"的经营方式将更加符合市场和客户需求。

所以需求管理就是要以供应链的末端客户和生产需求为核心,有计划地利用各种资源,协调和控制需求,以实现供应链上供需平衡。

通过将TxL公司的物流服务运作,与JxD公司客户需求计划紧密衔接,把TxL公司的服务流程作为JxD公司业务流程的一部分,融入到其需求计划和生产计划,促进JxD公司的计划能在预定的时间内及时实现,满足客户目标,这需要通过加强业务信息的交流来实现,因为业务信息是一种有特殊价值的"资源",所以它可以通过合理转化来变为企业利润的增加。

(2)供应链存货管理

现代商业市场波动巨大,并且不可预测。由于信息传递的滞后和不透明,制造企业看到的销售预测曲线和实际曲线存在滞后,带来的结果就是无法对市场进行正确响应,错失良机,或者造成库存积压。

现代制造业必须充分获取终端销售信息,并指导决策。传统意义的库存指自行控制的实体库存。先进的供应链管理体系要求把分销渠道,终端销售库存协调统一,结合到生产和物流计划,即在销售渠道中堆积的商品最终会影响整个供应链的库存水平。

通过在靠近销售终端的区域建立物流据点，使得生产尽量贴近客户需求。因为市场需求的波动，距离最终客户需求的时间越长，需求预测的准确性就越低，各环节的企业需要维持较大的中间库存。因此提出“延迟生产”模式，生产厂事先只生产中间零部件或可模块化部件，待客户有最终需求后，才立即按市场的实际需要进行组装，完成产品在功能、外观上的定制和包装付运环节，这部分的一些工作可以在接近销售终端市场的销售中心或配送中心进行，提高了客户响应时间，进一步减少了中间环节和库存水平。

通过订立库存和预测指标来量度效果，充分利用 JxD 公司销售公司每天收集的前一周实际销售数据，用于对销售预测的修正，从而保证补货计划的合理性。

(3)动态安全库存

安全库存是为了应付意外的情况(如意外订单增加、品质的意外、批次要求的意外、以及客户需求剧烈波动及紧急插单的意外等)而设。考虑需求量、生产周期、批量、再订货点等因素。安全库存应按实际需求定期评审，在因为季节性(旺、淡季)，结构性(如市场需求变动)等因素影响下，企业应当适时调整安全库存量和作业覆盖范围，安全库存除进行定期评审后手工变更外，还可以动态设定安全库存的时间参数配置文件，根据预测，设定不同时期的安全库存，以减少因需求波动带来的影响。对于安全库存覆盖的时间，可考虑独立需求的安全时间，或者所有需求的安全时间，或者不考虑安全时间。

(4)持续补货

实施持续补货的一个重要前提是准确、及时地获得库存、销售等信息，怎样才能准确、及时地获得所需要的信息？传统的以人工来盘点的方式是行不通了，必须借助于先进的电子设备和管理方法。销售的信息可以借助 POS 系统，每件货物贴上条形码来作为标识，当顾客购买付款的时候，通过扫描仪就可以记录下实时的销售信息，记录下来被购买的货物种类和购买时间，通过联网以 EDI 的形式传送到总部加以分析。这些信息随时被更新，所需信息部门就能随时得到最新的销售信息。库存信息的获得同样也不能依靠人工盘点来完成。小批量的货物依靠人工盘存还有可能实现，但是规模大一些的仓库盘存如果依靠人工就不能支持持续供货补充，人工盘存耗时长，误差大，等到盘存结束缺货已经发生，不能满足信息及时化需要。必须要借助电子系统，通过计算机以及一些必要的软件来管理仓库，随时掌握库存状况。需要信息只要点一下鼠标，就可以得到存货的种类、数量甚至可以得到存货实际位置的三维图形。

持续补货的潜在利益表现在通过充分信息沟通和对于在途库存的规划，将原来一个月的补货周期缩小到一周，从而降低安全库存天数，到达资金周转、缺货管理、库存空间等综合目标得到显著改善。

此模式仅对于大型 RDC 有效。要保证持续补货，每周的运送量需要达到经济运量才可行。否则 $N$ 就不能随意缩小。但是对于任何规模的 RDC,总是可以通过这种模式,将 $N$ 作适当的缩短。引入 CDC 对于不同产品进行整合,从而改进 $N$ 的数值。采用此模式后,对于发运货的作业要求提高了。从原来简单大批量的发货变为高频小批量的发货。并且由于批量小,各种类型的产品拼载情况远远高于传统模式。

在四大核心思路的基础上,构建适合机电物流行业的供应链优化模型,并在模型的基础上搭建可以服务于多客户的优化整合信息平台;优化模型根据来自业务系统的第一手业务数据,对于复杂的机电销售竞争态势进行判断,并对于未来进行合理预测;同时系统充分考虑各种物流运作的约束和前提条件,最终生成和制订出具备实际可操作性的补货计划和作业计划;系统运作充分体现了现代物流管理所注重的:时效性、科学性、经济性;TxL 公司能够在短的时间内作出正确的决策,能够做到常规人工计划模式无法实现的在多复杂因素影响下制订优化策略的要求。

### 7.1.6 供应链优化模型实测结果

通过模型运算,得出节点(各 RDC)预测发货数量,结合安全库存量、现有库存量和当天的在途数量,从而得到节点配送需求。

在综合满足有可使用车辆和仓库吞吐能力、仓库容积、可用库存等条件的情况下,模型为提高车辆满载率,自动会将后几天的补货产品根据优先级添加上来。对于可以运力共享的基地库和 CDC 之间,模型会根据优化原则,进行多点装车,同步提高满载率和必发率。其中满载率、必发率都是以体积为单位计算。测试结果表明所有车辆满载率均在 99% 以上。

模型结果显示,在仅用了原来 56% 运力的情况下,仅用原有库存的 25%,仍然达到原有的 92% 市场满足率。

### 7.1.7 运作流程的变革

通过实施这一模型,JxD 公司和 TxL 公司双方都进行了流程重组,其表现为:

TxL 公司和 JxD 公司之间,建立了补货、发车计划审批流程。以往,JxD 公司物流部做出补货计划,现在,TxL 公司物流做出补货计划,提交 JxD 公司审批。

通过实施流程的改进,TxL 公司先进的物流管理思想得以落实,并以一种高效率运作的模式体现到具体业务管理中。

## 7.2 物流系统评价的方法及其应用

依照系统结构的不同、性能不同、评价因素的不同、系统的评价方法也会有所不同的。为此,系统评价方法的选取应根据物流系统的具体情况而定,目前国内外系统评价的使用方法很多,本节就集中介绍目前比较常用的几种评价方法及其应用。

### 7.2.1 系统评价方法的分类

①从评价因素的个数来分,可以分为单因素评价和多因素评价两种。前者就是在物流系统评价时,各个评价方案只考虑一个主要因素,例如物流成本、营业利润、产量或材料消耗等。主要用于系统某种功能的评价,它是多因素评价的基础。而多因素评价则是在进行物流系统评价的时候,要考虑两个或者两个以上的主要因素。

②从评价的时间上来看,物流系统评价主要可以分为两类。一是对物流现状进行的系统评价,从而对现实系统有一个全面的了解,为系统调整和优化提供基础信息和思路。二是研究物流项目的可行与否以及效益大小,从而为最终决策提供辅助信息。物流系统评价的经济分析法主要用于评价物流系统各方案的财务和绩效方面的评价,经常用来进行经济分析的方法有成本效益法、追加投资回收期法、价值分析法和功效系数法等。

③从是否应用数学方法来分,一般分为三类:定量分析法、定性分析法和定量与定性相结合的综合评价分析法。在物流系统评价时,常用的一般是定性和定量相结合的分析方法,这是因为有些物流系统的某些属性或评价因素不易量化,甚至评价因素本身就不易确定,这时就可以请一名或者多名对评价对象有专门知识或经验的人,请他们对系统或系统方案进行定性、定量或两者相结合的评价。

### 7.2.2 几种常用的评价方法介绍

1)关联矩阵法

关联矩阵法是一种常用的评价方法,它主要是用矩阵来表示各种替代方案的有关评价指标及其重要程度与方案关于价值评定量之间的关系。

设：

$A_1,A_2,\cdots,A_m$ 是某评价对象的 $m$ 各替代方案；

$X_1,X_2,\cdots,X_n$ 是评价方案的 $n$ 个评价指标或评价项目；

$W_1,W_2,\cdots,W_n$ 是 $n$ 个评价指标的权重；

$V_{i1},V_{i2},\cdots,V_{im}$是第 $i$ 个替代方案 $A_i$ 关于 $X_j$ 指标($j=1,2,\cdots,n$)的价值评定量。

则相应的关联矩阵如表 7.1 所示。

**表 7.1　各关联矩阵的评价**

| 替代方案 | $X_1\quad X_2\cdots X_j\cdots X_n$ | $V_i$(加权和) |
|---|---|---|
| | $W_1\quad W_2\cdots W_j\cdots W_n$ | |
| $A_1$ | $V_{11}\quad V_{12}\cdots V_{1j}\cdots$ | |
| $A_2$ | $V_{21}\quad V_{22}$ | |
| … | | |
| $A_m$ | $V_{m1}$ | |

通常物流系统规划是多目标的。因此,系统评价指标也不是唯一的,而衡量各指标的尺度也不一定都是货币单位,在许多情况下是不相同的。针对这一问题,H.切斯纳提出的综合处理办法是,根据具体的评价系统确定其评价指标体系及相应的权重,然后计算评价系统的各个替代方案的综合评定值,即求出各评价指标的加权和。

应用关联矩阵评价方法的关键在于确定各评价指标的相对重要度,以及根据评价主体给定的评价指标的评价尺度,确定方案关于评价指标的价值评定量。

下面结合物流系统中信息系统的方案选择来探讨关联矩阵法的应用与求解过程。

(1)逐对比较法

逐对比较法的基本做法是:对各替代方案的评价指标进行逐对比较,对相对重要的指标给予较高的得分,据此可得到各评价项目的权重。再根据评价主体综合的评价尺度,对各替代方案在不同的评价指标下一一进行评价,得到相应的评价值,进而求加权和得到综合评价值。

[例 7.1]　综合评价为某物流系统选择信息系统所制订的 3 种措施。这 3 种措施包括:

$A_1$:自行开发新的信息系统;

$A_2$:从专业软件开发商出直接引进新的信息系统;

$A_3$:在原有的信息系统的基础之上开发新的信息系统。

根据软件专家与物流专家的讨论结果,确定其评价指标有 5 项:系统的可靠性、系统的功能完备性、系统的可维护性、系统的人机友好性和投资费用。针对上述 3 种措施，专家预测与评估其效果的结论如表 7.2 所示。

表 7.2　各替代方案的效果评价

| 指标<br>方案 | 系统可靠性 | 功能完备性 | 可维护性 | 人机友好性 | 投资费用<br>/100 万元 |
|---|---|---|---|---|---|
| $A_1$ | 5 | 6 | 5 | 好 | 4.5 |
| $A_2$ | 8 | 10 | 10 | 一般 | 10 |
| $A_3$ | 3 | 4 | 2 | 好 | 3 |

应用逐对比较法，整个评价计算过程如下：

①用逐对比较法，求出各评价指标的权重。例如，表中的系统可维护性于功能完备性相比，前者更为重要，得 1 分，后者的 0 分，以此类推。最后根据评价项目的累计得分计算权重，如表 7.3 最后一列所示。

表 7.3　逐对比较法列表

| 评价指标 | 判定 | | | | | | | | | | 得分 | 权值 |
|---|---|---|---|---|---|---|---|---|---|---|---|---|
| | 1 | 2 | 3 | 4 | 5 | 6 | 7 | 8 | 9 | 10 | | |
| 可靠性 | 1 | 1 | 1 | 1 | | | | | | | 4 | 0.4 |
| 功能完备性 | 0 | | | | 1 | 1 | 1 | | | | 3 | 0.3 |
| 可维护性 | | 0 | | | 0 | | | 1 | 0 | | 1 | 0.1 |
| 人机友好性 | | | 0 | | | 0 | | 0 | | 0 | 0 | 0.0 |
| 投资费用 | | | | 0 | | | 0 | | 1 | 1 | 2 | 0.2 |
| 合计 | 1 | 1 | 1 | 1 | 1 | 1 | 1 | 1 | 1 | 1 | 10 | 1.0 |

②由评价主体确定评价尺度，如表 7.4 所示，以便方案在不同的指标下的实施结果能统一度量，便于加权求和。

表 7.4　评价尺度列表

| 得分<br>指标 | 5 | 4 | 3 | 2 | 1 |
|---|---|---|---|---|---|
| 可靠性 | 8 以上 | 6 ~ 7 | 4 ~ 5 | 2 ~ 3 | 1 以下 |
| 功能完备性 | 8 以上 | 6 ~ 7 | 4 ~ 5 | 2 ~ 3 | 1 以下 |
| 可维护性 | 8 以上 | 6 ~ 7 | 4 ~ 5 | 2 ~ 3 | 1 以下 |

续表

| 指标＼得分 | 5 | 4 | 3 | 2 | 1 |
| --- | --- | --- | --- | --- | --- |
| 人机友好性 | 很好 | 好 | 一般 | 差 | 很差 |
| 投资费用/100 万元 | 0 ~ 2 | 2.1 ~ 4 | 4.1 ~ 6 | 6.1 ~ 8 | 8.1 以上 |

③根据表 7.4 及表 7.2 得到各方案各自评价指标的得分，如 $A_1$ 的系统可靠性评价值是 5，而此值在表 7.4 中的得值区间为 4 ~ 5，所以其得分为 3，其他值均类似。对各替代方案的综合评价如表 7.5 所示。

**表 7.5　关联矩阵列表**

| 替代方案 | 可靠性 | 功能完备性 | 可维护性 | 人机友好性 | 投资费用 | |
| --- | --- | --- | --- | --- | --- | --- |
| | 0.4 | 0.3 | 0.1 | 0.0 | 0.2 | |
| $V_1$ | 3 | 4 | 3 | 4 | 3 | 3.3 |
| $V_2$ | 5 | 5 | 5 | 3 | 1 | 4.2 |
| $V_3$ | 2 | 3 | 2 | 4 | 4 | 2.7 |

由表 7.5 可知，$V_2 > V_1 > V_3$，故选择第二方案，即从专业软件商处直接引进新的信息系统。

(2) KLEE 法

对各评价项目间的重要性作出定量估计时，A. I. Klee 法比逐对比较法更为完善，确定指标权重和方案价值评定量的基本方法。下面基于上述例子来介绍 A. I. Klee 法的计算步骤。

①确定评价指标的权重。

a. 把评价指标以任意顺序排列起来。

b. 从下至上对相邻的评价指标进行评价，并用数值表示其重要程度，然后填入表 7.6 的 $R_j$ 列。

c. 把 $K_j$ 列中最下面一个值设为 1，接着进行基准化。即按从下往上的顺序乘以 $R_j$ 的值，从而求出各个的值。

d. 把 $K_j$ 归一化，即为权 $W_j$。

本例的权重计算值如表 7.6 所示。

表 7.6　评价指标的权重

| 评价指标 | $R_j$ | $K_j$ | $W_j$ |
|---|---|---|---|
| 系统可靠性 | 3 | 18 | 0.580 |
| 功能完备性 | 3 | 6 | 0.194 |
| 可维护性 | 0.5 | 2 | 0.065 |
| 投资费用 | 4 | 4 | 0.129 |
| 人机友好性 | — | 1 | 0.032 |
| 合计 | | 31 | 1.00 |

②用各个评价指标对替代方案进行评价。

a. 把评价方案以任意顺序排列起来。

b. 计算方案 $A_i$ 的在指标 $X_j$ 下的重要度 $R_{ij}$，方法是将替代方案的预计结果以比例计算出来，如表 7.7 中的 $R_{11}=X_{11}/X_{21}=5/8=0.625$。

表 7.7　对替代方案按指标类别的评价

| 评价指标 | 方案 | $R_{ij}$ | $K_{ij}$ | $V_{ij}$ |
|---|---|---|---|---|
| 可靠性 | $A_1$ | 0.625 | 1.667 | 0.313 |
| | $A_2$ | 2.677 | 2.667 | 0.5 |
| | $A_3$ | — | 1.00 | 0.187 |
| | 合计 | | 5.334 | 1.00 |
| 功能完备性 | $A_1$ | 0.60 | 1.5 | 0.30 |
| | $A_2$ | 2.5 | 2.5 | 0.50 |
| | $A_3$ | — | 1.00 | 0.20 |
| | 合计 | | 5.00 | 1.00 |
| 可维护性 | $A_1$ | 0.5 | 2.5 | 0.295 |
| | $A_2$ | 5 | 5.00 | 0.625 |
| | $A_3$ | — | 1.00 | 0.118 |
| | 合计 | | 8.00 | 1.00 |

续表

| 评价指标 | 方案 | $R_{ij}$ | $K_{ij}$ | $V_{ij}$ |
| --- | --- | --- | --- | --- |
| 人机友好性 | $A_1$ | 1.333 | 1.000 | 0.364 |
| | $A_2$ | 0.750 | 0.750 | 0.272 |
| | $A_3$ | — | 1.00 | 0.364 |
| | 合计 | | 2.750 | 1.00 |
| 投资费用 | $A_1$ | 2.222 | 1.666 | 0.339 |
| | $A_2$ | 0.3 | 0.300 | 0.153 |
| | $A_3$ | — | 1.00 | 0.508 |
| | 合计 | | 1.966 | 1.00 |

c. 把看 $K_{ij}$ 中对应每个指标的最下面一个值设为 1，接着进行基准化。即按从下而上的顺序乘以 $R_{ij}$ 的值，从而求出 $K_{ij}$ 各个值。

把 $K_{ij}$ 归一化，即为权 $V_{ij}$ = 0.7　0.2　0.1

③计算综合评价得分 $V_i$ = 0.1　0.2　0.7

0.3　0.6　0.1

由表 7.8 所示可知，$V_2 > V_1 > V_3$，故选择第二方案，即从专业软件商处直接引进新的信息系统。

**表 7.8　替代方案的综合得分计算表**

| 替代方案 | 可靠性 | 功能完备性 | 可维护性 | 人机友好性 | 投资费用 | $V_i$ |
| --- | --- | --- | --- | --- | --- | --- |
| | 0.580 | 0.194 | 0.065 | 0.032 | 0.129 | |
| $A_1$ | 0.313 | 0.3 | 0.295 | 0.364 | 0.339 | 0.419 126 |
| $A_2$ | 0.5 | 0.5 | 0.625 | 0.272 | 0.153 | 0.456 066 |
| $A_3$ | 0.187 | 0.2 | 0.118 | 0.364 | 0.508 | 0.336 142 |

### 2）模糊综合评价法

模糊综合评价法可以用来对对象进行全面、正确的定量的评价，进行方案、人才、成果的评价时，人们往往是从多种因素出发，参照有关的数据和情况、根据他们的判断对复杂的问题分别做出诸如“大、中、小”，“高、中、低”，“优、良、中、差”等程度的模糊评价，此时就需要引进模糊数学方法，然后通过模糊数学提供的方法进行运算，就能得出定量的综合评价结果,从而为正确决策提供依据。

(1)模糊综合评价的数学模型

对某一事物进行评价,若评价指标因素有 $n$ 个,分别记为 $u_1,u_2,u_3,\cdots,u_n$,则这 $n$ 个评价因素便构成了一个评价因素的有限集合 $U=\{u_1,u_2,u_3,\cdots,u_n\}$。

若根据实际需要将评语划分为 $m$ 个等级,分别为 $v_1,v_2,v_3,\cdots,v_m$,则这 $m$ 个评语便构成了一个评语的有限集合 $V=\{v_1,v_2,v_3,\cdots,v_m\}$。

例如,对某物流项目进行评价,假如可以从科学性 $u_1$,实践性 $u_2$、适应性 $u_3$、先进性 $u_4$、专业性 $u_5$ 等方面出发来评价的话,则评价因素集合便是 $U=\{u_1,u_2,u_3,u_4,u_5\}$;若评价结果区分为"很好 $v_1$,好 $v_2$,一般 $v_3$,差 $v_4$"4 个等级,则评语集合为 $V=\{v_1,v_2,v_3,v_4\}$。

若我们只着眼于科学性一个因素来评定该项目,采用"民意测验"的办法,结果是 16% 的人说很好,42% 的人说好,39% 的人说一般,3% 的人说差,则这个结果可以用模糊集合来表示,即 $B=0.16/$很好$+0.42/$好$+0.39/$一般$+0.03/$差,也可以将其简化为向量的形式:$B=[0.16,0.42,0.39,0.03]$。

评价结果 $B$ 是评语集合 $V$ 这一论域上的模糊子集,$B$ 就是对被评价对象所作的单因素评价。一般的,对某一事物进行评价需要从不同方面来综合评价,从而得到一个综合的评价结果,该结果是评语集合 $V$ 这一论域上的模糊子集 $B$,此时即是综合评价问题。

通常 $V$ 为有限集合,则 $B$ 也为相应的有限模糊集合,$B=b_1/v_1+b_2/v_2+b_3/v_3+\cdots+b_m/v_m$。可以简化为 $B=[b_1,b_2,b_3,\cdots,b_m]$。其论域为 $V$,$b_j$ 为 $B$ 中相应元素的隶属程度,且 $b_j\in[0,1]$,$j=1,2,3,\cdots,m$。

在实际评价工作中,各个评价因素的重要程度往往是不相同的,考虑到这一客观事实,评价因素集合 $A$ 实际上是因素集合 $U$ 这一论域上的一个模糊集合,它也为一相应的有限模糊集合,即存在 $A=a_1/u_1+a_2/u_2+a_3/u_3+\cdots+a_n/u_n$。同样的,可以用一个 $n$ 维向量来表示,即 $A=[a_1,a_2,a_3,\cdots,a_n]$。其论域为 $U$,$a_j$ 是 $A$ 中相应元素的隶属程度,且 $a_i\in[0,1]$,并应满足 $\sum_{i=1}^{n} a=1$。

一个模糊综合评价问题,就是将评价因素集合 $U$ 这一论域上的一个模糊集合 $A$ 经过模糊关系变 $R$ 换为评语集合 $V$ 这一论域上的一个模糊集合 $B$。因此,模糊综合评价的数学模型可以表示为 $B=RA$。其中 $B$ 为模糊综合评价的结果,为 $m$ 为模糊向量;$A$ 为模糊评价因素权重集,为 $n$ 维模糊行向量;$R$ 为从 $U$ 到 $V$ 的一个模糊关系,是一个 $(n*m)$ 的矩阵,其元素 $r_{ij}(i=1,2,\cdots,n;j=1,2,\cdots,m)$ 表示从第 $i$ 个元素着眼做出第 $j$ 个评语的可能程度;$B=RA$ 为模糊矩阵的乘积。在评价问题时,通常是让模糊向量 $A$ 中的各元素满足 $\sum_{i=1}^{n} a=1$,其中 $a_i$ 是 $u_i$ 的重要程度的度量,也即是因素 $u_i$ 的权重。

(2)模糊综合评价在物流规划中的应用实例

某一物流企业需要购买供应链管理软件,该类软件技术有3个供应商。为了简化问题,只介绍有关的情况,如表7.9所示。

先要从中选出优秀的软件技术供应商作为采购的对象。

表7.9 三项技术的有关情况

| | 技术水平 | 成功概率/% | 经济效益/万元 |
|---|---|---|---|
| 甲 | 接近国际水平 | 70 | 100 |
| 乙 | 国内先进 | 100 | 200 |
| 丙 | 一般 | 100 | 20 |

设因素集合 $U=\{$技术水平,成功概率,经济效益$\}$。

为了简化计算,可以设定其评价集合为 $V=\{$大,中,小$\}$,或 $V=\{$高,中,低$\}$。

确定权重集合。在专家讨论后,得出权重 $A=[0.2,0.3,0.5]$。

专家评价的结果如表7.10所示。

表7.10 专家评价结果

| 评价<br>项目 | 技术水平 | | | 成功概率 | | | 经济效益 | | |
|---|---|---|---|---|---|---|---|---|---|
| | 高 | 中 | 低 | 大 | 中 | 小 | 高 | 中 | 低 |
| 甲 | 0.7 | 0.2 | 0.1 | 0.1 | 0.2 | 0.7 | 0.3 | 0.6 | 0.1 |
| 乙 | 0.3 | 0.6 | 0.1 | 1 | 0 | 0 | 0.7 | 0.3 | 0 |
| 丙 | 0.1 | 0.4 | 0.5 | 1 | 0 | 0 | 0.1 | 0.3 | 0.6 |

建立单因素评价矩阵:对甲有 $R$

$$\begin{bmatrix} 0.7 & 0.2 & 0.1 \\ 0.1 & 0.2 & 0.7 \\ 0.3 & 0.6 & 0.1 \end{bmatrix}$$

根据最大隶属度原则进行决策。对于甲项目而言,max(0.27,0.46,0.27)=0.46;对于乙项目而言,max(0.56,0.33,0.11)=0.56;对于丙项目而言,max(0.27,0.27,0.46)=0.46。因此,从结果可以看出,乙项目技术优势更为优秀,是首选的对象。

### 3)层次分析法

(1)层次分析法的基本原理

层次分析法(AHP)最初用在服务领域,是美国运筹学家沙旦(T. L. Saaty)于20世纪70年代提出的，是一种将定性分析和定量分析相结合的多目标决策分析方法。

AHP法解决问题的基本思路，是从系统的层次性特征出发由高到低划分成若干层次，建立一个如金字塔式的树状层次结构以描述元素之间的相互关系。根据对一定客观现实的判断，就每一层次的元素相对于上一层次元素的重要性给予定量表示，利用数学方法，确定表达每一层次的全部元素的相对重要性次序的权值，通过排序结果，对问题进行分析和决策。

(2)层次分析法的步骤

①建立多递阶的层次结构模型。在系统分析过程中，对构成系统的目的、评价指标（准则）及替代方案等要素层次化（目标层、准则层、指标层、方案层、措施层等），根据问题的性质建立和想要达到的总目标，将问题分解为不同的组成因素，并按照因素间的相互关系影响以及隶属关系，将因素按不同的层次聚集组合，形成一个多层次的分析结构模型。

②构造判断矩阵。对属于同一级的因素进行两两比较，根据评价尺度确定其相对重要性，据此建立的矩阵元素的值反映了人们对各种因素相对重要程度（或优劣、偏好、强度等）的认识，一般采用1~9及其倒数的标度方法。如表7.11所示。

表7.11　判断矩阵标度及其含义

| 标　度 | 含　义 |
|---|---|
| 1 | 表示两个元素相比，具有同样的重要性 |
| 3 | 表示两个元素相比，前者比后者稍重要 |
| 5 | 表示两个元素相比，前者比后者明显重要 |
| 7 | 表示两个元素相比，前者比后者强烈重要 |
| 9 | 表示两个元素相比，前者比后者极端重要 |
| 2,4,6,8 | 表示上述相邻判断矩阵的中间值 |
| 倒数 | 若元素 $i$ 与元素 $j$ 的重要性是 $a_{ij}$，那么元素 $j$ 与 $i$ 的重要性之比为 $a_{ji}=1/a_{ij}$ |

(3)层次单排序及一致性检验

计算判断矩阵 $A$ 的最大特征根 $\lambda\max$ 与其相应的特征向量 $W$（求方程 $AW=\lambda\max W$），经归一化后即为同一层次上相应元素对于上一层次元素相对重要性的排序权值，这一过程为层次单排序。

从层次单排序中得到的权值还需要进行一致性检验。首先计算一致性指标 $CI=(\lambda\max-n)/(n-1)$，其次计算随机一致性比率为 $CR=CI/RI$，最后判定是否满足一致性。当随机一致性比率 $CR<0.10$ 时，可以认为层次单排序的结果具有满意的一致性，

否则需要调整判断矩阵元素的取值,重新计算排序向量。

对于 3 ~16 阶判断矩阵,平均随机一致性指标 $RI$ 的值如表 7.12 所示。

表 7.12　平均随机一致指标

| 阶数 $n$ | 3 | 4 | 5 | 6 | 7 | 8 | 9 | 10 | 11 | 12 | 13 | 14 | 15 |
|---|---|---|---|---|---|---|---|---|---|---|---|---|---|
| $RI$ | 0.52 | 0.89 | 1.12 | 1.26 | 1.36 | 1.41 | 1.46 | 1.49 | 1.52 | 1.54 | 1.56 | 1.58 | 1.59 |

(4)层次总排序

计算每一层次的所有元素对于最高层(总目标)的相对重要性的排序,称为层次总排序。这个过程是从最高层次到最低层次逐层进行的。若上一层次 $A$ 包含 $m$ 个因素 $A_1, A_2, \cdots, A_m$,其层次总排序的权值是 $a_1, a_2, \cdots, a_m$,下一层次 $B$ 包含 $n$ 个因素 $B_1, B_2, \cdots, B_n$,它们相对于 $A_J$ 的层次单排序权值分别是 $b_{1j}, b_{2j}, \cdots, b_{nj}$(当 $B_K$ 与 $A_J$ 无联系的时候,$b_{ij}=0$),此时,$B$ 的层次总排序权值可由表 7.13 给出。

表 7.13　层次总排序权值

| 层次 $A$ / 层次 $B$ | $AA_1$ | … | $A_m$ | $B$ 层次总排序的权值 |
|---|---|---|---|---|
| | $a_1$ | … | $a_m$ | |
| $B_1$ | $b_{11}$ | … | $b_{1m}$ | |
| ⋮ | ⋮ | … | ⋮ | |
| $B_n$ | $B_{n1}$ | … | $b_{nm}$ | |

(5)排序向量的计算方法

同一层次因素的重要性排序,理论上是通过计算判断矩阵的特征值和特征向量获得的,许多软件都可以实现这种解法。在一般精度不要求很高的情况下,也可以通过求和法或者求根法来计算特征值的近似值。

①求和法。

将判断 $n$ 矩阵 $A$ 按例归一化(即将每一列的元素之和为 1):$b_{ij} = a_{ij} \div \sum\limits_{i=1}^{n} a_{ij}$。

按行求和 $V_i = \sum\limits_{j=1}^{n} b_{ij}$。

归一化 $\varepsilon_{ij} = \dfrac{v_i}{\sum\limits_{i=1}^{n} v_i}$,得到排序向量。

计算判断矩阵的最大特征值,其中为向量 $A$ 的第 $i$ 个元素。

②求根法。

将判断矩阵 $A$ 按行求和,并求集合平均值。

计算判断矩阵的最大特征值。

### 4)层次分析法的应用实例

在某配送中心的设计中,要对某类物流设备进行决策,现初步选定 3 种设备配套方案,应用层次分析法对优先考虑的方案进行排序。

(1)建立多级递阶的层次模型

对设备方案的判断主要是从设备的功能、成本、维护性 3 方面进行评价。考虑到问题的示范性,省略了更详细的指标,这样,可建立对设备方案进行比较分析结构图,如图 7.1 所示。

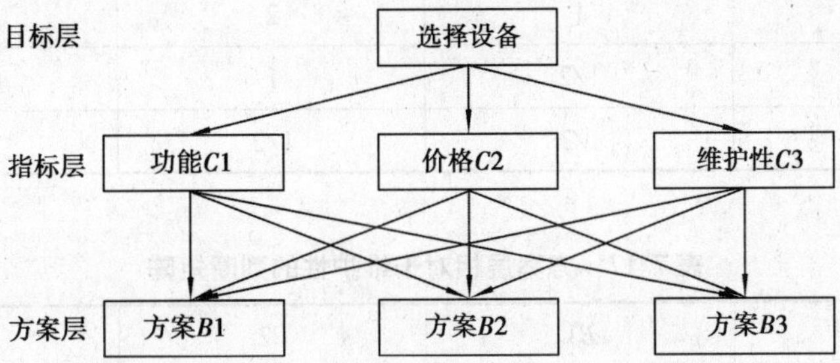


图 7.1　方案比较层次分析结构图

图 7.5 中的最高层是目标层,表示解决问题的目的及层次分析法要达到的总目标。中间层包括评价层和指标层(这里省略了指标层),表示采取某一方案来实现预定总目标所涉及的中间环节。即每选一设备方案,都要以价格、功能、维护性 3 种指标度量各种方案。最底层是方案层,表示要选用的解决问题的各种措施、策略、方案等,这里有 3 个备选方案。

(2)构造判断矩阵

选定的 3 个评价准则为功能、价格、维护性,若以选择设备(目标层)为比较基准,对这 3 个指标的两两比较结果见表 7.14。

表 7.14　准则层相对于目标层的判断矩阵

| 重要性 | $C1$ | $C2$ | $C3$ |
|---|---|---|---|
| $C1$ | 1 | 5 | 3 |
| $C2$ | 1/5 | 1 | 1/3 |
| $C3$ | 1/3 | 3 | 1 |

同理,方案层相对于准则层各个指标的判断矩阵见表7.15。

表7.15 方案层相对于功能的判断矩阵

| 功能 | $B1$ | $B2$ | $B3$ |
|---|---|---|---|
| $B1$ | 1 | 1/7 | 1/5 |
| $B2$ | 7 | 1 | 3 |
| $B3$ | 5 | 1/3 | 1 |

表7.16 方案层相对于价格的判断矩阵

| 价格 | $B1$ | $B2$ | $B3$ |
|---|---|---|---|
| $B1$ | 1 | 2 | 3 |
| $B2$ | 1/2 | 1 | 2 |
| $B3$ | 1/3 | 1/2 | 1 |

表7.17 方案层相对于维护性的判断矩阵

| 维护性 | $B1$ | $B2$ | $B3$ |
|---|---|---|---|
| $B1$ | 1 | 5 | 3 |
| $B2$ | 1/5 | 1 | 1/2 |
| $B3$ | 1/3 | 2 | 1 |

(3)层次单排序及一致性检验

利用求和法求出每个判断矩阵的特征值和特征向量,并进行一致性检验。

准则层相对于目标层判断矩阵的特征向量和特征值为:

$\varepsilon = (0.633, 0.106, 0.261)^{\mathrm{T}}$, $\lambda\max = 3.037$

$CI = (3.037 - 3)/(3 - 1) = 0.018\ 5$ $CR = CI/RI = 0.018\ 5/0.52 \approx 0.036 < 0.1$

计算得到的判断矩阵的一致性比率小于0.1,说明该判断矩阵的一致性可以接受,否则就要重新进行两两比较,重复上述过程,最后得到排序向量 $\varepsilon = (0.633, 0.106, 0.261)^{\mathrm{T}}$,同理得到其他判断矩阵的排序向量。

(4)层次总排序

根据单层次的排序结果,得出综合排序结果:

$B1$ 方案总排序权值 $= 0.633 * 0.070\ 9 + 0.106 * 0.540\ 0 + 0.261 * 0.648\ 3 = 0.272\ 0$

$B2$ 方案总排序权值 = 0.633 * 0.649 1 + 0.106 * 0.279 0 + 0.261 * 0.122 0 = 0.474 2

$B3$ 方案总排序权值 = 0.633 * 0.279 0 + 0.106 * 0.163 3 + 0.261 * 0.229 7 = 0.253 9

**表 7.18 各方案的综合重要性**

| 准则 / 方案 | $C1$ | $C2$ | $C3$ | 层次总排序权值 |
| --- | --- | --- | --- | --- |
| | 0.633 | 0.106 | 0.261 | |
| $B1$ | 0.071 9 | 0.540 0 | 0.648 3 | 0.272 0 |
| $B2$ | 0.649 1 | 0.297 0 | 0.122 0 | 0.474 2 |
| $B3$ | 0.279 0 | 0.163 3 | 0.229 7 | 0.253 9 |

从综合排序的结果可知，对于该配送中心的设备配置问题，选择方案 $B2$ 最合适。

### 5）物流系统评价的应用实例——某港口物流系统

随着经济全球化的发展和国际贸易的增加，港口作为多种运输方式的交汇点，凭借其独特的区位优势和基础建设方面的优势，在综合运输体系中发挥着越来越重要的作用。现代物流理念的普及以及现代化物流实践的要求，已促使港口抛弃以往单一的运输中转点的定位，转而向集运输、工贸、金融、信息和多式联运为一体的综合物流中心的方向发展。港口这种由运输中转点到综合物流服务链中重要环节的定位不仅使港口功能发生了极大变化，而且也使港口在服务范围延伸、服务功能扩展过程中，逐渐形成了具有自身特点的物流系统。

仅 2000 年底，中国内地年吞吐量在百万标箱（TEU）以上的大港口就达到了 7 个，港口物流系统面临着激烈的竞争环境。为了促使某港口地建设和发展，识别竞争优势，明确其物流的优势、劣势、发展瓶颈，现对该港口进行详尽的系统分析，并建立评价指标体系对其评价，以全面、深刻地挖掘该港口物流系统的发展潜力，确立其在竞争中的领先地位。

为便于进行物流系统分析，在充分体现港口物流系统的技术性、经济性、安全性、时间性和可持续发展性的原则指导下，将港口物流系统分为自然地理条件、基础设施、物流信息、物流运营、相关产业和协调支持等 6 个子系统，它们之间的关系如图 7.2 所示。

第一，物流运营子系统通过货物吞吐量、净资产报酬率、港口业增加值、航线、航班密度、内陆腹地辐射范围、码头装卸能力和可持续发展能力等物流系统运营效果指标，反映物流系统运作的效果和效益。因此，该子系统是港口物流系统的核心，是港口物流系统效率提高与效益增加的最终表现。

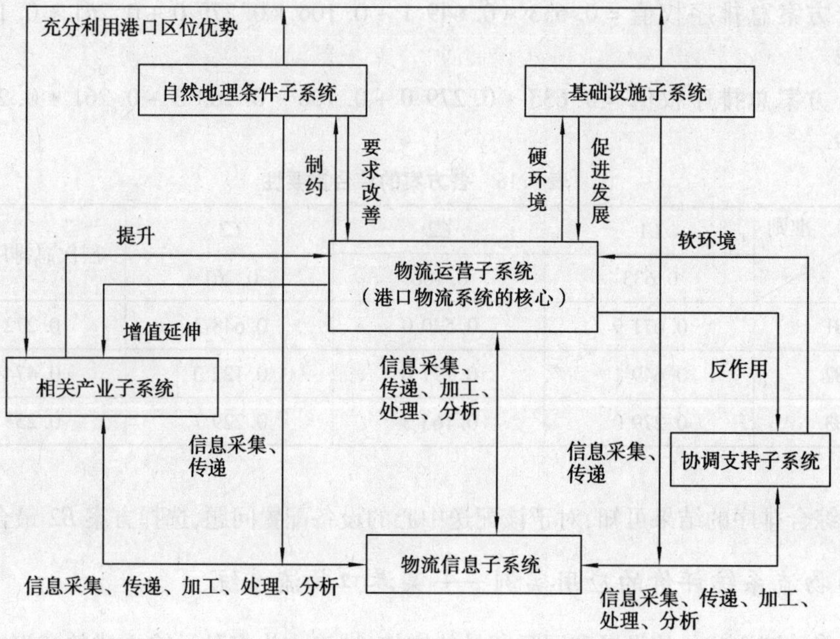


图 7.2　港口物流系统子系统关系示意图

第二，自然地理条件子系统是物流系统运营子系统的前提条件和硬性制约因素。港口的地理位置、气象、水文、地址、泥沙、潮汐等自然条件是竞争对手难以模仿的，可使港口在竞争中占据天然竞争优势，并通过为船舶提供优越的避风、进出港、靠泊和装卸等自然条件，来保障港口物流的顺利流转。同时，港口自然地理条件也可通过运营子系统能力的扩大和科学技术的发展，而有所改善，如航道的清淤等。

第三，基础设施子系统的规划、建设形成了港口物流系统的航道设施、码头、库场、辅助库场、集疏运网络和各种装卸、搬运机械等，是港口实现其货物吞吐量增长，提供增值服务和港口资产报酬率提高的硬件环境。而港口物流运营子系统的提高，也要求港口配套建设深水航道、增加大型专业化码头数量，不断扩大港口规模。

第四，相关产业子系统是物流运营子系统运用现代物流理念实现的服务功能扩展、服务范围延伸的结果，是在港口由传统运输中转节点到综合物流服务链中重要环节转变的体现。

第五，协调子系统是物流运营子系统的软环境，它通过对港口物流系统的政策引导、管理监督和人才支持保证港口物流系统的高效；物流运营子系统也反作用于协调支持子系统。

第六，港口物流系统不仅是货物转运中心，而且也是信息加工和处理中心。基础设施、相关产业和协调支持子系统构成了港口物流系统的货物转运中心，而物流信息子系统则是港口物流系统的信息传递和处理中心。它不仅保障了货物流动的顺畅，而且也是资金流和管理信息流通的主要渠道。在电子、通信和信息技术快速发展的今天，完善的港口物流信息能力已成为提高我国港口竞争能力的主要因素。

(1)港口物流系统评价的指标体系

**表7.19　港口物流系统运营子系统的评价指标**

| | 第二层评价指标 | 第三层评价指标 | 评价指标度量方法 |
|---|---|---|---|
| 物流运营系统的评价指标体系 | 吞吐量评价 | 港口年集装箱吞吐量 | |
| | | 年集装箱吞吐量近5年平均增长率 | |
| | | 集装箱吞吐量占总货物吞吐量的比例 | 集装箱年吞吐量/总货物吞吐量 |
| | | 港口集装箱化率 | 集装箱年吞吐量/集装箱适箱货量 |
| | | 港口转口贸易量占总吞吐量的比例 | 转口贸易量/总货物吞吐量 |
| | | …… | |
| | 双向辐射能力评价 | 航班密度 | 每周内进港船舶的平均艘数 |
| | | 省外腹地货源占总货源的比例 | 港口省外腹地货源/港口总货源 |
| | | …… | |
| | 运营效率评价 | 集装箱码头装卸时效率 | 单位时间内集装箱码头的装卸总量 |
| | | 库场容量周转次数 | 一定时间内库场容量平均堆存货物的次数=货物堆存数量/平均堆存能力 |
| | | 集装箱船舶总艘时中生产性停时所占比例 | 船舶停泊中生产性停时/船舶停泊总艘时 |
| | | …… | |
| | 效益评价 | 净资产报酬率 | 利润总额/平均所有者权益 |
| | | 港口业增加值 | |
| | | …… | |
| | 环境评价 | 废水排放达标率 | 废水排放达标量/废水排放量 |
| | | 粉尘处理率 | 1-粉尘排放量/粉尘产生量 |
| | | …… | |
| | 服务质量评价 | 客户满意率 | 问卷调查 |
| | | 货损货差率 | (货损量+货差量)/货物总量 |
| | | 班轮始发准时班率 | 准班航次数/总航次数 |
| | | …… | |

港口物流系统是由6个相互联系、相互作用的子系统组成的结构严密、功能齐全的系统，按照系统分析法的要求，在港口物流系统组成结构分析的基础上，通过细化港口物流系统各子系统的评价目标，建立能较好地量化考核港口物流系统运作绩效的评价

指标体系,分了3个层次的评价指标。其中港口物流运营子系统评价指标如表7.19所示。

(2)港口物流系统综合评价过程

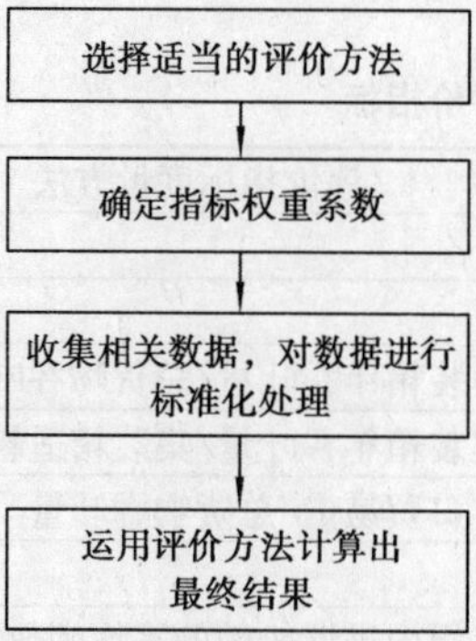


图7.3 港口物流系统评价步骤

港口物流系统的综合评价是在港口物流系统评价指标体系建立的基础之上,结合港口物流系统综合评价指标体系的特点,选择适当的评价方法,收集物流系统的相关数据,运用港口物流系统综合评价指标体系及综合评价方法,对港口物流系统的整体运作情况进行综合评价的过程。如图7.3所示,港口物流系统综合评价的过程主要包括以下几个步骤。

①选择适当的综合评价方法。港口物流系统评价方法是港口物流系统评价指标体系在实际评价工作中的主要手段。较好的评价方法不仅应该体现对系统评价的客观性,而且还能体现对系统评价的可行性。因此,寻找适当的评价方法,是港口物流系统综合评价的关键。

②确定指标权重系数。评价指标权重系数的确定是港口物流系统综合评价过程总的一个关键环节,权重系数的确定结果将直接影响到最终的综合评价结果。港口物流系统评价指标的权重应主要根据评价指标对于港口物流系统整体运作的相对重要程度来确定其权重的大小。目前确定指标权重的方法主要有专家评价法和层次分析法。

③收集相关数据对数据进行标准化处理。港口物流系统综合评价过程中需要大量的具体数据,这些数据获得的真实性、可靠性将直接影响到港口物流系统综合评价的结果。因此,在数据收集的过程中,要遵循客观、准确、全面的原则,以保证数据来源的可靠性和真实性。

对收集来的数据进行标准化处理,以得出每个评价指标的得分。对于定性指标的得分,可由专家调查法进行等级评分;对于定量评价指标的得分,则需要运用无量纲化的计算公式得出。

④运用综合评价方法计算出最终结果。在港口物流系统评价指标体系权重系数以及指标评价得分均已确定的基础上,严格按照综合评价方法的实施步骤与具体要求,计算出港口物流系统综合评价得分。

## 7.3 国际物流系统运营方法及其应用

国际物流系统作为一个将货物在国际间进行物理性移动的国际商务活动，是一个集各种一般物流功能于一体的开放系统。它既包含一般物理系统的功能要素，如包装、储存、装卸、运输、流通加工、物理信息等子系统，同时又涉及与货物跨国移动相关的一些特殊的运输问题，如安检、海关手续和国际支付等，这些都使得国际物流系统比一般系统更加复杂，为了使国际物流系统运作良好，同时使其价值得到充分挖掘和利用，就必须先按照一般物流系统的规程，结合国际贸易的特点去合理而科学地改造国际物流系统，经过系统化的安排来实现国际物流合理化，最大限度地发挥国际物流的功能。为我国国际贸易的快速发展提供保证。

要使国际物流系统合理化，就要对现有的系统进行整合、系统分析和系统管理，最优化和效率化是系统改进的两大目标，最优化是指应用物流系统的效率与费用分析，使系统的构造、组织、管理和流程最优化，以最大限度地降低物流成本，同理，效率化也是为了使整个系统协同起来从而让系统变得更加有效率。国际物流系统具有以下经济特点和属性：国际物流系统是生产企业和流通企业重新构造其自身微观物流系统的平台；国际物流系统是构造各个子系统相互协调、共同发挥物流总功能的平台；国际物流系统以硬件为基础，以软件为主体。国际物流系统的运行遵循着一般系统运行的原理模式。虽然国际物流系统是一个极其复杂和高度开放的系统，涉及出口、进口和转口贸易等活动，而且贸易方式和环节多种多样，但从构成物流系统的要素来看，与不同贸易活动和贸易方式相对应的国际物流仍有其运行规律可循。

国际物流的输入部分的内容有：备货，货源落实；到证，接到买方开来的信用证；到船，落实租船订舱；编制出口货物运输计划；其他物流信息。输出部分的内容有：商品实体经由运输送达买方手中；交齐各项出口单证；结算、收汇；提供各种物流服务；经济活动分析及理赔、索赔。国际物流系统的转换过程包括：商品出口前的加工整理；包装、标签；储存、运输（国内和国际段）；商品进港、装船；制单、交单；报关、报检；以及现代管理方法、手段和现代物流设施的介入。

除了以上3个主要环节外，国际物流系统还会经常受到外界许多不可预知和不可控制因素的影响，使系统经常偏离正常运行轨道。同样，随着全球化进程的加快，贸易壁垒正在被逐渐地排除，国际物流的基础设施和政策环境日益改善，外界不可控制因素对国际物流系统的大规模、破坏性影响的可能性正在减少。尽管如此，针对外界不可控制因素，建立一套具有较强应对或适应能力的国际物流系统仍然是必不可少的，它是当代国际物流系统保持较强生命力的关键环节之一。

国际物流系统作为一个系统，它具有一个系统所具有的基本组成环节，一个完整的系统应有输入部分、输出部分、转换过程和系统运行过程中的信息反馈等环节构成。系统的有效运行是以诸环节各自的顺畅、高效运作以及相互之间的高度和谐效果为前提的。在系统运行过程中，或当系统的循环周期结束时，会有外界信息反馈回来，为原系统的完善提供改进信息，使下一次系统运行得到改善。如此循环往复，就可以实现系统的良性循环。

### 1）进出口业务中的物流管理

随着企业业务的不断扩大和国内市场的不断扩大，特别是中国加入 WTO 的影响，越来越多的企业已经涉入或将要涉入国际贸易领域。例如，生产制造型企业对进口原材料的购买，经销商直接代理国外的产品，都使得物流管理人员必须熟悉国际货运的一些知识，加强对这些业务的管理。虽然许多企业都是由进口商（当企业没有进出口权时）或货运代理来完成这些业务，但是能对国际货运业务主动地进行管理，将使得企业对供应链的成本和周期时间进行有效地控制。

### 2）国际货运中的不同角色

在实际业务中，有可能只涉及其中的部分角色。主要有发货人和货运代理两种角色。

(1)发货人

进口业务中的发货人（Shipper），严格地讲，即是原材料供应商或企业代理产品的原厂家。有些情况下，发货人也可能是供应商或厂家在当地的经销商。而在出口业务中，因为我国的进出口政策，许多企业（特别是内资的国有或民营企业）没有进出口权而不能自行进出口，国际货运时的发货人经常是出口代理商（进出口公司）。有时，进出口业务人员会发现某些运单上的发货人，既不是供应商或厂家，也不是他们的当地经销商，而是货运公司或货运代理。这主要是在货运环节产生了主运单和分运单（参见后面有关货运单证的介绍）所致。这种情况下，主运单上往往显示的发货人是货运代理。

(2)货运代理

货运代理（Forwarder）是近几十年新发展出来的行业。随着国际贸易的发展及货运业务的日益复杂，和传统承运人（船公司或航空公司）的业务专注，货运代理角色的出现，使得整个货运行业日趋专业。目前进出口企业的大多数业务均是与货运代理打交道，因此了解货运代理的业务，将使企业对国际货运中的成本和时间控制有很大帮助。

另外,当前的许多货运代理也不断地演变成第三方物流公司。

货运代理的主要功能:没有货代时,承运人(如航空公司)要直接面对众多的发货人或收货人,货代的存在,能减轻承运人由于直接面对货主而带来的繁重工作,从而使得承运人能集中力量从事其核心业务——航运。同样地,货代的存在,由于其专业的知识,使得货主不必再与每家承运人打交道,减轻了货主的工作量。

货代的主要业务,如为货主(发货人或收货人)订仓、取送货、追踪查询货物情况、代报关、代商检、仓储、包装、缮制单证、分拨(Break Bulk)等,大大减轻了货主的业务难度。

货代更像一个"经销商",具有大量、稳定货源而且一定资质的货代,能够取得承运人的代理权,成为承运人代理(Shipping Agent)。具有承运人代理权的货代,一方面可以在其工作场所适用承运人的运单,另一方面能取得承运人较为优惠的运费价格。

空运业务或海运集装箱拼箱业务的货代也像一个"批发商"。如空运运费的特点,是随着货量的增加,单位运费的费率会降低。因而,具有大量、稳定货源的货代,往往可以从承运人"批得"较优惠的仓位,再将仓位"零售"给小的货代或直接卖给货主。这也使得承运人拥有稳定的货量和收入。

20 世纪 90 年代以后,随着国际贸易和货运体系的不断完善,特别是银行信用证、海关和商业保险体系对货代运单的认可,使得货代的地位逐渐提高。对于承运人,货代被相对地看作是货主(发货人或收货人);对于货主,货代被相对地看作是承运人。在中国,对货代行业控制的较为严格,必须经对外经贸部门和航运部门批准之后,才能到工商部门注册成为合法的货代企业。另外,还有一个特殊的情况,即所谓的"一代"、"二代"之分。这在航空货运代理中尤为突出。"一代"是指那些合法注册并取得承运人代理权的货代。而"二代"的情况较为复杂,主要包括合法注册但没有取得承运人代理权的货代、未经过合法注册或注册性质为经营其他业务却从事货代业务的企业以及一些国外货代在华的办事处。"二代"总是有这样或那样的局限,如不能出具运单、货运或货代发票等。因此,在接洽业务时,一定要搞清对方的性质。

(3)承运人代理

承运人代理(Shipping Agent)主要是替承运人(如船公司、航空公司)在港口安排接泊、装卸、补给等业务,有时代理承运人签发运单。承运人代理在海运中较为常见,而在空运中较为少见。有的承运人代理也从事货代的业务。

(4)承运人

承运人(Carrier)主要指船公司或航空公司,是实施运输的主体。虽然有的承运人也直接面对货主,但多数情况货主已经不直接与其打交道了。

(5)报关行

虽然各国对进出口货物的管制政策有所不同,但基本上各国海关都要求进出口货物进行申报。有些货主有自己的报关人员，这时就不需要报关行的介入。许多货代也有报关资格，也不需要单独的报关行介入。报关行(Broker)或货代的报关服务都需要货主提供必要的单据，由他们代理在海关进行申报。产生关税单后，由货主缴纳关税(在中国还有海关代收的进口货物增值税)，由货主自行提货或由服务机构代为提送货。一般很少有报关行垫付关税。有的报关行还提供代为商检等服务工作。

(6)收货人

运单上所指的收货人(Consignee)情况上较为复杂。这一点与发货人的情况有些相似。有时，由于进口管制的原因，最终的收货人(如代理商)并不体现在运单上。运单上的收货人往往是进口商，而在"通知人——Notify Party"上显示的可能才是真实的收货人。另外，在复杂的货运情况下，主运单和分运单上所示的收货人的意义有所不同。分运单上的收货人往往才是真正的收货人，而主运单上的收货人则往往是货代。国际货运中的基本单据运单有海运的B/L,Bill of Lading和空运的Airway Bill。无论是海运的提单(B/L,Bill of Lading)，还是空运中的空运单(Airway Bill)，都是一种业务合同，是承运人(无论是广义的还是狭义的)与货主签订的有关运输业务(服务)的契约。运单是国际货运中最重要的基本单证。有些时候，运单(特别是海运提单)可以在资本市场或票据交换市场上抵押或流通。运单上的主要信息包括：收货人、发货人、承运人及运输工具的名称、航次、运费及付费形式、所运货物名称、数量、价值和包装状况等。空运业务中常出现主运单(Master Airway Bill, MAWB)和分运单(House Airway Bill,HAWB)。主运单是承运人(航空公司)出具的运单。在主运单的明显位置，能轻易地发现航空公司的名字和标识。并且，在主运单的上下页眉处，能清晰地显示该运单的号码：XXX-XXXXXXXX。其中，前3位是航空公司的代码(如999为中国国际航空公司的代码)，后8位是运单号码。如果主运单的收货人显示的是实际收货人，则收货人在货到后，从航空公司或其代理、或货代处取得主运单正本，即可自行报关或委托报关行或货代代理报关。分运单是货代或承运代理人出具的运单。分运单所显示的信息与主运单极为相似，只不过货代公司的名字和标识替代了航空公司的。并且，除了有主运单号码外，还显示了分单号码(货代或承运代理人自行编制的)。货代或承运代理人采用分单，主要出于如下一些考虑：

①隐藏真实运费：当发货人或货代不愿意让收货人看到真实的运费时，往往通过使用分单，来隐藏真实的运费。收货人在分单上运费处看到往往是As Agreed。而根据国际空运协会IATA的规定，航空公司出具的主运单上必须明示运费。

②集中托运(Consolidation)：国际货运的运费费率是随着货量的阶段性递增而递减的。这就给规模大的货代产生了利润来源。如果目的地一样，对于不同的发货人，货代可以通过多份分运单和1份主运单来实现业务。最后值得指出的是，运单上一般都会

显示运费是预付(Freight Prepaid)还是到付(Freight Collect)。这主要与国际贸易的双方制订的商务条款(如 FOB,C&F,CIF 等)决定的。中国的海关是以 CIF 计算关税的,所以最好要求发货方在商业发票(见后)上标明 CIF 价格,至少是标明运费。否则,则必须要求货代在运单上(收货人联)注明运费。如运费过低(有偷税的嫌疑),则海关有权重新估算并征收关税。

③商业发票(Commercial Invoice):商业发票是国际货运的基本单证之一。它标明了货物的商业价格,是海关征收关税的基本依据。商业发票要与其他单证相对应。所列货物要与运单和装箱单相符。卖货人(Seller)、买货人(Sold to 或 Buyer)一般要求与运单上的发货人和收货人一致。所列价格应指明价格条款,如 FOB,C&F 或 CIF 等。国外公司的商业发票一般是采用各自的格式,而不像中国有严格的、统一的、政府部门监制的发票(如增值税发票、零售发票等)。对应少量的样品,或没有商业价值的赠品,也应出具形式发票(Performa Invoice),并列明货品的估值,以便海关判断是否要征收进口关税。

④装箱单(Packing List, P/L):装箱单也是国际货运的基本单证之一。它标明了所运货物的包装件数,及每件包装物中的商品明细(规格、件数和简单说明)。装箱单一般由发货人缮制,少数情况是由发货人的代理缮制。在国际货运业务中,还有其他的一些单证:如进出口合同、产地证明、厂家质量检验证明等。由于篇幅所限,不再一一赘述。总之,物流管理人员,特别是负责国际货运的人员,应事先了解并熟悉业务中涉及的各种单据。

### 3)国际货运中的成本控制

国际货运的成本主要产生在本地、国际运输和目的地 3 个地方。在进口货物过程中,由于目的地的货代利润较少,其往往通过延伸服务而收取一些名目繁多的费用,如代报关费、送货费、仓储费、换单费等。最好不去围绕着琐碎的费用去谈判,而是争取谈得一揽子的包干费用。

在国际货运业务时,要先搞清各段的运费,根据贸易双方的合同,应分别由哪方支付。遇到进口业务的离岸价或对方工厂交货价,在全权委托对方协助办理之前,先尝试着自行找货代(主要是在对方城市或国家有分支机构或业务合作密切的代理)。若要全权委托对方协助办理,也一定要事先询问对方代理的报价。

在进口货运中遇到运费到付时,要先与业务合同查对。

要熟悉整个货运各个环节的业务及技术要求,事先准备好相关单证,避免产生可能出现的滞报金(关税方面)、滞纳金(关税和承运人方面)和仓储费用(港口和货代方面)。

根据对货物重或体积对运费的影响,合理考虑货物的包装。

除了事先商定的运费之外,与货代结算时要仔细检查所有的单证,特别是运单上的体积和重量是否与实际的相符。

对每一票货产生的费用逐相记录,并定期加以分析。

4)国际货运中的时间控制

许多物流管理人员,特别是负责进口采购或进出口业务的人员,都会抱怨进口原料和产品的周期很长。但问到他们为什么会这样长时,得到的答案又过于简单。往往是说,进口商、国外厂商或货代就是这样说的。而这种敷衍或推脱使得企业减少了对整个进口渠道进行改进的动力或机会。许多情况下,都是信息或单证滞后于供应链中的实际工作步骤。如很多公司在向国外厂商订货之后,往往是被动地等待,特别是等货到达港口后好几天才得到货代或承运人的到货通知。可能有的公司会把这归结于货代或承运人的服务质量差,但仅此而已。事实上,我们在这里应更多地采取积极主动的办法:

通过对整个流程的了解,要求相关的服务商提供及时准确的信息。所谓及时,不仅指等到每个步骤完成之后的信息通报,而是尽可能地要求渠道中的服务商或供应商提供事先的预报。如对报关的处理,较为传统的做法是等到货物抵达之后,从货代或承运人处获得了相关单证(装箱单和商业发票等),才开始报关的动作。结果是,有时由于单证的传递或对错误单证的更正处理时间延迟了报关的时间,必然产生了额外的仓储费用(许多的承运人和货代一般都提供免费存储的时间)和滞报金。一个较好的解决办法应该是,在货物抵达之前就从发货人那里取得相关的单证,从而使报关的动作更为从容。

对各个步骤的衔接事先做严密的计划(甚至时间表),同时对各方在其中的责任事先确定清楚。

与供应渠道的各个参与者共同压缩周期时间,直到供应商的生产周期。对整个国际货运(特别是进口业务)的周期时间的控制是非常重要的。由于它的周期一般比较长,不稳性也相应地增加了。根据在以前对产品以及原材料库存控制的多数文章中,我们知道这种较长的周期及过大的不稳定性,使得我们在对供应链库存水准设计时,不得不考虑设置较高的周期库存和安全库存。否则,我们将不得不降低供应渠道的期望服务水准。这势必造成经常性的货物短缺。在解决上述问题时,目前较多采用电子商务、保税仓库及供应中心(Supply Center)等新的手段和概念。

## ≫复习思考题

1. 物流系统评价的目的和意义是什么?
2. 物流系统评价指标选择的原则有哪些?
3. 层次分析法和模糊综合评价法有何异同?

# 参考文献

[1] 周溪召,等.物流系统工程[M].上海:上海财经大学出版社,2003.

[2] 丁立言,张铎.物流系统工程[M].北京:清华大学出版社,2000.

[3] 王转,等.物流系统工程[M].北京:高等教育出版社,2004.

[4] 王长琼.物流系统工程[M].北京:中国物资出版社,2004.

[5] 傅培华,等.物流系统模拟与仿真[M].北京:高等教育出版社,2006.

[6] 白世贞.物流运筹学[M].北京:中国物资出版社,2006.

[7]《运筹学》教材编写组.运筹学[M].北京:清华大学出版社,2005.

[8] 马进.运筹学[M].北京:人民交通出版社,2003.

[9] 傅培华,等.物流系统模拟与仿真[M].北京:高等教育出版社,2006.

[10] 蒋长兵.物流系统与物流工程[M].北京:中国物资出版社,2007.

[11] 吕永波,等.系统工程[M].北京:北方交通大学出版社,2003.

[12] 王长琼.物流系统工程[M].北京:高等教育出版社,2007.

[13] 陈红玉,姚冠新.物流系统建模方法的研究[J].物流技术,2002(6).

[14] 林佳一,何克清.Use Case 可视化自动建模工具的设计与实现[J].计算机工程,2005,31(15).

[15] 达文波,王坚,凌卫青.集成化企业建模工具分析应用[J].制造业自动化,2004,26(11).

[16] 蒋韶生,张祖平,陈松乔.数据建模工具及其在决策支持系统中的应用[J].计算机工程与应用,2003,39(10).

[17] 吴义生,龙文,李祥全,等.基于模糊图论的生产物流系统建模研究[J].应用科学学报,2005,23(4).

[18] 卫志华,陈闳中,张南华.基于 Petri 网的物流系统建模实例[J].微型电脑应用,2003,19(9).

[19] 朱强,桂寿平,等.基于系统动力学的区域物流建模方法的研究[J].武汉理工大学学报(交通科学与工程版),2003,27(4).

[20] 刘南,赵成锋,陈远高.现代物流与经济发展——理论、方法与实证分析[M].北京:中国物资出版社,2007.

[21] 张锦.物流系统规划[M].北京:中国铁道出版社,2004.

[22] 方仲民.物流系统规划与设计[M].北京:机械工业出版社,2003.
[23] 崔婷.我国企业物流优化系统探讨[D].暨南大学,2002.
[24] 周宾.企业物流系统中库存与运输的优化模型[J].大庆石油学院学报,2006(30):2.
[25] 夏文汇,徐刚,张陆.企业物流包装系统优化设计[J].物流技术,2002(2).
[26] 邓爱民,张国方.物流工程[M].北京:机械工业出版社,2002.
[27] 彭扬,伍蓓.物流系统优化与仿真[M].北京:中国物资出版社,2007.
[28] 李云清.物流系统规划[M].上海:同济大学出版社,2004.
[29] 张潜.区域物流系统建模与实务[M].北京:中国物资出版社,2007.
[30] 朱木益.物流运输网络优化研究[D].上海海运学院,2001.
[31] 钱颂笛,等.运筹学[M].北京:清华大学出版社,1994.
[32] 周艳.制造企业物流网络结构设计与优化研究[D].武汉理工大学,2003.
[33] 李念祖.物流运筹学基础[M].北京:中国物资出版社,2004.
[34] 张潜,高立群,胡祥培.集成化物流中的定位—运输路线安排问题(LRP)优化算法评述[J].东北大学学报,2003(24):1.
[35] 杨茂盛,李琦.基于动态规划的物流配送优化研究[J].商场现代化,2007(4).
[36] 王小平,曹立明.遗传算法——理论、应用与软件实现[M].西安:西安交通大学出版社,2002.
[37] 李军,郭耀煌.物流配送——车辆优化调度理论与方法[M].北京:中国物资出版社,2002.
[38] 蒋长兵,吴承健.现代物流理论与供应链管理实践[M].杭州:浙江大学出版社,2004.
[39] 蒋长兵.物流系统与物流工程[M].北京:中国物资出版社,2007.
[40] 刘睿.基于系统工程的物流选址问题研究[J].甘肃科技,2004(6).
[41] 李云清.物流系统规划[M].上海:同济大学出版社,2004.
[42] 侯龙文,等.现代物流管理[M].北京:经济管理出版社,2006.
[43] 汝宜红.配送中心规划[M].北京:北方交通大学出版社,2002.
[44] 汝宜红,等.物流运作管理[M].北京:清华大学出版社,2006.
[45] 楼文高,宋红艳.基于人工神经网络的物流中心选址决策模型研究[J].物流科技,2007(6).
[46] 韩庆兰,梅运先.基于BP人工神经网络的物流配送中心选址决策[J].中国软科学,2004(6).
[47] 冯耕中.现代物流规划理论与实践[M].北京:清华大学出版社,2005.

[48] 李佑珍.层次分析法在物流中心选址中的应用[J].青海师范大学学报,2003(2).
[49] 吴兵,罗荣桂,彭伟华.基于遗传算法的物流配送中心选址研究[J].武汉理工大学学报,2006(2).
[50] 方仲民.物流系统规划与设计[M].北京:机械工业出版社,2003.
[51] 黄晓英,张剑芳.物料装卸搬运系统分析及改善措施[J].物流技术,2004(6).
[52] 王长琼.物流系统工程[M].北京:中国物资出版社,2004.
[53] 丁立言,张铎.物流系统工程[M].北京:清华大学出版社,2000.
[54] 张晓萍,刘玉坤,石伟.物流系统仿真原理与应用[M].北京:清华大学出版社,2005.
[55] 查先进,严亚兰.物流信息系统[M].大连:东北财经大学出版社,2005.
[56] 张晓萍.现代生产物流及仿真[M].北京:清华大学出版社,1998.
[57] 王亚超,马汉武.生产物流系统建模与仿真——Witness 系统及应用[M].北京:科学出版社,2006.
[58] 丁立言,张铎.物流系统工程[M].北京:清华大学出版社,2001.
[59] 蒋笑梅.物流管理实务[M].北京:机械工业出版社,2004.
[60] 冯耕中.现代物流规划理论与实践[M].北京:清华大学出版社,2005.
[61] 王常琼.物流系统工程[M].北京:中国物质出版社,2004.
[62] 戢守峰.物流管理新论[M].北京:科学出版社,2004.

请按此裁下寄回我社或在网上下载此表格填好后E-mail发回

# 教师信息反馈表

为了更好地为教师服务，提高教学质量，我社将为您的教学提供电子和网络支持。请您填好以下表格并经系主任签字盖章后寄回，我社将免费向您提供相关的电子教案、网络交流平台或网络化课程资源。

| | | | |
|---|---|---|---|
| 书名： | | 版次 | |
| 书号： | | | |
| 所需要的教学资料： | | | |
| 您的姓名： | | | |
| 您所在的校（院）、系： | 校（院）　系 | | |
| 您所讲授的课程名称： | | | |
| 学生人数： | ____人 ____年级 | 学时： | |
| 您的联系地址： | | | |
| 邮政编码： | | 联系电话 | （家）<br>（手机） |
| E-mail：（必填） | | | |
| 您对本书的建议： | | 系主任签字<br>盖章 | |

请寄：重庆市沙坪坝正街174号重庆大学（A区）
重庆大学出版社市场部

邮编：400030
电话：023-65111124
传真：023-65103686
网址：http://www.cqup.com.cn
E-mail：fxk@cqup.com.cn